Die Abnahme beim Erwerb neuen Wohnraums vom Bauträger

Europäische Hochschulschriften Recht

European University Studies in Law

Publications Universitaires Européennes de Droit

Band/ Volume **6310**

Diana Schmunk

Die Abnahme beim Erwerb neuen Wohnraums vom Bauträger

PETER LANG

Bibliografische Information der Deutschen Nationalbibliothek
Die Deutsche Nationalbibliothek verzeichnet diese Publikation in der Deutschen Nationalbibliografie; detaillierte bibliografische Daten sind im Internet über http://dnb.d-nb.de abrufbar.

Zugl.: Marburg, Univ., Diss., 2022

D 4
ISSN 0531-7312
ISBN 978-3-631-87929-0 (Print)
E-ISBN 978-3-631-88431-7 (E-PDF)
E-ISBN 978-3-631-88432-4 (EPUB)
DOI 10.3726/b20038

Peter Lang – Berlin · Bern · Bruxelles · New York · Oxford · Warszawa · Wien

Diese Publikation wurde begutachtet.

www.peterlang.com

Vorwort

Die vorliegende Arbeit wurde von der Rechtswissenschaftlichen Fakultät der Philipps-Universität Marburg im Wintersemester 2021/22 als Dissertation angenommen. Die Disputation fand am 15.03.2022 statt.

Mein herzlicher Dank gilt meinem Doktorvater, Herrn Prof. Dr. Wolfgang Voit, der die Entstehung der Arbeit durchweg mit wertvollen Ratschlägen begleitet und durch die stets offene Betreuung gefördert hat. Herrn Prof. Dr. Tobias Helms danke ich vielmals für die zügige Erstellung des Zweitgutachtens. Ebenfalls danke ich Herrn Prof. Dr. Michael Kling für die Übernahme des Vorsitzes in der Prüfungskommission.

Ganz besonders möchte ich mich bei meiner Mutter Lilli Schmunk sowie meinem Bruder Eric Björn Schmunk bedanken. Deren vorbehaltlose Unterstützung und grenzenloser Rückhalt haben in wesentlichem Maße zum Gelingen meiner Arbeit beigetragen. Großen Dank schulde ich außerdem meinem Ehemann Nicola Boccia. Mit motivierendem Zuspruch und unzähligen Aufheiterungen stand er mir stets zur Seite. Ich danke euch von Herzen.

Stuttgart, im Juli 2022

Diana Schmunk

Inhaltsverzeichnis

Abkürzungsverzeichnis

a. A.	anderer Ansicht
ABl.	Amtsblatt der Europäischen Union
Abs.	Absatz
AcP	Archiv für die civilistische Praxis
a.F.	alte Fassung
AG	Amtsgericht
AGB	Allgemeine Geschäftsbedingungen
AGBG	Gesetz zur Regelung des Rechts der Allgemeinen Geschäftsbedingungen
Alt.	Alternative
a.M.	am Main
Anh.	Anhang
Anm.	Anmerkung
arg. e contr.	argumentum e contrario
Art.	Artikel
B2B	Business-to-Business
B2C	Business-to-Consumer
BAnz.	Bundesanzeiger
BauR	Zeitschrift für das Baurecht
BayObLG	Bayerisches Oberstes Landesgericht
BeckRS	Beck-Rechtsprechung
Beil.	Beilage
Beschl.	Beschluss
BGB	Bürgerliches Gesetzbuch
BGBl. I	Bundesgesetzblatt, Teil I
BGH	Bundesgerichtshof
BGHZ	Entscheidungen des Bundesgerichtshofes in Zivilsachen
BMJV	Bundesministerium der Justiz und für Verbraucherschutz
BR-Drs.	Bundesrats-Drucksache
BT-Drs.	Bundestags-Drucksache
bzw.	beziehungsweise
ders.	derselbe
dies.	dieselben
DNotZ	Deutsche Notar-Zeitschrift
DS	Der Sachverständige

DVA	Deutscher Vergabe- und Vertragsausschuss für Bauleistungen
EGBGB	Einführungsgesetz zum Bürgerlichen Gesetzbuche
Einf.	Einführung
ErbbauRG	Erbbaurechtsgesetz
EuGH	Europäischer Gerichtshof
EuZW	Europäische Zeitschrift für Wirtschaftsrecht
EWG	Europäische Wirtschaftsgemeinschaft
f.	folgende
ff.	folgende (Plural)
FGPrax	Praxis der Freiwilligen Gerichtsbarkeit Zeit
Fn.	Fußnote
FS	Festschrift
GBl.	Gesetzblatt
GBO	Grundbuchordnung
GewO	Gewerbeordnung
GG	Grundgesetz
GVBl.	Gesetz- und Verordnungsblatt
h.M.	herrschende Meinung
HOAI	Honorarordnung für Architekten und Ingenieure
IBR	Immobilien- und Baurecht
IBRRS	Immobilien- und Baurecht Rechtsprechung
InsO	Insolvenzordnung
i.V.m.	in Verbindung mit
JuS	Juristische Schulung
Kap.	Kapitel
KG	Kammergericht
LG	Landgericht
lit.	littera
MaBV	Makler- und Bauträgerverordnung
MDR	Monatsschrift für Deutsches Recht
MittBayNot	Mitteilungen des Bayerischen Notarvereins
Mot. II	Motive zum Entwurfe eines Bürgerlichen Gesetzbuches für das Deutsche Reich. Band II: Recht der Schuldverhältnisse
m.w.N.	mit weiteren Nachweisen
n.F.	neue Fassung
NJOZ	Neue Juristische Online-Zeitschrift
NJW	Neue Juristische Wochenschrift
NJW-RR	NJW-Rechtsprechungsreport Zivilrecht
NotBZ	Zeitschrift für die notarielle Beratungs- und Beurkundungspraxis

Nr.	Nummer
NZBau	Neue Zeitschrift für Baurecht und Vergaberecht
NZM	Neue Zeitschrift für Miet- und Wohnungsrecht
OLG	Oberlandesgericht
OLGZ	Entscheidungen der Oberlandesgerichte in Zivilsachen einschließlich der freiwilligen Gerichtsbarkeit
RDG	Rechtsdienstleistungsgesetz
RG	Reichsgericht
RGZ	Entscheidungen des Reichsgerichts in Zivilsachen
RL	Richtlinie
Rn.	Randnummer(n)
RNotZ	Rheinische Notar-Zeitschrift
Rspr.	Rechtsprechung
S.	Seite(n)
sog.	sogenannte(r/s)
st.	ständige
syst.	systematischer
Teilurt.	Teilurteil
Urt.	Urteil
v.	vom/von
vgl.	vergleiche
VOB/B	Vergabe- und Vertragsordnung für Bauleistungen – Teil B: Allgemeine Vertragsbedingungen für die Ausführung von Bauleistungen
Vorbem.	Vorbemerkung
VuR	Verbraucher und Recht
WEG	Wohnungseigentumsgesetz
WM	Wertpapier-Mitteilungen Zeitschrift für Wirtschafts- und Bankrecht
ZfBR	Zeitschrift für deutsches und internationales Bau- und Vergaberecht
ZfIR	Zeitschrift für Immobilienrecht
ZNotP	Zeitschrift für die Notarpraxis
ZPO	Zivilprozessordnung
ZVG	Gesetz über die Zwangsversteigerung und die Zwangsverwaltung
ZWE	Zeitschrift für Wohnungseigentumsrecht

Einleitung

A. Hinführung

Die Bauträgerschaft entwickelte sich als Reaktion auf den Bedarf nach freiem Wohnraum im Anschluss an den Ersten und Zweiten Weltkrieg. Heute schafft sie vor allem in bevölkerungsdichten Gebieten neue Wohnmöglichkeiten. Denn genau daran fehlt es. Wirtschaftsstarke Ballungsräume, Groß- und Studentenstädte ziehen mehr Menschen in ihre Nähe, als es das Wohnungsangebot erlaubt. Besonders auffällig wächst dort die Anzahl der Genehmigungen für Mehrfamilienhäuser mit mehr als drei Wohnungen. Während im Jahr 2005 nur 65.111 Wohnungen dieser Kategorie errichtet wurden, waren es im Jahr 2020 mit 189.394 fast drei Mal so viele; die Anzahl an Gebäuden mit ein oder zwei Wohnungen ist seitdem dagegen gesunken.[1]

Verbreitet ist die Kombination von Kauf und Bau, weil sie zuweilen bezahlbares Wohneigentum ermöglicht. Während steigende Immobilienpreise den Markt immer weiter ankurbeln, wird Wohnen im Mehrparteienkonstrukt zur (häufig einzigen) Chance auf die eigenen vier Wände. Auch wenn der alleinige Herrschaftsbereich dabei durch die Erfordernisse der Gemeinschaft nur beschränkt existiert, gibt es dem Eigentümer doch das Bewusstsein, mehr als ein Mieter zu sein.[2] Der Vertragspartner – also der Bauträger – vermindert wiederum sein Absatzrisiko und erhöht gleichzeitig seine Gewinnmarge. Sind die gegenseitigen Interessen damit im Bauträgermodell ausgewogen gewahrt? Nicht immer. Als neuralgisch hat sich vor allem die Abnahmesituation erwiesen.

Unbeschadet des konkreten Bauprojekts ist die Abnahme ohnehin konfliktträchtig. In der Vertragsabwicklung über neues Wohnungseigentum taucht zusätzlich eine Überschneidung auf, bei der das Werkvertragsrecht auf die rechtlichen Zwänge innerhalb der Wohnungseigentümergemeinschaft trifft. Symptomatisch für diese Schnittstelle zwischen individuellem Bauträgervertrag und sachenrechtlichem Wohnungseigentum sind Unstimmigkeiten bei der Abnahme des Gemeinschaftseigentums zwischen Erwerber und Bauträger.

---

1 Statistisches Bundesamt, Ausgewählte Zahlen für die Bauwirtschaft, 04/2020, S. 85, abrufbar unter: https://www.destatis.de/DE/Themen/Branchen-Unternehmen/Bauen/_inhalt.html, zuletzt aufgerufen am 24.09.2021.

2 *Briesemeister*, in: Weitnauer, WEG, Vor § 1 Rn. 24.

Mit dem Gesetz zur Reform des Bauvertragsrechts und zur Änderung der kaufrechtlichen Mängelhaftung wurde zwar der Bauträgervertrag gesetzlich geregelt.[3] Die Problematik zur Abnahme des Gemeinschaftseigentums verliert jedoch auch weiterhin nicht ihren angestammten Sitz in den Handbüchern zum Bauträgerrecht und den Kommentierungen namentlich zu § 640 BGB und § 10 WEG a.F. (vgl. § 9a WEG n.F.). Die Neuregelungen lassen zu diesem Thema einerseits Raum für bekannte Fragen und Unsicherheiten und eröffnen andererseits Diskussionen zur Umsetzung der neuen Struktur.

Der Grund für die Notwendigkeit einer näheren wissenschaftlichen Bearbeitung der vorliegenden Thematik liegt freilich nicht in einer literarischen Lücke. Die Abnahme des Gemeinschaftseigentums beschäftigt Rechtsprechung und Literatur seit vielen Jahren – wenn auch zum Teil kasuistisch und keine allgemeingültigen Kriterien erlaubend –, kommt über das Stadium der Anregung allerdings nicht hinaus oder begnügt sich mit einer Kompilation älterer Erkenntnisse.

Anlass für eine tiefgreifende Auseinandersetzung gibt die politische Zielvorgabe im Koalitionsvertrag 2018, die Abnahme beim Gemeinschaftseigentum zu erleichtern.[4] Eine neue Dimension für zukunftsorientierte Diskussionen geben im Wesentlichen die Beiträge aus der Arbeitsgruppe des Bundesministeriums der Justiz und für Verbraucherschutz (BMJV),[5] mit deren Vorschlägen sich die vorliegende Untersuchung unter anderem befasst. Zusätzlich behandelt die Arbeit die Folgen aus der Reform des Bauvertragsrechts im Jahr 2018 auf die Abnahme beim Wohnungserwerb.

Das zentrale Erkenntnisinteresse der Untersuchung ist es, die nicht abschließend geklärten Fragen zur Abnahme beim Wohnungseigentum vor dem Hintergrund des neuen bau- und werkvertragsrechtlichen Fundaments zu beleuchten. Die aktuellen Vorschriften stoßen gerade im Bauträgerrecht auf Besonderheiten bei der Umsetzung. Dabei verfolgt die Arbeit nicht das Ziel einer reinen Darstellung der einzelnen in Rechtsprechung und Literatur herausgebildeten

3 Gesetz zur Reform des Bauvertragsrechts, zur Änderung der kaufrechtlichen Mängelhaftung, zur Stärkung des zivilprozessualen Rechtsschutzes und zum maschinellen Siegel im Grundbuch- und Schiffsregisterverfahren vom 28.4.2017, BGBl. I 2017, S. 969 (976).

4 Koalitionsvertrag zwischen CDU, CSU und SPD vom 12.3.2018, 19. Legislaturperiode, S. 125, Zeilen 5840 ff.

5 Abschlussbericht der Arbeitsgruppe Bauträgervertragsrecht beim BMJV vom 19.6.2019, S. 3 ff.

Gestaltungsansätze. Vielmehr sollen neue Impulse über die bekannten Auseinandersetzungen hinausgehen, um dadurch eigene Positionen zu beziehen.

B. Gang der Untersuchung

Die Arbeit beginnt mit einem kurzen Abriss über den Untersuchungsgegenstand, zudem werden die für das Verständnis der Fragestellungen unverzichtbaren Grundbegriffe erläutert. Entsprechend der Verortung des Untersuchungsgegenstands an der Schnittstelle zwischen schuldrechtlicher Privatautonomie und sachenrechtlichem numerus clausus gilt es dabei, markante Weichenstellungen aufzuzeigen, die für die Themenstellung prägend sind. Der Blick ist sowohl den Eckpunkten des Bauträgervertrags als auch der Grundstruktur des Wohnungseigentums zugewendet (Kap. 1).

Im Folgenden untersucht die Abhandlung entlang von vier nachstehenden Komponenten die wesentlichen Kriterien des Abnahmevorgangs beim Erwerb von Wohnungseigentum.

Zuerst ist der Gegenstand der Abnahme von Wohnungseigentumsanlagen herauszuarbeiten. Der Fokus liegt hierbei auf der Bestimmung der Teilabnahmefähigkeit von Sonder- und Gemeinschaftseigentum. Besonderes Augenmerk ist auf die Folgen für die Vertragspraxis gerichtet, welche differenziert betrachtet und ausgewertet werden (Kap. 2).

Als Nächstes ist ein Kernpunkt der Arbeit angesprochen: die Möglichkeiten zur Vereinheitlichung der Abnahme. Dahinter steht die Frage, wer für die Abnahmeerklärung über Bausubstanz, die gemeinschaftliches Eigentum wird, zuständig ist. Eine Gegenüberstellung der typischen Risiken akzentuiert ein Problem, das mit Erwägungen de lege lata et ferenda behandelt wird. In Betracht kommen Konstellationen mit Stellvertretern ebenso wie Befugnisse der Wohnungseigentümergemeinschaft. In großem Maße sind die Ausführungen außerdem von den Erwägungen dazu geprägt, wie der Vertrag über ein bereits errichtetes Gebäude zu qualifizieren ist und welche Auswirkungen die neuen Regelungen im BGB darauf haben. Ziel der Betrachtung ist es, zu bewerten, worin die Schwierigkeiten bei der Abnahme des gemeinschaftlichen Eigentums liegen, welche Hürden den Lösungsansätzen einer Vereinheitlichung nach geltendem Recht entgegenstehen und wie diese überwunden werden können (Kap. 3).

Im Anschluss daran beschäftigt sich die Arbeit im Schwerpunkt damit, wie das modernisierte Bauvertragsrecht im Bauträgerbereich umgesetzt wird.

In diesem Zusammenhang sind die Umstände der gesetzlichen Abnahme bei der geänderten Regelung zur Abnahmefiktion zu untersuchen. Aus diesem Grund geht der darauffolgende Abschnitt darauf ein, unter welchen

Voraussetzungen die Fiktion in Konstellationen mit einer Teilabnahme von Sonder- und Gemeinschaftseigentum eintritt. Die Neuregelung gibt ferner auch Anlass zu einer Auseinandersetzung mit den vertraglichen Umgestaltungsoptionen durch die Parteien (Kap. 4).

Schließlich runden Überlegungen zum Vorgehen bei verweigerter Abnahme die Abhandlung ab. Im Wesentlichen stehen die zum Teil unzulänglichen Ansätze der bisherigen Gesetzeslage sowie mögliche Errungenschaften aus der neu eingeführten Zustandsfeststellung zur Debatte (Kap. 5).

Die Arbeit mündet in einer abschließenden Betrachtung mit den wesentlichen Thesen und Erkenntnissen (Schlussbetrachtung und Zusammenfassung der wesentlichen Thesen).

Kapitel 1: Untersuchungsgegenstand

In einem Grundlagenteil werden die wesentlichen Eigenschaften des Bauträgervertrags sowie Inhalt und Bedeutung der Abnahme herausgearbeitet. Gleichfalls befasst sich dieser Abschnitt mit den Grundzügen des Wohnungseigentums, um schließlich das Erfordernis der Einzelabnahme zu erläutern. Auf die sich daraus ergebenden Merkmale wird in der nachfolgenden Abhandlung wiederholt zurückzukommen sein.

A. Wesen des Bauträgervertrags

Als eigener Vertragstyp wurde der Bauträgervertrag gesetzlich erst im Zuge der Kauf- und Bauvertragsrechtsreform mit Wirkung zum 1.1.2018 ausdrücklich einbezogen. In der Fassung davor kam er, ohne als solcher bezeichnet zu sein, bei der Regelung zu Abschlagszahlungen zur Geltung, § 632a Abs. 2 BGB a.F. Der Bauträger schuldet die Übereignung des Grundstücks an den Erwerber. Gleichzeitig ist er für die Erbringung einer Bauleistung auf eigene Rechnung, auf eigenes Risiko und in der Regel auf eigenem Grund verantwortlich.[6] Der Gesetzgeber hat diese Bewertung in § 650u Abs. 1 Satz 1 BGB n.F. aufgenommen. Ein Bauträgervertrag hat demnach die Errichtung oder den Umbau eines Hauses oder vergleichbaren Bauwerks zum Gegenstand und verpflichtet zugleich zur Eigentumsübertragung.

Auch vor der Reform war diese Vertragsart nicht unbekannt. Erstmals tauchte der Begriff des Bauträgervertrags in einer Monographie von *Fischer-Dieskau* im Jahr 1938 auf.[7] Der BGH ordnete Bauträgerverträge als Verträge sui generis bzw. Typenkombinationsverträge ein.[8] Danach bestehen die Verträge aus einer Einheit von kaufrechtlichen und werkvertraglichen Elementen sowie – je nach den Umständen des Einzelfalls – aus Bestandteilen des Auftrags- und Geschäftsbesorgungsrechts.[9] Die letztgenannten Vertragstypen werden nur

6 *Pause*, Bauträgerkauf, Rn. 34.

7 *Seuß*, in: Die Bauträger und ihre Verträge, S. 7 (8); *Fischer-Dieskau*, Einführung in die Wohnungs- und Siedlungspolitik, S. 103.

8 BGH, Urt. v. 12.7.1984 – VII ZR 268/83, BGHZ 92, 123 (126); BGH, Urt. v. 21.11.1985 – VII ZR 366/83, BGHZ 96, 275 (277 f.); *Wagner*, in: Messerschmidt/Voit, Privates Baurecht, Syst. Teil E Rn. 23.

9 BGH, Urt. v. 12.7.1984 – VII ZR 268/83, BGHZ 92, 123 (126); BGH, Urt. v. 21.11.1985 VII ZR 366/83, BGHZ 96, 275 (277 f.); *Basty*, Bauträgervertrag, Rn. 6.

insoweit berücksichtigt, wie sie mit dem wirtschaftlichen Ziel des Vertrags vereinbar sind.[10] Dominierend ist das werkvertragliche Element, der Aspekt der Geschäftsbesorgung ist für die Frage der primären Leistungsverpflichtung ohne Bedeutung.[11]

Anhand dieser Grundlagen erfüllt der Bauträgervertrag stets die Voraussetzungen des insgesamt weiter gefassten Bauvertrags, § 650a Abs. 1 Satz 1 BGB.[12] Dieser wiederum ist nach seiner systematischen Stellung im Gesetz ein Werkvertrag.[13]

Welche Vorschriften konkret zur Anwendung kommen, hängt von der in Frage stehenden Leistungspflicht ab. Geht es um die Errichtung oder den Umbau eines Bauwerks, ist Werkvertragsrecht einschlägig (§ 650u Abs. 1 Satz 2 BGB). Die Regelungen zum Kauf (§§ 433 ff. BGB) sind heranzuziehen, wenn der Anspruch auf Eigentumsübertragung betroffen ist (§ 650u Abs. 1 Satz 3 BGB). Die Verweisungstechnik auf das Werk- und Kaufvertragsrecht ist der Rechtsprechung des BGH zum Bauträgervertrag entnommen.[14] Keine Anwendung finden dagegen die Regeln zum Architekten- und Ingenieurvertrag. § 650u Abs. 1 Satz 2 BGB bezieht sich insofern nur auf den Untertitel 1, nicht aber auf die Vorschriften des Untertitels 2. Dadurch stellt der Gesetzgeber klar, dass den Bauträger keine gesonderte Planungspflicht trifft.[15]

Die Vertragsparteien werden in den notariellen Urkunden häufig als Bauträger, Verkäufer oder Veräußerer auf der einen Seite und Erwerber oder Käufer auf der anderen Seite bezeichnet.[16] Die Benennung als Unternehmer und Besteller, wie sie dem Werkvertragsrecht entspringt, wurde bislang selten gebraucht. Angesichts der neu eingefügten §§ 650u, 650v BGB könnte sich dies aber durchaus ändern.[17] Um den Charakter als Kombinationsvertrag zu unterstreichen und den Unterschied zum allgemeinen Bauvertrag sowie Werkvertrag klarzustellen, soll in dieser Arbeit die vor allem in der Rechtsprechung verbreitete Formulierung des Bauträgers und Erwerbers zugrunde gelegt werden.

---

10 BGH, Urt. v. 21.11.1985 – VII ZR 366/83, BGHZ 96, 275 (277 f.).

11 *Thode*, ZNotP 2006, 208 (209) m.w.N.

12 *Retzlaff*, in: Palandt, BGB, § 650u Rn. 8.

13 *Retzlaff*, in: Palandt, BGB, § 650a Rn. 2; *Wellensiek*, BauR 2018, 314 (315 f.).

14 BGH, Urt. v. 12.7.1984 – VII ZR 268/83, BGHZ 92, 123 (126); *Pause/Vogel*, in: Kniffka/Jurgeleit, ibr-online-Kommentar Bauvertragsrecht, § 650u Rn. 19.

15 *Pause/Vogel*, in: Kniffka/Jurgeleit, ibr-online-Kommentar Bauvertragsrecht, § 650u Rn. 20.

16 *Terbrack*, in: Reithmann/Terbrack, Kauf vom Bauträger, A. Rn. 8.

17 *Terbrack*, in: Reithmann/Terbrack, Kauf vom Bauträger, A. Rn. 8.

B. Normativer Rahmen

Um den eigentlichen Kern, der das Wesen des Bauträgervertrags ausmacht, hat sich ein Rahmen aus normativen Eckpunkten herausgebildet, die gleichsam prägend für die Vertragsabwicklung sind.

I. Regelungen in der MaBV

Außerhalb des BGB eröffnete der Gesetzgeber eine gewerberechtliche Verordnungsermächtigung (§ 34c Abs. 3 GewO),[18] aufgrund derer am 11.7.1975 die Makler- und Bauträgerverordnung (MaBV) erlassen wurde.[19] Hinter § 34c GewO stand der Wunsch, unzuverlässige Personen von dem Zugang zur Bauträgertätigkeit auszuschließen, indem gewerberechtliche Aufsichtsbehörden die Bauträgerunternehmen kontrollieren.[20] Der Bauträger bedarf der Erlaubnis der zuständigen Behörde, wenn er gewerbsmäßig Bauvorhaben als Bauherr im eigenen Namen für eigene oder fremde Rechnung vorbereiten oder durchführen und dazu Vermögenswerte von Erwerbern, Mietern, Pächtern oder sonstigen Nutzungsberechtigten oder von Bewerbern um Erwerbs- oder Nutzungsrechte verwenden will, § 34c Abs. 1 Satz 1 Nr. 3 lit. a GewO.

Die Vorschriften der MaBV geben dem Bauträgervertrag in §§ 3, 7 MaBV wesentliche Vertragsinhalte vor. Sie sind Regelungen des Gewerberechts, die zwingenden Charakter haben (§ 12 MaBV) und einen Mindestschutz des Erwerbers gewährleisten.[21] Verstöße dagegen werden nach § 144 Abs. 2 Nr. 6, Abs. 4 GewO als Ordnungswidrigkeit mit einem Bußgeld geahndet.

---

18 Gesetz zur Änderung der Gewerbeordnung vom 16.8.1972, BGBl. I 1974, S. 1465; hierzu ausführlich *Marcks*, MaBV, § 34c GewO Rn. 1.

19 Verordnung zur Durchführung des § 34c der Gewerbeordnung vom 20.6.1974, BGBl. I, 1974, S. 1314.

20 Schriftlicher Bericht des Ausschusses für Wirtschaft des Abgeordneten und Berichterstatters Dr. Frerichs, 6. Legislaturperiode, zu BT-Drs. VI/3535; *Kanzleiter*, DNotZ Sonderheft 2011, 89 (95 f.); *Pause*, Bauträgerkauf, Rn. 41.

21 Vgl. BGH, Urt. v. 21.11.1985 – VII ZR 366/83, BGHZ 96, 275 (278); BGH, Urt. v. 22.12.2000 – VII ZR 310/99, BGHZ 146, 250 (258); *Blank*, Bauträgervertrag, Rn. 13 f.; *Koeble*, in: Kniffka/Koeble/Jurgeleit/Sacher, Kompendium des Baurechts, 10. Teil Rn. 629.

II. Regelungen im Zivilrecht

Mit der Änderung des § 311b Abs. 1 BGB (§ 313 BGB damalige Fassung) im Jahr 1973[22] dahingehend, dass nicht nur die Veräußerungsverpflichtung, sondern auch die Erwerbsverpflichtung beurkundungsbedürftig wurde, ist der Erwerb von Grundstücken insgesamt beurkundungspflichtig geworden.[23] Davor war nur der Veräußerer von Grundbesitz, nicht jedoch der Erwerber durch den Formzwang der notariellen Beurkundung geschützt. In der Folge waren ungesicherte Vorausleistungen üblich.[24]

Heute bilden Veräußerung und Erwerb eine Einheit, die insgesamt zu beurkunden ist. Auch der Bauträgervertrag verpflichtet zur Übereignung und setzt deshalb die notarielle Form voraus. Im Einklang mit seinem einheitlichen Charakter gilt die Beurkundungspflicht nicht nur für das Grundstücksgeschäft, sondern umfasst auch die übernommene Herstellungsverpflichtung sowie alle sonstigen Abreden, insbesondere die Baubeschreibung und die Pläne.[25]

Abschlagszahlungen für bereits erbrachte Leistungen kann der Bauträger in den Grenzen des § 650v BGB verlangen. Die Norm trat zum 1.1.2018 in Kraft und ersetzt § 632a Abs. 2 BGB a.F.[26] Über einen Verweis auf Art. 244 EGBGB stellt die Vorschrift klar, dass der Verordnungsgeber die Modalitäten der Abschläge regeln darf. Aufgrund dieser Ermächtigungsgrundlage erging die Verordnung über Abschlagszahlungen bei Bauträgerverträgen vom 23.5.2001, welche wiederum in § 1 auf die Betragshöhen aus §§ 3 Abs. 1, 7 MaBV Bezug nimmt.[27] Die Teilzahlungen dürfen in der Höhe vereinbart werden, die der jeweiligen Leistung des Bauträgers im Wert entspricht.[28] Im Ergebnis transformiert die Verweisungstechnik in § 650v BGB die öffentlich-rechtlichen Regelungen der MaBV in das Zivilrecht.[29]

---

22 Gesetz zur Änderung des Bürgerlichen Gesetzbuchs und anderer Gesetze vom 30.5.1973, BGBl. I, 1973, S. 501.

23 *Kanzleiter*, DNotZ 1973, 519 (522); *Locher/Koeble*, Baubetreuungs- und Bauträgerrecht, S. 3; *Pause*, Bauträgerkauf, Rn. 11; *Wolfsteiner*, in: Kersten/Bühling, Formularbuch, § 33 Rn. 6.

24 *Grziwotz*, in: FS Thode, 243 (246).

25 *Pause/Vogel*, in: Kniffka/Jurgeleit, ibr-online-Kommentar Bauvertragsrecht, § 650u Rn. 25.

26 BT-Drs. 18/8486, S. 34.

27 *Matkovic*, in: BeckOGK BGB, § 650v Rn. 3 f.; *Pause*, Bauträgerkauf, Rn. 199.

28 Vgl. BR-Drs. 179-75, S. 4; BGH, Urt. v. 22.10.1998 – VII ZR 99-97, NJW 1999, 51 (52).

29 *Pause*, Bauträgerkauf, Rn. 199; *Ullmann*, NJW 2002, 898 (904).

III. Abgrenzung zur Bauträgerschaft im weiteren Sinne

Abzugrenzen ist der Bauträgervertrag insbesondere zu Konstellationen der Baubetreuung. Zwar hat die Bauträgerschaft von freien Wohnungsunternehmen mittlerweile die Baubetreuung ersetzt.[30] Die Baubetreuung entwickelte sich jedoch zeitlich vor den ersten Bauträgerverträgen. Als eine der Maßnahmen zur Förderung des Wohnungsbaus regelte das Preußische Wohnungsgesetz vom 28.3.1918[31] die Begründung gemeinnütziger Wohnungsfürsorgegesellschaften. Ihr Zweck war es, gesunde und zweckmäßig eingerichtete Kleinwohnungen zu einem möglichst geringen Preis zu errichten.[32] Dieses Ziel erreichten die sog. Heimstätten dadurch, dass sie bauwillige Einzelbauherren und Baugesellschaften in technischer und kaufmännischer Hinsicht unterstützten.[33] Aus diesem Aufgabenkreis entwickelten die Heimstätten das heute als Baubetreuung bekannte Vertragsverhältnis.[34]

Aufgrund der gleichartigen Leistungsarten und des gemeinsamen Ziels der Wohnraumschaffung ähnelt die Vertragsform der Baubetreuung dem heutigen Bauträgervertrag. Im Unterschied zum Bauträger baut der Baubetreuer allerdings auf fremdem Grund, handelt in fremdem Namen und legt über die von ihm verwendeten Mittel seines Auftraggebers Rechnung.[35] Damit handelt es sich bei der Baubetreuung um einen Fall der offenen Stellvertretung nach §§ 164 ff. BGB.[36] Einer Eigentumsübertragung des fertigen Hausgrundstücks und einer notariellen Beurkundung des Baubetreuungsvertrags bedarf es dabei nicht.[37] Sprach man zunächst noch teilweise von „Baubetreuung im weiteren Sinne", setzte sich alsbald der Begriff der Bauträgerschaft durch.[38] Damit liegt der Ursprung der Bauträgerschaft in der Branche der

30 *Locher/Koeble*, Baubetreuungs- und Bauträgerrecht, Rn. 3; *Pause*, Bauträgerkauf, Rn. 6.

31 Preußische Gesetzessammlung S. 23, auszugsweise abgedruckt in: Heimstättenarbeit in Westphalen, S. 206.

32 Ausführungsanweisungen zum Wohnungsgesetz vom 17. Mai 1918, auszugsweise wiedergegeben in: Heimstättenarbeit in Westphalen, S. 206.

33 Ziffer II der Ausführungsanweisung zum Wohnungsgesetz vom 17. Mai 1918, auszugsweise wiedergegeben in: Heimstättenarbeit in Westphalen, S. 206 f.

34 *Wittchen*, Der Baubetreuungsvertrag, S. 8.

35 BGH, Urt. v. 20.11.1980 – VII ZR 289/79, NJW 1981, 757; *Locher*, Baubetreuungsrecht, S. 4; *Marcks*, MaBV, § 34c GewO Rn. 41 ff.; *Pause*, Bauträgerkauf, Rn. 35; *Wittchen*, Baubetreuungsvertrag, S. 3.

36 *Wittchen*, Der Baubetreuungsvertrag, S. 4.

37 *Wittchen*, Der Baubetreuungsvertrag, S. 5.

38 In diesem Sinne grenzte als Erstes ab: *Locher*, Baubetreuungsrecht, S. 5 f.; *Reithmann*, WM 1986, 377.

Baubetreuer.[39]

C. Inhalt und Bedeutung der Abnahme

I. Erfordernis und Voraussetzungen

Soweit die Errichtung oder der Umbau eines Bauwerks in Rede stehen, hat der Bauträger gegen den Erwerber – wie bei einem herkömmlichen Werkvertrag – einen Anspruch auf Abnahme des Bauwerks aus § 640 Abs. 1 BGB. Der Besteller hat das vertragsgemäß hergestellte Werk abzunehmen, sofern die Abnahme nicht nach der Beschaffenheit des Werks ausgeschlossen ist im Sinne des § 646 BGB (Abnahmefähigkeit). Es handelt sich dabei um eine Hauptpflicht, die neben die weitere Hauptpflicht des Bestellers zur Zahlung der vereinbarten Vergütung tritt.[40]

Die Abnahme nach § 640 BGB manifestiert sich nach dem weitläufig vertretenen zweigliedrigen Abnahmebegriff in der körperlichen Hinnahme der Leistung des Unternehmers verbunden mit einer ausdrücklichen oder stillschweigenden Billigung des Werks als zumindest im Wesentlichen vertragsgerechte Leistung durch den Besteller.[41] Manche Stimmen reduzieren den Abnahmebegriff auf die Billigung der Werkleistung als im Wesentlichen vertragsgemäß.[42] Andere wiederum stellen allein auf die körperliche Entgegennahme des Werkes[43] ab und halten dies für ausreichend.

Einigkeit besteht dahingehend, dass die körperliche Hinnahme ein rein tatsächliches Verhalten darstellt.[44] Die Billigung vollzieht sich dagegen in einer Erklärung des Auftraggebers. Ob die Rechtsnatur der Abnahmeerklärung einer

---

39 *Pause*, Bauträgerkauf, Rn. 38; *Reithmann*, WM 1986, 377.

40 BGH, Urt. v. 23.2.1989 – VII ZR 89/87, BGHZ 107, 75 (77); *Messerschmidt*, in: ders./Voit, Privates Baurecht, Syst. Teil I Rn. 1; *Pause/Vogel*, in: Kniffka/Jurgeleit, ibr-online-Kommentar Bauvertragsrecht, § 640 Rn. 6.

41 RG, Urt. v. 22.4.1904 – VII 490/03, RGZ 57, 337 (338 f.); RG, Urt. v. 24.4.1925 – VI 10/25, RGZ 110, 404 (406 f.); BGH, Urt. v. 27.2.1996 – X ZR 3/94, BGHZ 132, 96 (100); BGH, Urt. v. 30.6.1983 – VII ZR 185/81, BauR 1983, 573 (575); *Busche*, in: MüKo, BGB, § 640 Rn. 2; *Retzlaff*, in: Palandt, BGB, § 640 Rn. 5.

42 *Messerschmidt*, in: ders./Voit, Privates Baurecht, § 640 Rn. 17; *Voit*, in: BeckOK BGB, § 640 Rn. 18; *Jakobs*, AcP 183 (1983), 145 (158 f.).

43 *Peters*, BauR 2013, 381; *Peters*, in: Staudinger, BGB (2019), § 640 Rn. 7.

44 *Merl/Hummel*, in: Kleine-Möller/Merl/Glöckner, Handbuch des privaten Baurechts, § 14 Rn. 2.

rechtsgeschäftsähnlichen Handlung[45] oder einer empfangs-[46] bzw. nicht empfangsbedürftigen[47] Willenserklärung zuzuordnen ist, ist umstritten. In letzterem Fall gelten die Vorschriften für Rechtsgeschäfte aber ohnehin entsprechend.[48]

Zur Abnahme verpflichtet ist der Erwerber allerdings nur dann, wenn der Vertragsgegenstand vollständig fertiggestellt und frei von nicht unwesentlichen Mängeln und mithin „abnahmereif"[49] ist. Der Wirksamkeit der Abnahme ist es nicht abträglich, wenn sie vor der Annahmereife stattfindet.[50] Dem Auftraggeber steht jedoch das Recht zu, die Abnahme zu verweigern, wenn die Mängel nicht unwesentlich sind (arg. e contr. § 640 Abs. 1 Satz 2 BGB). Für die Wesentlichkeit des Mangels kommt es darauf an, ob die Gebrauchstauglichkeit des Werks beeinträchtigt ist.[51]

Besondere Formerfordernisse müssen bei der Abnahme grundsätzlich nicht berücksichtigt werden. Sie ist nicht formbedürftig. Der Rechtssicherheit dienlich und daher in der Praxis weit verbreitet ist aber eine förmliche Abnahme, bei der die Parteien dokumentieren, dass und wann eine Abnahme tatsächlich stattgefunden hat und welche Mängel dabei festgestellt wurden.[52]

II. Gegenstand der Abnahme

1. Herstellung in Abgrenzung zur Verschaffung

Der Unternehmer schuldet in erster Linie gemäß § 631 Abs. 1 BGB die Herstellung des versprochenen Werks. Wie der Unternehmer den Erfolg erreicht, ist ihm überlassen; auf den Enderfolg kommt es an.[53] Ein korrespondierendes

---

45 *Busche*, in: MüKo, BGB, § 640 Rn. 4; *Messerschmidt*, in: ders./Voit, Privates Baurecht, § 640 Rn. 19; *Schwenker/Rodemann*, in: Erman, BGB, § 640 Rn. 6; *Voit*, in: BeckOK BGB, § 640 Rn. 5; *Jakobs*, AcP 183 (1938), 145 (163); *Pauly*, ZWE 2011, 349 (350).

46 *Riezler*, Der Werkvertrag nach dem BGB, S. 135.

47 RG, Urt. v. 24.4.1925 - VI 10/25, RGZ 110, 404, 406 f.; *Böggering*, JuS 1978, 512; *Merl/Hummel*, in: Kleine-Möller/Merl/Glöckner, Handbuch des privaten Baurechts, § 14 Rn. 2; *Oppler*, in: Ingenstau/Korbion, VOB/B, § 12 Rn. 1, 9 f.

48 BGH, Urt. v. 25.11.1982 – III ZR 92/81, NJW 1983, 1542; *Singer*, in: Staudinger, BGB (2017), Vorbem. §§ 116–144 Rn. 2; *Retzlaff*, in: Palandt, BGB, § 640 Rn. 5.

49 *Busche*, in: MüKo, BGB, § 640 Rn. 11; *Retzlaff*, in: Palandt, BGB, § 640 Rn. 3.

50 *Basty*, Bauträgervertrag, Rn. 1003.

51 *Basty*, Bauträgervertrag, Rn. 1003; *Kniffka*, in: Kniffka/Koeble/Jurgeleit/Sacher, Kompendium des Baurechts, § 640 Rn. 4; *Retzlaff*, in: Palandt, BGB, § 640 Rn. 3.

52 *Basty*, Bauträgervertrag, Rn. 1004; *Häublein*, in: Bauträgerhaftung, Partner im Gespräch 104, S. 17 (20); *Lotz*, BauR 2008, 740 (746); *Martius*, in: Reithmann/Terbrack, Kauf vom Bauträger, C. Rn. 83.

53 *Merkle*, in: BeckOGK, § 631 Rn. 482.

Recht auf Herstellung steht dem Unternehmer nicht zu.[54] Immerhin kann der Besteller den Vertrag jederzeit kündigen, § 648 BGB.

§ 633 Abs. 1 BGB ergänzt die primäre Leistungspflicht um die Verpflichtung, dem Besteller das Werk frei von Sach- und Rechtsmängeln zu verschaffen. Was den Gegenstand der Abnahme betrifft, könnte man vor dem Hintergrund der letztgenannten Vorschrift vertreten, dass die Abnahme auch die Eigentumsverschaffung voraussetzt.[55] Dem folgend wäre die Eigentumsübertragung Teil der Herstellungspflicht.

Richtigerweise setzt die Abnahmepflicht nicht voraus, dass Eigentum übergegangen ist. Vielmehr stehen beide Pflichten nebeneinander. Anderenfalls könnte der Besteller die Abnahme verweigern, solange ihm das mangelfreie Werk noch nicht verschafft worden ist.[56]

Davon zu trennen ist die Frage, welchen Inhalt die Verschaffungspflicht hat. Vor der Schuldrechtsreform war in diesem Zusammenhang von Ablieferung die Rede, § 634 Abs. 1 Satz 2 BGB a.F. Im Zuge der Angleichung von Kauf- und Werkvertragsrecht änderte der Gesetzgeber die Formulierung. Inhaltlich hat sich dadurch aber nichts verändert. Es bleibt weiterhin dabei, dass sich der Gegenstand der Ablieferung nach der Art des geschuldeten Erfolges richtet.[57] Stellt der Unternehmer eine bewegliche Sache her, hat er dem Besteller Eigentum und Besitz zu verschaffen, wenn nicht ohnehin ein Fall des § 650 Abs. 1 Alt. 3 BGB vorliegt. Wenn der Besteller das Werk bereits besitzt, reicht die mangelfreie Herstellung aus.[58] Beinhaltet der Vertrag also Reparaturarbeiten, schuldet der Unternehmer lediglich die Rückgabe der Sache. Im Übrigen ist die Übertragung wegen gesetzlichen Eigentumserwerbs häufig entbehrlich (vgl. §§ 946 f. BGB). Von der Abnahme umfasst ist jedenfalls nur die Herstellung des mangelfreien Werkes. Die Übertragung des Eigentums ist dagegen keine Voraussetzung für die Abnahmepflicht.

---

54 *Busche*, in: MüKo BGB, § 631 Rn. 60; *Merkle*, in: BeckOGK BGB, § 631 Rn. 482; *Voit*, in: BeckOK BGB, § 631 Rn. 62.

55 So *Thode*, NZBau 2002, 297 (301 f.).

56 *Voit*, in: BeckOK BGB, § 631 Rn. 62.

57 *Jurgeleit*, in: Kniffka/Jurgeleit, ibr-online-Kommentar Bauvertragsrecht, § 633 Rn. 3; *Moufang/Koos*, in: Messerschmidt/Voit, Privates Baurecht, § 633 Rn. 6; *v. Rintelen*, in: Messerschmidt/Voit, Privates Baurecht, § 631, Rn. 83.

58 *Jurgeleit*, in: Kniffka/Jurgeleit, ibr-online-Kommentar Bauvertragsrecht, § 633 Rn. 3.

2. *Grundsatz der vollständigen Errichtung*

Die Abnahmeerklärung erstreckt sich vom Grundsatz her auf die gesamte beauftragte Bauleistung und nicht nur auf Teile derselben.[59] Bevor das Bauwerk mitsamt der Außenanlagen fertiggestellt ist, ist der Besteller mangels Abnahmereife nicht zur Abgabe einer diesbezüglichen Erklärung verpflichtet. Die Verpflichtung zur Abnahme ist aber von deren Zulässigkeit zu unterscheiden. Dem Besteller steht es nämlich frei, die Arbeit des Unternehmers schon vor der Vollendung abzunehmen.[60] Tritt der Wille zur vollständigen Abnahme unter Verzicht auf die Restleistungen in diesem Sinne hervor, kann die Abnahme nicht wegen Irrtums über den erreichten Bautenstand angefochten werden.[61] Die Anfechtungsregeln sind in diesem Fall durch die vorrangigen §§ 633 ff. BGB ausgeschlossen. Selbst wenn elementare Leistungen fehlen, kann die Zustimmung des Bestellers zu einem erkennbar unfertigen Werk als Abnahme gewertet werden.[62]

Gleichwohl geht der Wille des Bestellers in der Regel dahin, nur ein vollständiges Werk abzunehmen. Nur wenn der Besteller deutlich erkennbar die erbrachte Teilleistung ohne den Vorbehalt, erst nach Fertigstellung über die Gesamtleistung befinden zu wollen, als Erfüllung behalten will, kann von einer vorweggenommenen Abnahme ausgegangen werden.[63] Nicht ohne Weiteres ausreichend ist dafür die Teilnahme an einem Abnahmetermin[64] oder die Zustimmung zu der bislang erbrachten Leistung, mag sie sich auch in der Inbesitznahme des Werks manifestieren.[65] Der Besitz hat in diesem Zusammenhang allenfalls indizielle Wirkung.[66]

Dessen ungeachtet wird streitig bewertet, ob es auf einen korrespondierenden Willen des Unternehmers ankommt. Dabei geht es um die Frage, ob der Besteller auch eigenmächtig ohne ein Angebot des Auftragnehmers zur Abnahme

---

59 *Messerschmidt*, in: ders./Voit, Privates Baurecht, § 640 Rn. 145.

60 Vgl. BGH, Urt. v. 20.8.2009 – VII ZR 205/07, BGHZ 182, 158 (174); OLG Stuttgart, Urt. v. 22.5.1974 – 10 U 6/74, BauR 1974, 344 f.; *Merl/Hummel*, in: Kleine-Möller/Merl/Glöckner, Handbuch des privaten Baurechts, § 14 Rn. 18; *Jakobs*, AcP 183 (1983), 145 (164); *Thode*, ZfBR 1999, 116 (117).

61 OLG München, Urt. v. 13.12.2011 – 9 U 2533/11, NJW 2012, 397 f.

62 OLG München, Beschl. v. 23.2.2017 – 27 U 3351/16, ibr-online.de, aufgerufen am 31.08.2021, IBRRS 2019, 3316, das ausdrücklich nicht von einer Teilabnahme spricht.

63 *Jakobs*, AcP 183 (1983), 145 (164).

64 OLG Frankfurt a. M., Urt. v. 27.7.2004 – 21 U 17/02, BauR 2004, 1961 (1962).

65 *Basty*, Bauträgervertrag, Rn. 1009; *Jakobs*, AcP 183 (1983), 145 (164 f.).

66 *Jakobs*, AcP 183 (1983), 145 (158).

berechtigt ist. Dies wird abzulehnen sein.[67] Die Herbeiführung des Erfolges ist in dem Sinne Angelegenheit des Unternehmers, dass er sich in der Art und Weise der Erfolgsverwirklichung von dem Besteller nicht zu beeinflussen lassen braucht.[68] Begrifflich setzt die Abnahme als Teil des Verschaffens im Sinne des § 633 Abs. 1 BGB voraus, dass der Auftragnehmer dem Auftraggeber das Werk anbietet.[69] In der Folge kann die Abnahme nicht gegen den Willen des die vollständige Erfüllung beabsichtigenden Unternehmers erklärt werden. Der Weg zur Abnahme einer Teilleistung beginnt damit bei übereinstimmenden (zumindest konkludenten) Willenserklärungen der Vertragsparteien, die vom Grundsatz der vollständigen Errichtung abweichen.

3. *Ausnahme Teilabnahme*

Der Gegenstand der Abnahme muss aber nicht identisch mit dem Umfang der Leistungsverpflichtung sein. Äußerste Grenze des Abnahmegegenstands sind die Pflichten nach Maßgabe des abgeschlossenen Vertrags. Ein geringerer Leistungsumfang bei der Abnahme kann der vorzeitigen Annahme einer Teilleistung als Erfüllung oder einer Teilabnahme geschuldet sein.

Ersteres ist der Fall, wenn der Besteller eine unvollständige Leistung als ausreichend billigt. Dadurch beschränkt sich der Gesamtumfang des vertraglich geschuldeten Erfolges. Im Klartext erfüllt der Auftragnehmer damit vollständig seine Pflicht, obwohl er ursprünglich mehr hätte leisten sollen. Der Auftraggeber kann keine weiteren Leistungen verlangen.

Dass der Besteller freiwillig weniger verlangt, als ihm vertraglich zustünde, wird jedoch die Ausnahme sein. In der Praxis weit verbreitet ist dagegen die Teilabnahme. Nach einer Teilabnahme stehen noch weitere Teile aus, die der

---

67 Siehe auch BGH, Urt. v. 30.6.1983 – VII ZR 185/81, BauR 1983, 573 (575); *Messerschmidt*, in: ders./Voit, Privates Baurecht, § 640 Rn. 58; *Hildebrandt*, BauR 2005, 788 f.; *Jakobs*, AcP 183 (1983), 145 (164); *Pause/Vogel*, in: Kniffka/Jurgeleit, ibr-online-Kommentar Bauvertragsrecht § 640 Rn. 26; a.A. *Havers*, in: Kapellmann/Messerschmidt, VOB/B, § 12 Rn. 35.

68 *Jakobs*, AcP 183 (1983), 145 (164).

69 Offengelassen in BGH, Urt. v. 30.6.1983 – VII ZR 185/81, BauR 1983, 573 (575); *Hildebrandt*, BauR 2005, 788 (791 f.); *Merl/Hummel*, in: Kleine-Möller/Merl/Glöckner, Handbuch des privaten Baurechts, § 14 Rn. 18 und 136; *Voit*, in: Messerschmidt/Voit, Privates Baurecht, § 640 Rn. 58.

Auftragnehmer herzustellen hat, bevor er den Vertrag erfüllt hat. Abgenommen werden dabei bestimmte bereits hergestellte Bestandteile des unfertigen Gesamtwerkes.

Anlass für Überlegungen zur geteilten Abnahme gibt die Eigenart der komplexen Leistung insbesondere beim Wohnungseigentum. Es liegt nahe, dass ein Teil der Gesamtleistung früher fertiggestellt ist und benutzt werden kann als die übrigen Leistungen. Beim Wohnungsbau geht es um Fälle, in denen der Erwerber die Wohnung bezieht, obgleich der Rest – insbesondere Teile des Gemeinschaftseigentums wie die Außenanlagen – noch nicht vollends errichtet ist.

a) Gesetzlicher Rahmen im Werkvertragsrecht

Das BGB geht von der Möglichkeit einer Teilabnahme aus, ohne sich weitergehend zum Inhalt einer solchen Aufteilung zu äußern. § 641 Abs. 1 Satz 2 BGB regelt, dass die Vergütung für jeden Teil des Werks bei dessen Abnahme zu entrichten ist, wenn ein Werk in Teilen abzunehmen und die Vergütung für die einzelnen Teile bestimmt ist.

Liegt eine entsprechende Bestimmung der Parteien vor, führt die genannte Norm die allgemeine Fälligkeitsregelung (§ 641 Abs. 1 Satz 1 BGB) insofern konsequent fort, als sie den Zeitpunkt der Fälligkeit einer Teilleistung auf den Moment der Teilabnahme vorverlegt. Zusätzlich fordert die Vorschrift, und dieser Teil geht über den deklarativen Charakter hinaus, dass die Vergütung nur dann fällig wird, wenn sie für die einzelnen Leistungsteile hinreichend bestimmt ist.[70] Haben die Parteien dagegen nur eine Abnahme des Werks in Teilen vereinbart, ohne sich über eine Teilvergütung zu einigen, ändert dies nach dem Wortlaut der Vorschrift nichts an der Fälligkeit der Vergütung erst nach Abnahme des gesamten Werks.[71]

Die Vorschrift begründet keine Verpflichtung des Bestellers zur Teilabnahme, sondern setzt die Teilabnahme als anderweitig begründet voraus.[72] § 641 Abs. 1 Satz 2 BGB regelt, was gilt, *wenn* das Werk in Teilen abzunehmen ist. Vor Fertigstellung der Gesamtleistung besteht die Möglichkeit der Abnahme nur dann, wenn sich die Parteien darauf geeinigt haben. Diese Willensäußerung kann

---

70 *Busche*, in: MüKo, BGB, § 641 Rn. 9; *Messerschmidt*, in: ders./Voit, Privates Baurecht, § 641 Rn. 22.

71 *Scheuch*, in: Schulze BGB, § 641 Rn. 4.

72 *Peters*, in: Staudinger, BGB (2019), § 641 Rn. 119 f.

gleichzeitig mit der Erklärung der Teilabnahme[73] oder konkludent erfolgen, darf aber weder unterstellt noch vermutet werden[74]. Nicht ausreichend für eine konkludente Teilabnahme ist es regelmäßig, wenn die Leistungen lediglich teilweise ausgeführt wurden.[75]

b) Abgrenzung zur technischen Teilabnahme

Zu unterscheiden ist eine solche Vereinbarung von der sog. unechten oder auch technischen Teilabnahme. Hierbei wird geprüft, ob die technischen Normen und die anerkannten Regeln der Technik eingehalten werden.[76] Im VOB/B-Vertrag wird die technische Teilabnahme als Zustandsfeststellung aufgefasst, § 4 Abs. 10 VOB/B. Der Besteller soll einzelne Vorstufen des Werks in Augenschein nehmen, weil die Beurteilung ihrer Qualität durch die Fortführung der Arbeiten später als solche nicht mehr prüffähig ist.[77] Die Folgen einer „echten" Abnahme treten damit jedoch bis auf die Umkehr der Beweislast nicht ein.[78] Wird keine Vereinbarung über gesonderte Abnahmen getroffen, bleibt es beim Grundsatz, dass der Erwerber erst nach Fertigstellung der gesamten Leistung zur Abnahme verpflichtet ist.

III. Folgen der Abnahme

Als „Dreh- und Angelpunkt des Bauvertrags"[79] wirkt sich die Abnahme weitreichend auf die bestehende Vertragsbeziehung und die Vertragsabwicklung aus. Sie stellt eine zeitliche Zäsur für den Beginn und das Ende verschiedener Abwicklungsstadien dar. Bei einer Teilabnahme löst diese in Bezug auf die betroffenen Bauteile die für die Gesamtabnahme geltenden Wirkungen entsprechend aus.[80]

---

73 BGH, Urt. v. 10.2.1994 – VII ZR 20/93, NJW 1994, 1276 (1278); OLG Düsseldorf, Urt. v. 1.2.2018 – 5 U 113/13, IBR 2018, 383; *Messerschmidt*, in: ders./Voit, Privates Baurecht, § 640 Rn. 148.

74 Vgl. BGH, Urt. v. 20.10.2005 – VII ZR 155/04, NJW-RR 2006, 303 (304).

75 BGH, Urt. v. 8.9.2016 – VII ZR 168/15, NJW 2017, 265 (267).

76 *Basty*, Bauträgervertrag, Rn. 997.

77 *Busche*, in: MüKo, BGB, § 640 Rn. 23; *Peters*, in: Staudinger, BGB (2019), § 641 Rn. 123; *Voit*, in: BeckOK BGB, § 640 Rn. 20.

78 *Busche*, in: MüKo, BGB, § 640 Rn. 23; *Peters*, in: Staudinger, BGB (2019), § 641 Rn. 123; *Voit*, in: BeckOK BGB, § 640 Rn. 20.

79 *Jagenburg*, NJW 1974, 2264 (2265).

80 Vgl. BGH, Urt. v. 20.8.2009 – VII ZR 205/07, BGHZ 182, 158 (174).

Nachstehend sind die wichtigsten Unterschiede der Rechtslage vor und nach der Abnahme aufgeführt.

1. Rechtslage vor der Abnahme

Vor der Abnahme befindet sich der Vertrag im Erfüllungsstadium. Für den Erfüllungsanspruch gilt nach § 195 BGB die dreijährige Verjährungsfrist.[81] Die Verjährungsfrist beginnt nach der Fälligkeitsregel des § 271 BGB mit Vertragsschluss.[82]

Darüber hinaus ist der Werkunternehmer vor Abnahme vorleistungspflichtig.[83] Im Bauträgervertrag wird diese Vorleistungspflicht dadurch entschärft, dass er regelmäßig nach § 3 Abs. 2 Satz 1 MaBV Teilzahlungen verlangt.[84]

Ferner trägt der Unternehmer die Vergütungs- und Leistungsgefahr[85] und damit insbesondere das Risiko des zufälligen Untergangs und der zufälligen Verschlechterung (§ 644 BGB). Die Leistungsgefahr meint dabei, dass der Auftragnehmer die Leistung erneut erbringen muss, wenn sie untergeht, gestohlen oder beschädigt wird.[86] Vergütungsgefahr bedeutet, dass er in den genannten Fällen auch keine Vergütung beanspruchen kann.[87]

Schließlich liegt es bis zur Abnahme am Unternehmer, die Mangelfreiheit im Streitfall darzulegen und zu beweisen, sofern der Besteller den Mangel substantiiert vorträgt.[88]

---

81 Allg. Meinung zu Ansprüchen wegen Nichterfüllung: OLG Karlsruhe, Urt. v. 10.4.2018 – 8 U 19/14, BeckRS 2018, 17599; *Busche*, in: MüKo, BGB, § 634a Rn. 12; ausnahmsweise soll die Frist des § 634a BGB einschlägig sein, wenn sich der Erfüllungsanspruch im Nacherfüllungsanspruch fortsetzt: OLG Hamm, Urt. v. 30.4.2019 – 24 U 14/18, NJW 2019, 3240 (3244 f.), in der Revision offengelassen: BGH, Urt. v. 28.5.2020 – VII ZR 108/09, BeckRS 2020, 14214; zur Fragestellung: *Voit*, NJW 2019, 3190.

82 Für eine Fälligkeit zum Zeitpunkt des Fertigstellungstermins beim Bauvertrag: OLG Hamm, Urt. v. 30.4.2019 – 24 U 14/18, NJW 2019, 3240 (3244).

83 *Messerschmidt*, in: ders./Voit, Privates Baurecht, Syst. Teil I, Rn. 2, BGB § 640 Rn. 79 f.; *Pause/Vogel*, in: Kniffka/Jurgeleit, ibr-online-Kommentar Bauvertragsrecht, § 641 Rn. 1; *Scheuch*, in: Schulze BGB, § 641 Rn. 1.

84 *Basty*, in: FS Wenzel, S. 103 (104); *Pause*, Bauträgerkauf, Rn. 617.

85 *Werner*, in: Werner/Pastor, Bauprozess, Rn. 1810 f.

86 *Kniffka*, in: Kniffka/Koeble/Jurgeleit/Sacher, Kompendium des Baurechts, 4. Teil Rn. 10.

87 *Werner*, in: Werner/Pastor, Bauprozess, Rn. 1811.

88 BGH, Urt. v. 23.10.2008 – VII ZR 64/07, BauR 2009, 237 (238 f.); BGH, Urt. v. 24.10.1996 – VII ZR 98/94, BauR 1997, 129 (130).

2. *Rechtslage nach der Abnahme*

Nach der Abnahme endet das Erfüllungsstadium und der allgemeine Erfüllungsanspruch aus § 650u Abs. 1 Satz 2 i.V.m. § 631 Abs. 1 BGB erlischt. Genau genommen konkretisiert und beschränkt sich der Erfüllungsanspruch auf die Mängelbeseitigung nach §§ 634 ff. BGB.[89] Wenn der Besteller die Leistungen des Unternehmers in Kenntnis der Mangelhaftigkeit ohne Vorbehalt abnimmt, verliert er jedoch die Mängelansprüche aus § 634 Nr. 1 bis 3 BGB gemäß § 640 Abs. 3 BGB. Nur die Ansprüche auf Schadensersatz stehen ihm dann weiterhin zu (§ 634 Nr. 4 BGB).

Was die Verjährung betrifft, ändert sich im Anschluss an die Abnahme vor allem der zeitliche Rahmen. Im Gegensatz zum Erfüllungsanspruch verjähren die Gewährleistungsansprüche in fünf Jahren, § 634a Abs. 1 Nr. 2 BGB. Die Verjährungsfrist beginnt mit dem Tag der Abnahme, § 634a Abs. 2 BGB.

Zeitgleich endet auch die Vorleistungspflicht des Werkunternehmers. Der Anspruch auf Abschlagszahlungen geht damit unter.[90] Anstelle von Abschlagszahlungen kann der Werkunternehmer die vollständige Vergütung verlangen, § 641 Abs. 1, 2 BGB. Nach neuer Rechtslage muss er dafür zusätzlich gemäß § 650g Abs. 4 Satz 1 Nr. 2 BGB eine prüffähige Schlussrechnung erteilen. Ab diesem Zeitpunkt ist die Vergütung auch zu verzinsen, § 641 Abs. 4 BGB.

Mit der Abnahme geht zudem die Vergütungs- und Leistungsgefahr auf den Besteller über (§ 644 BGB). Bei zufälligem Untergang oder zufälliger Verschlechterung nach der Abnahme ist der Besteller zur vollständigen Werklohnzahlung verpflichtet.[91] Des Weiteren tritt eine Umkehr der Beweislast zu Lasten des Bestellers nach § 363 BGB ein. Nach der Abnahme hat dieser das Vorhandensein eines Mangels zu beweisen.[92]

Schlussendlich hat die Abnahme Auswirkungen auf die Vertragsstrafe. Sofern der Besteller die Leistung annimmt, ohne sich eine ihm gegebenenfalls

---

89 BGH, Urt. v. 10.10.1985 – VII ZR 303/84, BGHZ 96, 111 (121) (Beschränkung); BGH, Urt. v. 25.2.2010 – VII ZR 64/09, NZBau 2010, 318 (319) (Konkretisierung); *Böggering*, JuS 1978, 512 (519) (Konkretisierung); *Jakobs*, AcP 183 (1983), 145 (152), (154) (Beschränkung und Konkretisierung); *Retzlaff*, in: Palandt, BGB, § 640 Rn. 18; zu Mängelansprüchen vor der Abnahme ausführlich: *Schlier*, Mängelrechte vor der Abnahme im BGB-Bauvertrag.

90 *Kniffka*, in: Kniffka/Koeble/Jurgeleit/Sacher, Kompendium des Baurechts, 4. Teil Rn. 8.

91 *Voit*, in: BeckOK BGB, § 644 Rn. 13.

92 BGH, Urt. v. 23.10.2008 – VII ZR 64/07, BauR 2009, 237, 238 f.; *Kniffka*, in: Kniffka/Koeble/Jurgeleit/Sacher, Kompendium des Baurechts, 4. Teil Rn. 13.

zustehende Vertragsstrafe vorzubehalten, erlischt der Strafanspruch, § 341 Abs. 3 BGB.

IV. Konsequenz

Die Abnahme ist in vielerlei Hinsicht bedeutsam für das Vertragsverhältnis um ein Bauwerk. Sie kennzeichnet den Übergang vom Erfüllungs- in das Nacherfüllungsstadium und ist daher unabdingbare Voraussetzung für alle sich daraus ergebenden Ansprüche und Rechte. Ihre Folgen gereichen zum Vorteil des Werkunternehmers. Das macht die Abnahme zu einem Druckmittel für den Besteller, um den Unternehmer zur vertragsgemäßen Herstellung anzuregen.

D. Wohnungseigentum im Kontext der individualvertraglichen Abnahme

Wohnungseigentum wird meist im Bauträgermodell errichtet und vertrieben.[93] Aufgrund der gesetzlichen Konzeption von Sonder- und Gemeinschaftseigentum ergeben sich Besonderheiten bei der Abnahme.

I. Dogmatische Einordnung und Abgrenzung des Wohnungseigentums

1. Abweichung vom Akzessionsprinzip

Der Gesetzgeber schuf in dem Wohnungseigentumsgesetz[94] eine neue Rechtsform des Eigentums mit dem Ziel, den Wohnungsbau zu beleben.[95] Nach der Begründung der Regierungsvorlage sollten damit die kriegszerstörten Städte schnellstmöglich wieder aufgebaut werden, was mit den klassischen Rechtsformen des Wohnungsrechts nicht erreichbar zu sein schien.[96] Ziel des WEG ist es,

93 *Basty*, Bauträgervertrag, Rn. 150; *Karczewski*, in: Leupertz/Preussner/Sienz, Bauvertragsrecht, § 650u Rn. 2; *Martius*, in: Reithmann/Terbrack, Kauf vom Bauträger, D. Rn. 3; *Pause/Vogel*, NZBau 2015, 667 (671).

94 Gesetz über das Wohnungseigentum und das Dauerwohnrecht vom 19.3.1951, BGBl. I, 1951, S. 175.

95 Entwurf eines Gesetzes über das Eigentum an Wohnungen und gewerblichen Räumen vom 30.11.1949, BT-Drs. 01/252, S. 13.

96 Entwurf eines Gesetzes über das Eigentum an Wohnungen und gewerblichen Räumen vom 30.11.1949, BT-Drs. 01/252, S. 13; m.w.N. *Bärmann*, DNotZ 1950, 238 (239); eingehend auch: *Briesemeister*, in: Weitnauer, WEG, Vor § 1 Rn. 9 ff.; *Weitnauer*, ZWE 2001, 126.

den Erwerb von Immobilieneigentum zu fördern, indem Wohnungs- und Teileigentum rechtlich verselbstständigt werden.[97]

Vor diesem Hintergrund zeichnet sich das Wohnungseigentum dadurch aus, dass es aus zwei Rechten besteht: Nach § 1 Abs. 2 WEG ist Wohnungseigentum das Sondereigentum an einer Wohnung in Verbindung mit dem Miteigentumsanteil an dem gemeinschaftlichen Eigentum, zu dem es gehört. Wohnungseigentum ist als ein besonders ausgestaltetes Bruchteilseigentum zu verstehen.[98] Abweichend von dem in §§ 93 ff. BGB verankerten Grundsatz der einheitlichen Rechtsverhältnisse an Grund und Boden (Akzessionsprinzip) eröffnet das Wohnungseigentumsgesetz die Möglichkeit, an Teilen eines Gebäudes Eigentum zu erwerben.[99]

2. *Abgrenzung von gesetzlichen Formen der Wohnraumzuordnung*

Im Vergleich zur Bruchteilsgemeinschaft liegt der Vorteil darin, dass die Miteigentümergemeinschaft unauflöslich ist nach § 11 WEG. Die Teilhaber der Bruchteilsgemeinschaft können dagegen jederzeit, jedenfalls aber bei Vorliegen eines wichtigen Grundes wie im Falle einer Insolvenz, deren Aufhebung verlangen, § 749 Abs. 1, 2 BGB, § 84 Abs. 2 InsO. Alsdann erstreckt sich der Vollzug der Aufhebung nicht nur auf den Anteil des Miteigentümers, sondern auf das gesamte Grundstück, §§ 752, 753 Abs. 1 Satz 1 BGB. Auch ein Dritter kann die Zwangsversteigerung des ganzen Grundstücks betreiben, wenn er den Anteil eines Teilhabers pfändet, § 751 Satz 2 BGB, § 181 Abs. 2 ZVG i.V.m. § 857 Abs. 3 ZPO. Im Verhältnis dazu erhält der einzelne Wohnungseigentümer eine gesicherte Rechtsstellung mit garantiertem Wertbestand und stabiler Verkehrsfähigkeit.[100]

---

97 BGH, Urt. v. 18.7.2008 – V ZR 97/97, NJW 2008, 2982; *Schneider*, in: Riecke/Schmid, WEG, § 3 Rn. 2.

98 St. Rspr. BGH, Beschl. v. 17.1.1968 – V ZB 9/67, BGHZ 49, 250 (251); BGH, Beschl. v. 16.2.1984 – V ZB 24/83, BGHZ 90, 174 (176); BGH, Urt. v. 23.6.1989 – V ZR 40/88, BGHZ 108, 156 (160); m.w.N. *Briesemeister*, in: Weitnauer, WEG, Vor § 1 Rn. 25 ff.; *Paulick*, AcP 152 (1952/53), 420; a.A. *Bärmann*, NJW 1989, 1057 (1061 ff.), der von einem Rechtsinstitut eigener Art an der Schnittstelle zwischen Bruchteilseigentum und Gesamthandsberechtigung ausgeht.

99 BGH, Beschl. v. 3.4.1968 – V ZB 14/67, BGHZ 50 (60 f.); *Schneider*, in: Bärmann/Seuß, Praxis des Wohnungseigentums, § 2 Rn. 1; *ders.*, in: Riecke/Schmid, WEG, § 3 Rn. 1.

100 *Suilmann*, in: Bärmann, WEG, § 11 Rn. 1.

Nicht zu verwechseln ist das Wohnungseigentum mit dem dinglichen Wohnungsrecht, § 1093 BGB. Damit ist kein Eigentumsrecht, sondern eine Dienstbarkeit gemeint, die höchstpersönlich ist und nicht veräußert, vererbt oder belastet werden kann.

Des Weiteren ermöglicht das Erbbaurecht eine besondere Form der Wohnraumzuordnung. Ein Gebäude, das aufgrund eines Erbbaurechts begründet ist, gehört nicht zu den wesentlichen Bestandteilen des Grundstücks, sondern wird wesentlicher Bestandteil des Erbbaurechts, § 12 ErbbauRG. Ähnlich zum WEG regelt diese Norm die Trennung des Eigentums an Gebäude und Grundstück. Im Unterschied zum Wohnungseigentum ermöglicht das Erbbaurecht jedoch keine horizontale Aufteilung eines Gebäudes, vgl. § 1 Abs. 3 ErbbauRG. Es ähnelt insofern eher der gesetzlichen Grundkonzeption.

Abgesehen von den rechtlichen Vorteilen barg das Wohnungseigentum den sozialpolitischen Vorzug, die Kapitalanlage Eigentum für weite Bevölkerungsteile zu ermöglichen.[101] Wenn der Bereich des Alleineigentums, also des ausschließlichen Herrschaftsrechts, auch nur beschränkt durch die Erfordernisse der Gemeinschaft existieren kann, gibt es dem Wohnungseigentümer doch das Bewusstsein, mehr als ein Mieter zu sein und sich nach eigenem Belieben und zum eigenen Vorteil einrichten zu können.[102]

II. Grundstruktur zur Abgrenzung von Sonder- und Gemeinschaftseigentum

Gemeinschaftliches Eigentum setzt sich gemäß § 1 Abs. 5 WEG aus dem Grundstück und dem Gebäude zusammen, soweit sie nicht im Sondereigentum oder im Eigentum eines Dritten stehen.

Sondereigentum kann begründet werden an einer Wohnung (Wohneigentum) oder an nicht zu Wohnzwecken dienenden Räumen (Teileigentum), § 3 Abs. 1 Satz 1 i.V.m. § 1 Abs. 2, 3 WEG. Neuerdings kann das Sondereigentum auch auf einen außerhalb des Gebäudes liegenden Teil des Grundstücks erstreckt werden, § 3 Abs. 2 WEG. Gegenstand des Sondereigentums sind die in § 3 Abs. 1 Satz 1 WEG bestimmten Räume sowie die dazugehörenden Bestandteile des Gebäudes, die verändert, beseitigt oder eingefügt werden können, ohne dass dadurch das gemeinschaftliche Eigentum oder Sondereigentum eines anderen Wohnungseigentümers über das bei einem geordneten Zusammenleben unvermeidliche

101 *Briesemeister*, in: Weitnauer, WEG, Vor § 1 Rn. 12.

102 *Briesemeister*, in: Weitnauer, WEG, Vor § 1 Rn. 24.

Maß hinaus beeinträchtigt oder die äußere Gestaltung des Gebäudes verändert wird, § 5 Abs. 1 Satz 1 WEG. Weiter bestimmt § 5 Abs. 2 WEG, dass Teile des Gebäudes, die für dessen Bestand oder Sicherheit erforderlich sind, sowie Anlagen und Einrichtungen, die dem gemeinschaftlichen Gebrauch dienen, zum Gemeinschaftseigentum gehören, auch wenn sie sich innerhalb der im Sondereigentum stehenden Räume befinden.

Sondereigentumsfähige Bestandteile des Gebäudes können durch Vereinbarung der Wohnungseigentümer zum gemeinschaftlichen Eigentum erklärt werden, § 5 Abs. 3 WEG. Alles, was nicht ausdrücklich zum Sondereigentum erklärt wurde, ist nach einer widerlegbaren Vermutung gemeinschaftliches Eigentum (vgl. § 1 Abs. 5 WEG).[103]

Nicht zu verwechseln mit dem Sondereigentum sind Sondernutzungsrechte. Diese schränken das gemeinschaftliche Eigentum dadurch ein, dass sie Teile davon einem einzelnen Eigentümer schuldrechtlich zur ausschließlichen Nutzung zuweisen.[104] Dadurch sind die übrigen Eigentümer von ihrem gesetzlichen Mitgebrauchsrecht am Gemeinschaftseigentum (§ 16 Abs. 1 Satz 3 WEG) ausgeschlossen.[105]

III. Bildung und Übertragung von Wohnungseigentum

Begründet wird Sondereigentum durch vertragliche Einräumung (§ 3 WEG) oder durch einseitige Aufteilung (§ 8 WEG). In der Praxis des Wohnungserwerbs überwiegt die Form, bei der der Bauträger als Alleineigentümer an das Grundbuchamt gemäß § 8 WEG die Aufteilung erklärt.[106] Die Wohnungseigentümergemeinschaft entsteht in beiden Fällen mit Anlegung der Wohnungsgrundbücher, § 9a Abs. 1 Satz 2 WEG. Wird die Teilung nach § 8 WEG einseitig erklärt, kommt es demnach zu einer Ein-Personen-Gemeinschaft.

Sondereigentum und der entsprechende Miteigentumsanteil können nur gemeinsam veräußert oder belastet werden, § 6 Abs. 1 WEG. Umgekehrt erstrecken sich Rechte am Miteigentumsanteil immer auch auf das mit diesem verbundene Sondereigentum, § 6 Abs. 2 WEG. Diese untrennbare Verknüpfung ist

---

103 BGH, Urt. v. 3.11.1989 – V ZR 143/87, BGHZ 109, 179 (184); *Armbrüster*, in: Bärmann, WEG, § 1 Rn. 53.

104 *Basty*, Bauträgervertrag, Rn. 154; *Hügel/Elzer*, in: WEG, § 10 Rn. 117; *Pause*, Bauträgerkauf, Rn. 572.

105 BGH, Beschl. v. 20.9.2000 – V ZB 58/99, BGHZ 145, 158 (166 ff.); *Wicke*, in: Palandt, WEG, § 13 Rn. 9.

106 *Kreuzer*, in: Münchener Vertragshandbuch Band 6, VII. 1. Rn. 1.

einer der tragenden Grundsätze des Wohnungseigentumsgesetzes und bewirkt, dass weder ein isolierter Miteigentumsanteil noch ein isoliertes Sondereigentum rechtsgeschäftlich entstehen können.[107]

IV. Grundsatz der Einzelabnahme

Durch den Erwerbsvertrag erhält der einzelne Wohnungseigentümer einen eigenen Anspruch auf ein mangelfreies Werk.[108] Die Pflicht zur Abnahme im Sinne von § 640 Abs. 1 BGB folgt daher auch beim Erwerb von Wohnungseigentum aus dem Vertrag mit dem Bauträger und ist individualvertraglich. Den Vertrag schließt jeder Erwerber einzeln ab, sodass jeder einen eigenen Anspruch auf Herstellung des gesamten Gemeinschaftseigentums und seines Sondereigentums hat. Eine vom Bauträger geschuldete Leistung entgegenzunehmen und über ihre Ordnungsgemäßheit zu befinden, ist allein Sache des Erwerbers. Deshalb liegt es bei ihm, zu entscheiden, ob er das Werk als eine in der Hauptsache dem Vertrag entsprechende Erfüllung gelten lassen will.[109] In der Konsequenz ist die Abnahme von jedem Erwerber gesondert vorzunehmen (Grundsatz der Einzelabnahme).[110]

E. Bisherige Reforminhalte und Ausblick zur Weiterentwicklung

Was größere Reformen anbelangt, wurde das Bauträgerrecht bislang weitgehend außen vor gelassen. Die Schuldrechtsreform vom Jahr 2002 tangierte den Bauträgervertrag zwar, beschränkte sich dabei aber auf allgemeingültige Regelungen für das gesamte Werkvertragsrecht.

Erst mit der letzten Bauvertragsreform im Jahr 2018 fand der Bauträgervertrag als solcher eine explizite Nennung im BGB. Das neue Bauvertragsrecht gilt nach Art. 229 § 39 EGBGB für Verträge, die nach dem 31.12.2017 geschlossen wurden. Ziel des Gesetzes ist es indessen nicht, den Bauträgervertrag grundlegend zu erneuern, sondern notwendige Klarstellungen und Anpassungen des Bauträgervertragsrechts an das geänderte Recht des Bauvertrags und des

107 BGH, Urt. v. 1.10.2004 – V ZR 210/03, NZM 2004, 876 (877); *Armbrüster*, in: Bärmann, WEG, § 6 Rn. 3; *Leidner*, in: BeckOK WEG, § 6 Rn. 2; *Hügel*, in: BeckOK BGB, § 6 WEG Rn. 1; *Schneider*, in: Riecke/Schmid, WEG, § 3 Rn. 77.

108 BGH, Urt. v. 21.2.1985 – VII ZR 72/84, NJW 1985, 1551 f.

109 BGH, Urt. v. 21.2.1985 – VII ZR 72/84, NJW 1985, 1551 f.

110 *Lotz*, BauR 2008, 740 (743); *Retzlaff*, in: Palandt, BGB, § 640 Rn. 7.

Verbraucherbauvertrags vorzunehmen.[111] Die Reform führt im Wesentlichen zu einer Legaldefinition (§ 650u Abs. 1 BGB) und zur Übernahme der Baubeschreibungspflicht sowie der Dokumentationspflicht aus dem Verbraucherbauvertrag (§§ 650j, 650n BGB) in den Bauträgervertrag.

Nach einhelliger Meinung ist eine umfassende Weiterentwicklung durch eine weitergehende Kodifizierung des Bauträgervertrags und dessen Peripherie unverändert notwendig.[112] Der Koalitionsvertrag von 2018 sieht ausdrücklich vor: *„Im Bauträgerrecht wollen wir vorhandene Schutzlücken durch wirksame Absicherung des Erwerbers eines Bauträgerobjekts für den Fall der Insolvenz des Bauträgers und eine Erleichterung der Abnahme bei Gemeinschaftseigentum schließen."*[113]

Parallel zur Reform des Bauvertragsrechts setzte das BMJV die Arbeitsgruppe Bauträgervertragsrecht ein. In dem daraufhin veröffentlichten Abschlussbericht nimmt die Arbeitsgruppe ausführlich zur Erleichterung der Abnahme des Gemeinschaftseigentums Stellung.[114] Derzeit arbeitet das BMJV an einem Referentenentwurf, der auf der Grundlage dieses Abschlussberichts die Vorgaben des Koalitionsvertrags umsetzen soll.[115] Die zunächst für Frühjahr 2020 prognostizierte Vorlage eines Referentenentwurfs[116] blieb jedoch bislang aus. Das zum 1.12.2020 reformierte WEG-Recht sieht jedenfalls noch keine Änderungen der Abnahmemodalitäten auf gemeinschaftlicher Ebene vor.[117]

---

111 Entwurf eines Gesetzes zur Reform des Bauvertragsrechts und zur Änderung der kaufrechtlichen Mängelhaftung vom 18.5.2016, BT-Drs. 18/8486, S. 27.

112 *Pause*, Bauträgerkauf, Rn. 26a; *Wolfsteiner*, in: Kersten/Bühling, Formularbuch, § 33 Rn. 10.

113 Koalitionsvertrag zwischen CDU, CSU und SPD vom 12.3.2018, 19. Legislaturperiode, S. 125, Zeilen 5840 ff.

114 Abschlussbericht der Arbeitsgruppe Bauträgervertragsrecht beim BMJV vom 19.6.2019, S. 3 ff.

115 Antwort der Bundesregierung auf die Kleine Anfrage der Abgeordneten Katharina Willkomm, Stephan Thomae, Renata Alt, weiterer Abgeordneter und der Fraktion der FDP – Drucksache 19/23383, BT-Drs. 19/23811, S. 9.

116 Antwort der Bundesregierung auf die Kleine Anfrage der Abgeordneten Christian Kühn (Tübingen), Canan Bayram, Britta Haßelmann, weiterer Abgeordneter und der Fraktion BÜNDNIS 90/DIE GRÜNEN – Drucksache 19/12083, BT-Drs. 19/12411, S. 5.

117 Gesetz zur Förderung der Elektromobilität und zur Modernisierung des Wohnungseigentumsgesetzes und zur Änderung von kosten- und grundbuchrechtlichen Vorschriften, BGBl. I, 2020, S. 2187.

F. Zusammenfassung Kapitel 1

1. Im Zusammenhang mit dem Erwerb von Wohnungseigentum etablierte sich ausgehend von Baubetreuungsmodellen die Verbindung von kauf- und werkvertraglichen Elementen zum sog. Bauträgervertrag. Der Bauträgervertrag kombiniert Elemente des Kaufrechts und des Werkvertragsrechts. Seit dem 1.1.2018 ist er ausdrücklich in § 650u BGB geregelt. Im Wesentlichen verpflichtet sich der Bauträger zur Errichtung oder zum Umbau eines Hauses oder vergleichbaren Bauwerks sowie zur Übertragung des Eigentums an dem Grundstück an den Besteller.

2. Aus der werkvertraglichen Errichtungspflicht folgt das Erfordernis einer Abnahme, § 640 BGB. Die Abnahme ist Dreh- und Angelpunkt des Vertragsverhältnisses. Nach dem herrschenden zweigliedrigen Abnahmebegriff setzt sie die körperliche Entgegennahme verbunden mit der Billigung des Werks als vertragsgemäße Leistung voraus. Die Folgen der Abnahme sind vor allem von Vorteil für den Bauträger. Gegenstand der Abnahme können die gesamte Leistung oder Teile davon sein (Teilabnahme).

3. In Abkehr von dem Grundsatz der einheitlichen Eigentumsverhältnisse an Grundstück und Gebäude dient der dem WEG zugrundeliegende Rechtsgedanke mittelbar der Schaffung von neuem Wohnraum. Das Wohnungseigentum setzt sich zusammen aus dem Miteigentumsanteil an dem gemeinschaftlichen Eigentum und dem Sondereigentum an einer Wohnung, § 1 Abs. 2 WEG.

4. Im Kontext der individualvertraglichen Abnahme hat jeder Erwerber von Wohnungseigentum die Abnahme gesondert als Einzelabnahme vorzunehmen.

5. Trotz umfassender Reform des gesamten Bauvertragsrechts im Jahr 2018 sowie des Wohnungseigentumsgesetzes im Jahr 2020 stehen weitere Änderungsvorschläge in Politik und Rechtswissenschaften insbesondere zur Erleichterung der Abnahme vom Gemeinschaftseigentum zur Debatte.

Kapitel 2: Der Gegenstand der Abnahme beim Wohnungseigentum

Der folgende Abschnitt greift im Anschluss an den Grundlagenteil die Frage auf, wie sich die herausgearbeitete Differenzierung zwischen Gemeinschafts- und Sondereigentum auf den Gegenstand der Abnahme auswirkt.

Zu diesem Zweck ist vorab klarzustellen, dass nicht das Eigentum, sondern das Gebäude mit den darin befindlichen Wohnungen hergestellt wird.[118] Die Übertragung des Eigentums gehört allein zur Verschaffungspflicht.[119] Genau genommen ist daher die weit verbreitete Formulierung der Abnahme des Wohnungseigentums begrifflich unsauber. Das Werkvertragsrecht unterscheidet nicht nach den rechtlichen Qualitäten des Herstellungsanspruchs.[120] Geschuldet ist das Werk, welches sodann übereignet wird, teils als Sondereigentum, teils als Gemeinschaftseigentum.[121] Korrekterweise geht es deshalb um die Abnahme der Bausubstanz, die dem Eigentum wohnungseigentumsrechtlich zugeordnet ist.[122] Noch treffender, da unter Berücksichtigung der zeitlichen Diskrepanz zwischen Abnahme und Eigentumsbegründung, formuliert die Arbeitsgruppe beim BMJV *„die Abnahme der Bausubstanz, die künftig das Gemeinschaftseigentum bildet“*.[123]

A. Inhalt der Gesamtabnahme

Auf der Herstellungsebene schuldet der Bauträger die Errichtung des Bauwerks Haus, das in mehrere Einheiten durch abgrenzbaren Wohnraum aufgeteilt ist. Unabhängig von der wohnungseigentumsrechtlichen Zuordnung ist Gegenstand der Abnahme dem Grunde nach das geschuldete Gesamtwerk. Die

118 *Wagner*, in: Messerschmidt/Voit, Privates Baurecht, Syst. Teil E Rn. 124; *ders.*, ZNotP 2007, 288.

119 Siehe dazu bereits Kap. 1, C. II., 1.

120 *Martius*, in: Reithmann/Terbrack, Kauf vom Bauträger, D. Rn. 9.

121 *Martius*, in: Reithmann/Terbrack, Kauf vom Bauträger, D. Rn. 9 Fn. 19.

122 *Pause*, Bauträgerkauf, Rn. 590a; *Schmid*, BauR 2009, 727; kritisch auch *Wagner*, in: Messerschmidt/Voit, Privates Baurecht, Syst. Teil E Rn. 124 ff.; *ders.*, ZNotP 2007, 288.

123 Abschlussbericht der Arbeitsgruppe Bauträgervertragsrecht beim BMJV vom 19.6.2019, S. 16.

wohnungseigentumsrechtliche Aufteilung in einen Bruchteilsanteil am gemeinschaftlichen Eigentum und ein gesondertes Eigentum ändert nichts am Inhalt des Abnahmegegenstands.

Bezogen auf den Grad des Baufortschritts verpflichtet sich der Bauträger zur vollständigen mangelfreien Errichtung der gesamten vertraglich vereinbarten Bauleistung und somit der des Gemeinschaftseigentums und des Sondereigentums. Es steht ihm, falls nicht anderweitig im Vertrag geregelt, frei, andere bauausführende Unternehmen zu beteiligen. Zwischen den Erwerbern und den handelnden Unternehmern bestehen aber ohne besondere Umstände keine direkten rechtsgeschäftlichen Beziehungen.[124] Der Bauträger allein schuldet die vollständige Herstellung.

B. Teilabnahme beim Wohnungserwerb

In der Gestaltung der Bauträgerverträge hat sich die Praxis durchgesetzt, das vertraglich geschuldete Werk in zeitlich versetzten Teilen abzunehmen.[125]

Was die Zulässigkeit solcher Konstellationen vor allem beim Wohnungserwerb anbelangt, ergibt sich ein facettenreiches Bild von Stimmen, die sich für eine Aufteilung der Abnahme aussprechen,[126] über solche, die objektive Voraussetzungen bemühen,[127] bis hin zur Verweigerung der getrennten Abnahme von Sonder- und Gemeinschaftseigentum[128]. Obgleich die Tendenz stark zu

124 *Koeble*, in: Kniffka/Koeble/Sacher/Jurgeleit, Kompendium des Baurechts, 10. Teil Rn. 28.

125 BGH, Urt. v. 30.6.1983 – VII ZR 185/81, BauR 1983, 573 (575); BGH, Urt. v. 21.2.1985 – VII ZR 72/84, NJW 1985, 1551; *Basty*, in: FS Wenzel, S. 103 (106); *Blank*, Bauträgervertrag, Rn. 378; *Grziwotz*, NZBau 2019, 218 (223); *Karczewski*, NZBau 2018, 328 (332); *Kniffka*, in: Kniffka/Koeble/Jurgeleit/Sacher, Kompendium des Baurechts, 4. Teil Rn. 47 ff.; *Lotz*, BauR 2008, 740 (742 f.); *Martius*, in: Reithmann/Terbrack, Kauf vom Bauträger, D. Rn. 38 f.; *M. Pflügel*, in: Bärmann/Seuß, Praxis des Wohnungseigentums, § 4 Rn. 255; *Sterner*, BauR 2012, 1160 ff.

126 So die wohl h.M. BGH, Urt. v. 30.6.1983 – VII ZR 185/81, BauR 1983, 573; BGH, Urt. v. 12.5.2016 – VII ZR 171/15, BGHZ 210, 206 (214 f.); OLG Karlsruhe, Urt. v. 10.4.2018 – 8 U 19/14, BauR 2019, 266 (270); *Basty*, Bauträgervertrag, Rn. 1013; *Bühl*, BauR 1984, 237 (244); *Busche*, in: MüKo, BGB, § 640 Rn. 74; *Oppler*, in: Ingenstau/Korbion, VOB/B, § 12 Abs. 2 Rn. 7; *Pause/Vogel*, in: Kniffka/Jurgeleit, ibr-online-Kommentar Bauvertragsrecht, § 650u Rn. 108; *Retzlaff*, in: Palandt, BGB, § 640 Rn. 12; *Thode*, ZfBR 1999, 116 (117).

127 *Basty*, Bauträgervertrag, Rn. 1036; *Koeble*, in: Kniffka/Koeble/Jurgeleit/Sacher, Kompendium des Baurechts, 11. Teil, Rn. 244.

128 *Deckert*, NJW 1975, 854; *Kapellmann*, MDR 1973, 1; *Sterner*, BauR 2012, 1160.

Ersterem geht, gibt es auch kritische Stimmen, deren Begründung auf dogmatischer Ebene sehr unterschiedlich ansetzt. Zur Untersuchung und kritischen Auseinandersetzung mit den einzelnen Ansätzen dient der folgende Beitrag.

I. Interessenlage

Die Gründe für Ausformungen der Teilabnahme beim Erwerb von Wohnraum liegen in dem Ablauf der Bauarbeiten und den Interessen der Beteiligten. Der Bauträger überträgt den Besitz an der fertiggestellten Wohnung auf den Erwerber in der Regel bereits, bevor das Gebäude in seiner Gesamtheit errichtet ist.[129] Diese Vorgehensweise wird auch von § 3 Abs. 2 Satz 2 Nr. 2 Spiegelstriche 10 und 12 MaBV suggeriert. Danach kann der Bauträger, der als Gewerbetreibender tätig ist, Teilbeträge verlangen, sobald die Wohnung bezugsfertig ist. Zug um Zug übergibt er den Besitz an dem entsprechenden Objekt als Gegenleistung für die Zahlung eines Teilbetrags. Die Vorschrift des § 3 Abs. 2 MaBV betrifft freilich die Modalitäten der Abschlagszahlungen und verpflichtet den Bauträger nicht zur Besitzübergabe. Der Bauträger ist bis zur vollständigen Zahlung nicht dazu verpflichtet, den Besitz aus der Hand zu geben. Mit der Teilabnahme ist daher nicht allein dem Bauträger, sondern auch dem Erwerber, der frühestmöglich die neue Wohneinheit beziehen möchte, gedient. Zuweilen locken den Erwerber auch staatliche Subventionen (zwischen 1995 und 2005 als Eigenheimzulage und seit 2018 als Baukindergeld bzw. in Bayern weiterhin Eigenheimzulage)[130], die an den Nachweis des Einzugsdatums durch die Meldebestätigung anknüpfen.[131]

Im Gegenzug für die Besitzübergabe liegt es nahe, dass der Bauträger vom Erwerber die Abnahme des fertiggestellten Sondereigentums verlangen wird,[132] um die für ihn positiven Wirkungen der Abnahme zu erreichen. Anderenfalls

129 *Basty*, Bauträgervertrag, Rn. 1014; *ders.*, in: FS Wenzel, S. 103 (104).

130 Gesetz zur Abschaffung der Eigenheimzulage vom 22.12.2005, BGBl. I 2005, S. 3680; Baukindergeld des BMI als KfW-Programm, abrufbar unter https://www.bmi.bund.de/DE/themen/bauen-wohnen/stadt-wohnen/wohnraumfoerderung/baukindergeld/baukindergeld-node.html, zuletzt aufgerufen am 24.09.2021; Bayerische Eigenheimzulagen-Richtlinien vom 7.8.2018, abrufbar unter: https://bayernlabo.de/fileadmin/dwn/eigenheimzulage/bayernlabo-richtlinie-bayerische-eigenheimzulage.pdf, zuletzt aufgerufen am 24.09.2021.

131 https://www.kfw.de/inlandsfoerderung/Privatpersonen/Neubau/F%C3%B6rderprodukte/Baukindergeld-(424)/?redirect=484160, zuletzt aufgerufen am 24.09.2021.

132 So auch *Pause*, Bauträgerkauf, Rn. 440.

würde der Bauträger trotz Übergabe insbesondere noch Preis- und Leistungsgefahr sowie die Beweislast für die Mangelfreiheit tragen.[133]

Weit verbreitet ist neben der Aufteilung nach Sonder- und Gemeinschaftseigentum auch die Vereinbarung, dass mit der Abnahme des Sondereigentums das ihm zuzurechnende Gemeinschaftseigentum abzunehmen ist.[134] Das Gemeinschaftseigentum wird hierbei teilweise weiter untergliedert in das Gemeinschaftseigentum und die Außenanlagen.

Allein aus Interessengesichtspunkten ergibt die Teilabnahme wegen der genannten Gründe für beide Seiten Sinn.

II. Teilabnahmefähigkeit beim Vertrag über Wohnungseigentum

Von der Sinnhaftigkeit allein kann jedoch nicht auf die rechtliche Zulässigkeit geschlossen werden.[135] Die Auslegung der Vergütungsregelung in § 641 Abs. 1 BGB isoliert von weiteren Erwägungen ist jedenfalls unergiebig, da die Norm keine Aussage über die Abnahmefähigkeit einer Teilleistung trifft. Sie sagt lediglich aus, dass es grundsätzlich möglich ist, die Abnahme aufzuteilen. Zum Gegenstand der Teilabnahme enthält sich das Gesetz.[136]

Erklärt der Besteller die Abnahme einer Teilleistung, die als solche nicht abnahmefähig ist, ist die Teilabnahme unwirksam.[137] In diesem Fall wäre eine Gesamtabnahme geschuldet, auf die sich der Wille des Abnehmenden jedoch nicht bezieht.[138] Dadurch riskieren die Parteien Unklarheiten über die Wirksamkeit der (Teil-) Abnahme. Unsicherheiten und gerichtliche Auseinandersetzungen sind die Folge.

Aus diesem Grund sind Kriterien zur Bestimmung der Abnahmefähigkeit einer Teilleistung herauszuarbeiten, die sich an den Umständen beim Wohnungserwerb orientieren. Insofern werden im Anschluss allgemeingültige Abgrenzungsmethoden einer Bewertung unterzogen. Das folgende Kapitel

---

133 *Martius*, in: Reithmann/Terbrack, Kauf vom Bauträger, C. Rn. 143; zu den Besonderheiten der Gefahrtragung nach einer Zustandsfeststellung siehe Kap. 5, II.

134 *Leupertz*, BauR 2020, 380 (384); *Lotz*, BauR 2008, 740 (742).

135 Kritisch daher insbesondere *Sterner*, BauR 2012, 1160 (1161).

136 So auch *Peters*, in: Staudinger, BGB (2019), § 641 Rn. 119 f.; *Bröker*, in: Ganten/Jansen/Voit, VOB/B, § 12 Abs. 2 Rn. 1.

137 *Sterner*, BauR 2012, 1160 (1163); siehe auch BGH, Urt. v. 20.8.2009 – VII ZR 212/07, NJW 2009, 3717 (3718); *Thode*, ZfBR 1999, 116 (118).

138 In diesem Sinne auch BGH, Urt. v. 6.5.1968 – VII ZR 33/66, BGHZ 50, 160 (162 f.); OLG Schleswig, Urt. v. 9.12.2016 – 1 U 17/13, NJW-RR 2017, 591 f.

differenziert die objektiven Ansätze mit einer subjektiven Annäherung als im Widerstreit stehende Grundausrichtung, um sich so mit den Einschränkungen und grundsätzlichen Bedenken auseinanderzusetzen.

1. Probleme an der BGH-Rechtsprechung

Der BGH verweist zur Frage der Teilabnahmefähigkeit von Sonder- und Gemeinschaftseigentum in seinen Entscheidungen auf ein Urteil aus dem Jahr 1983.[139] Darin äußert er sich vage dahingehend, dass Sondereigentum und gemeinschaftliches Eigentum auch in Teilen abgenommen werden können, weil die Zuordnung zum einen und zum anderen tatsächlich möglich sei.[140] Dabei bezieht sich das Gericht auf ein Zitat von *Glanzmann*, wonach der Besteller einen fertigen Teil des Werks abnehmen könne, wenn die tatsächlichen Verhältnisse es zulassen.[141] Auch wenn die Entscheidung in ihrer Konsequenz überzeugt, lässt das knappe Ergebnis Fragen zur Begründung offen, die zum Referenzrahmen für weitere Auseinandersetzungen geworden sind.

Hintergrund der Entscheidung waren zuvor geäußerte Stimmen, die sich gegen eine Teilabnahme von Sonder- und Gemeinschaftseigentum aussprachen. Im Kontext einer rechtlichen und tatsächlichen Verbundenheit von Sonder- und Gemeinschaftseigentum[142] oder des einheitlichen Moments der Besitzüberlassung an dem gesamten Wohnobjekt[143] ließ sich nach Auffassung mancher Autoren nur eine Abnahme des vollständigen Vertragsobjektes denken. Von dieser Vorstellung löst sich das Gericht, indem es klarstellt, dass weder die wohneigentumsrechtliche noch eine tatsächliche Verbundenheit der Aufspaltung des Abnahmegegenstands entgegenstehen.

Damit scheint die Rechtslage aber nicht geklärt. Problematisch an der Auffassung des BGH ist, dass die Abgrenzung zwischen dem abgenommenen Teil und dem Rest schwierig sein kann. Dadurch entsteht die Gefahr, dass der Besteller nicht weiß, ob er die Mangelbeseitigung verlangen kann oder ob seine Ansprüche bereits verjährt sind. Heizkörper stehen beispielsweise im Sondereigentum,[144] ist aber die Heizungsanlage defekt, ist (in der Regel) das Gemeinschaftseigentum

139 So zum Beispiel in den Entscheidungen BGH, Urt. v. 12.5.2016 – VII ZR 171/15, BGHZ 210, 206 (214).

140 BGH, Urt. v. 30.6.1983 – VII ZR 185/81, BauR 1983, 573 (575).

141 *Glanzmann*, in: BGB-RGRK (1978), § 640 Rn. 15.

142 *Deckert*, NJW 1975, 854 (855).

143 *Kapellmann*, MDR 1973, 1.

144 BayObLG, Beschl. v. 20.11.2002 – 2Z BR 45/02, ZWE 2003, 187.

betroffen.[145] Bei Jalousien gilt es noch weiter zu differenzieren: Zugvorrichtungen und Gurte gehören dem Einzelnen, Kasten und offenliegende Führungsschienen stehen im Eigentum der Gemeinschaft, die Jalousien selbst können dagegen sowohl Sonder- als auch Gemeinschaftseigentum sein. Solche Unterschiede sind nicht jedem Erwerber geläufig.

Manche Autoren nehmen daher die Formulierung des BGH zum Anlass, die Bestimmungen des § 12 Abs. 2 VOB/B als Auslegungskriterium zurate zu ziehen.[146] Andere sehen die Gläubigereigenschaft als ausschlaggebendes Kriterium an. Vereinzelt kommen manche auch zu dem Schluss, dass abgeschlossene und damit abnahmefähige Teile von Leistungen nicht nach wohneigentumsrechtlichen Aspekten geteilt werden können.[147] Angesichts der divergierenden Argumentationsstränge sind Kriterien zur Bestimmung der Abnahmefähigkeit einer Teilleistung zu untersuchen.

2. *Unzulänglichkeit einer objektiven Bestimmung der Teilabnahmefähigkeit*

In einem ersten Schritt sind objektive Bestimmungen der Teilabnahmefähigkeit zu bewerten. Der bereits angesprochene Vergleich zur VOB/B bedarf ebenso eingehender Prüfung wie der Vorschlag, anhand der Gläubigerstellung zur Teilabnahme zu gelangen. Schließlich wird die neue Teilabnahmeregelung in § 650s BGB im Zusammenhang mit der Bauträgerkonstellation gewürdigt.

a) Entbehrlichkeit einer Anknüpfung an die Gläubigerstellung

Vereinzelt wird angenommen, dass es einer besonderen Vereinbarung über eine separate Abnahme gar nicht bedürfe, sodass diesbezüglich fälschlicherweise von einer Teilabnahme die Rede sei.[148] Die getrennten Abnahmen von Sonder- und Gemeinschaftseigentum seien aufgrund der unterschiedlichen Anspruchsberechtigung im Hinblick auf das Gemeinschaftseigentum einerseits und das

---

145 OLG Düsseldorf, Beschl. v. 14.2.2003 – 397/02, FGPrax 2003, 116; Ausnahme für Anlagen, die von vornherein durch einen Miteigentümer betrieben werden sollen und weitere Gebäude außerhalb der Wohnungseigentümergemeinschaft versorgen sollen: BGH, Urt. v. 18.10.1974 – V ZR 120/73, WM 76, 130.

146 Ausdrücklich *Basty*, Bauträgervertrag, Rn. 1036.

147 *Sterner*, BauR 2012, 1160 (1161) (1163).

148 *Koeble*, in: Kniffka/Koeble/Jurgeleit/Sacher, Kompendium des Baurechts, 10. Teil, Rn. 358.

Sondereigentum andererseits keine Teilabnahmen.[149] Mit unterschiedlicher Anspruchsberechtigung ist gemeint, dass für das Sondereigentum jeder einzelne Erwerber aktivlegitimiert ist und im Hinblick auf das Gemeinschaftseigentum Mitgläubigerschaft besteht. Die Frage nach der Zulässigkeit einer Teilabnahme stelle sich nicht, weil beides wegen der unterschiedlichen Gläubigerstellung zwingend getrennt abgenommen werden müsse.[150]

Angesichts der unterschiedlichen Anspruchsrichtung überzeugt diese Überlegung nicht.[151] Die Gläubigerstellung variiert je nach Anspruchsgrundlage. Im Hinblick auf die Abnahme steht der Gläubiger aber fest und zwar schon bevor die Wohnungseigentümergemeinschaft gebildet wurde. Denn der Ursprung der Abnahmeverpflichtung ist der Vertrag jedes einzelnen Erwerbers. Für die Abnahme ist nur der Einzelne selbst anspruchsberechtigt.

Was die Berechtigung für Sonder- und Gemeinschaftseigentum dagegen betrifft, ist hierdurch das Innenverhältnis der Gemeinschaft angesprochen. Die damit im Zusammenhang stehenden Ansprüche (wie beispielsweise die Instandhaltung) beziehen sich nicht auf die Abnahme. Wer Rechte und Pflichten nach dem WEG für sich beansprucht, steht nicht unbedingt im Zusammenhang mit dem Vertragspartner des Bauträgers. Aus diesem Grund ist es weder sachgerecht noch zwingend, wenn von der Anspruchsberechtigung auf Abnahmevoraussetzungen geschlossen wird.

b) Bedenken gegen Rückgriff auf VOB/B als Auslegungsmaßstab

§ 641 Abs. 1 Satz 2 BGB regelt, was gilt, wenn das Werk in Teilen abzunehmen ist, legt also die Annahme zugrunde, dass es eine vertragliche Regel über die Befugnis zur Teilabnahme gibt. Bei § 12 Abs. 2 VOB/B handelt es sich um eine solche vertragliche Regelung.[152]

Ein Teil der einschlägigen Literatur zieht die Bestimmungen des § 12 Abs. 2 VOB/B zur Auslegung des gesetzlichen Werkvertragsrechts sinngemäß heran.[153] Gegen diese Argumentation ergeben sich jedoch in der Erwerbssituation von

149 *Koeble*, in: Kniffka/Koeble/Jurgeleit/Sacher, Kompendium des Baurechts, 10. Teil, Rn. 358.

150 *Koeble*, in: Kniffka/Koeble/Jurgeleit/Sacher, Kompendium des Baurechts, 10. Teil, Rn. 358; a.A. *Pause*, Bauträgerkauf, Rn. 594.

151 So auch *Pause*, Bauträgerkauf, Rn. 590a.

152 *Oppler*, in: Ingenstau/Korbion, VOB/B, § 12 Abs. 2 Rn. 1; *Kapellmann*, in: FS Thode, S. 29 (30).

153 Ausdrücklich *Basty*, Bauträgervertrag, Rn. 1036; *Sterner*, BauR 2012, 1160 (1161).

Wohnungseigentum vom Bauträger Bedenken, die im Folgenden erörtert werden.

(1) Begriff der in sich abgeschlossenen Leistung

§ 12 Abs. 2 VOB/B regelt, dass in sich abgeschlossene Teile der Leistung auf Verlangen besonders abzunehmen sind. Um die Definition der abgeschlossenen Leistung herrscht Uneinigkeit. Herrschend wird das Merkmal als erfüllt betrachtet, wenn der abgeschlossene Teil nach allgemeiner Verkehrsauffassung als selbstständig und von den übrigen Teilleistungen aus demselben Bauvertrag unabhängig anzusehen ist, es sich also in seiner Gebrauchstauglichkeit abschließend beurteilen lässt und zwar sowohl in seiner technischen Funktionsfähigkeit als auch im Hinblick auf die vorgesehene Nutzung.[154] In sich abgeschlossene Teile sind danach beispielsweise der vertraglich geschuldete Einbau einer Heizungsanlage, obwohl der Auftragnehmer nach demselben Bauvertrag noch Installationsarbeiten durchzuführen hat.[155] Nicht abgeschlossen sind dagegen die Betondecke oder auch die verschiedenen Stockwerke eines Rohbaus, weil die Abnahme ihrem ganzen Sinn und Zweck nach nur hinsichtlich des gesamten Rohbaus durchgeführt werden kann.[156] Ebenso wenig kann eine Treppe teilabgenommen werden, wenn sie mit einem Geländer geschuldet ist, das noch nicht errichtet ist.[157] Bauteile, die erst zusammen mit anderen ein Bauwerk ergeben, sind keine selbstständigen Teile.[158] Leistungsteile innerhalb eines Gewerks können grundsätzlich nicht als abgeschlossen angesehen werden.[159]

Wer die Rechtsprechung des BGH in diesem Zusammenhang[160] zitiert, behauptet zum Teil, das Gericht halte Sonder- und Gemeinschaftseigentum für

---

154 Vgl. BGH, Urt. v. 6.5.1968 – VII ZR 33/66, BGHZ 50, 160 (163); BGH, Urt. v. 20.8.2009 – VII 212/07, NJW 2009, 3717 (3718); *Oppler*, in: Ingenstau/Korbion, VOB/B, § 12 Abs. 2 Rn. 6; dagegen *Kapellmann*, in: FS Thode, S. 29, 34 ff.; *Thode*, ZfBR 1999, 116 (118).

155 BGH, Urt. v. 10.7.1975 – VII ZR 64/73, BauR 1975, 423 f.

156 BGH, Urt. v. 6.5.1968 – VII ZR 33/66, BGHZ 50, 160 (163).

157 BGH, Urt. v. 27.6.1985 – VII ZR 265/84, NJW 1985, 2696; mit weiteren Beispielen: *Oppler*, in Ingenstau/Korbion, VOB/B, § 12 Abs. 2 Rn. 7 f.; kritisch: *Kapellmann*, in: FS Thode, S. 29 (31).

158 *Kapellmann*, in: FS Thode, S. 29 (31).

159 BGH, Urt. v. 6.5.1968 – VII ZR 33/66, BGHZ 50, 160 (163); BGH, Urt. v. 20.8.2009 – VII ZR 212/07, NJW 2009, 3717 (3718); *Sterner*, BauR 2012, 1160 (1161).

160 Siehe oben Fn. 144.

abgrenzbare Teile der Leistung im Sinne der VOB/B.[161] Dem Fall lag aber kein VOB/B-Vertrag zugrunde. Der BGH beschäftigt sich nicht mit der Frage, ob diese Bestandteile in sich abgeschlossene Teile der Leistung im Sinne des § 12 Abs. 2 VOB/B sind. Daher kann dem Gericht keine Äußerung zur Abgeschlossenheit unterstellt werden.

(2) Eingeschränkter Geltungsumfang der VOB/B in Bauträgerverträgen

(a) Charakter der VOB/B als Allgemeine Geschäftsbedingungen

Der Rückgriff auf die Formulierung in der VOB/B überzeugt aber ohnehin nicht. Die Parallele zwischen dem BGB und der Vergabe- und Vertragsordnung für Bauleistungen Teil B krankt vornehmlich daran, dass es sich einerseits um ein formelles Gesetz und andererseits um bloßes Vertragsrecht handelt. Die VOB/B wird nur dann zur Vertragsgrundlage, wenn die Parteien dies vereinbaren. Sie ist ein vom deutschen Vergabe- und Vertragsausschuss für Bauleistungen (DVA) formuliertes, für die Aufträge der öffentlichen Hand konzipiertes Regelungswerk. Aufgrund der Zielrichtung, die werkvertraglichen Regelungen an die Besonderheiten des Baurechts anzupassen, wurde die VOB/B auch außerhalb der öffentlichen Bauaufträge verwendet.[162]

Mithin leiten die Vorschriften der VOB/B ihren Geltungsanspruch allein aus der individualvertraglichen Vereinbarung zwischen den Parteien ab. Sie unterliegen der Willensentscheidung der Vertragsparteien. Vor diesem Befund erscheint es unbillig und verstößt gegen die Vertragsfreiheit, die VOB/B entgegen den Willen der Erklärenden als Auslegungshilfe zurate zu ziehen.

(b) Keine Geltung als Ganzes im Bauträgervertrag

Aufgrund ihrer Ausrichtung auf das Rechtsverhältnis zwischen Bauherr und Bauunternehmer stellt sich überdies schon die Frage, ob die VOB/B in einen Bauträgervertrag überhaupt einbezogen werden kann. Der BGH hat die Frage offengelassen, gleichzeitig aber Bedenken an der Zulässigkeit einer Einbeziehung geäußert.[163]

---

161 Ausdrücklich *Sterner*, BauR 2012, 1160 (1161); *Martius*, in: Reithmann/Terbrack, Kauf vom Bauträger, C. Rn. 151 mit Verweis auf BGH, Urt. v. 20.8.2009 – VII ZR 212/07, NJW 2009, 3717, der sich jedoch auf §§ 8, 16 VOB/B bezieht.

162 *Voit*, in: Messerschmidt/Voit, Privates Baurecht, Vorbem. § 1 VOB/B Rn. 1.

163 BGH, Urt. v. 4.11.1982 – VII ZR 53/82, NJW 1983, 452 (454); BGH, Urt. v. 10.11.1983 – VII ZR 373/82, NJW 1984, 725 (726); BGH, Urt. v. 17.9.1987 – VII ZR 166/86, BGHZ 101, 369 (378); *Pause/Vogel*, in: Kniffka/Jurgeleit, ibr-online-Kommentar Bauvertragsrecht, § 650u Rn. 32 ff.

Nach § 1 VOB/A befasst sich die VOB/B mit der Übertragung von Bauleistungen. Die Ausführung von Bauleistungen in diesem Sinne wird beim Bauträgervertrag aber nicht beauftragt, sodass diese hierauf gar nicht passt.[164] Dies äußert sich darin, dass wesentliche Teile ihrer Vorschriften nicht angewandt werden, wenn man die VOB/B dem Bauträgervertrag vollumfänglich zugrunde legen würde.[165]

Dem Besteller stehen nach § 650u Abs. 2 BGB die Möglichkeiten der Änderung des Bauentwurfs und der freien Kündigung des Vertrags nicht zu (so aber in § 1 Abs. 3, 4 und § 8 Abs. 1 Nr. 1 VOB/B). Außerdem widersprechen die Anordnungsrechte des Bauherrn (vgl. § 4 Abs. 1 Nr. 3 VOB/B) und das Recht des Bauherrn, Gläubiger des Unternehmers unmittelbar vergüten zu können (§ 16 Abs. 6 VOB/B), dem Inhalt der Bauträgerverträge (§ 650u Abs. 2 BGB). Daraus folgt, dass der Erwerber keine Bauherrenstellung innehat.[166] Auf diese Konstellation ist die VOB/B nicht ausgerichtet.

Im Ergebnis kann die VOB/B dem Bauträgervertrag nicht als Ganzes wirksam zugrunde gelegt werden.[167] Auf einzelne Vorschriften hingegen könnten sich die Parteien theoretisch beziehen. Diese profitieren dann nicht von der Privilegierung aus § 310 Abs. 1 Satz 3 BGB und unterliegen deshalb der vollen Prüfung nach den §§ 305 ff. BGB. Die Einbeziehung wird aber aufgrund der unterschiedlichen Zweckausrichtung ohnehin regelmäßig ins Leere gehen.

Zudem enthält das neue Bauvertragsrecht seit dem 1.1.2018 für einen privaten Bauvertrag über die Erstellung oder Sanierung eines reinen Wohnungseigentums die zwingende Regelung des Verbraucherbauvertrags, §§ 650i, 650o BGB. Was in den §§ 650i ff. BGB ergänzend geregelt wird, steht nicht zur Disposition der Vertragsparteien und ist damit einer Handhabung nach VOB/B nicht zugänglich.

---

164 Vgl. BGH, Urt. v. 8.11.2001 – VII ZR 373/99, NJW 2002, 511 zur Anwendung von § 309 Nr. 8 lit. b) bb) BGB, wo ebenfalls davon ausgegangen wird, dass Bauträger keine Bauleistungen erbringen, weil die Rückgängigmachung des Vertrags nicht die Zerstörung wirtschaftlicher Werte zur Folge hätte. Der Bauträger muss bei der Rückabwicklung nicht in fremdes Eigentum eingreifen (§ 94 BGB), weil er auf eigenem Grund baut; *Pause*, Bauträgerkauf, Rn. 163; so auch *Koeble*, in: Kniffka/Koeble/Jurgeleit/Sacher, Kompendium des Baurechts, Teil I. Rn. 240.

165 *Voit*, in: Messerschmidt/Voit, Privates Baurecht, Vorbem. § 1 VOB/B Rn. 3.

166 *Pause/Vogel*, in: Kniffka/Jurgeleit, ibr-online-Kommentar Bauvertragsrecht, § 650u Rn. 33 f.

167 Vgl. auch BGH, Urt. v. 21.11.1985 – VII ZR 366/83, BGHZ 96, 275 (279).

(3) Historische Betrachtung

Gegen das Kriterium des „in sich abgeschlossenen Teils" spricht ferner eine historische Betrachtung. Während die VOB/B den Begriff der „in sich abgeschlossenen Teile der Leistung" an insgesamt drei Stellen verwendet (§§ 8 Abs. 3 Nr. 1, 12 Abs. 2, 16 Abs. 4 VOB/B), kannte das Werkvertragsrecht die Formulierung nur in § 632a BGB a.F.[168] Der Unternehmer konnte von dem Besteller danach für in sich abgeschlossene Teile des Werks Abschlagszahlungen bei vertragsmäßig erbrachten Leistungen verlangen. Mittlerweile wurde von dem Erfordernis einer in sich abgeschlossenen Leistung für die Ermöglichung von Abschlagsforderungen abgesehen. Der Unternehmer kann Abschlagszahlungen in Höhe des Wertes der von ihm erbrachten und nach dem Vertrag geschuldeten Leistungen verlangen, § 632a BGB n.F. Die im Jahr 2018 neu in das BGB aufgenommene Teilkündigung des Werkvertrags nach § 648a Abs. 2 BGB enthält dagegen explizit den Verweis auf einen abgrenzbaren Teil des geschuldeten Werks.

Aus den Gesetzesänderungen zeichnet sich ein entsprechender Wille des Gesetzgebers ab, die Teilabnahme nicht von der Abgeschlossenheit einer Teilleistung abhängig zu machen. Der Gesetzgeber kannte die Formulierung, sodass davon auszugehen ist, dass er sich bewusst dagegen entschieden hat, sie bei der Vergütungsregelung aufzunehmen.

(4) Überlegungen zur Leitbildfunktion der VOB/B

Wenn die VOB/B als Ganzes keine Anwendung findet, so stellt sich allenfalls die Frage, ob die Konkretisierung zur Teilabnahme zumindest ihrem Rechtsgedanken nach als Vergleichsmaßstab taugt. Dafür sprechen auf den ersten Blick sowohl begriffliche als auch praktische Gründe.

Sondereigentum soll nach § 3 Abs. 2 Satz 1 WEG nur eingeräumt werden, wenn die Wohnungen oder sonstigen Räume in sich abgeschlossen sind. Die Ähnlichkeit zu den Anspruchsvoraussetzungen in § 12 Abs. 2 VOB/B legt eine Übertragbarkeit nahe. Gemeint ist damit aber keine selbstständige Abgeschlossenheit, sondern eine bauliche allseitige Abgrenzung mit eigenem abschließbarem Zugang vom Gemeinschaftseigentum oder Nachbargrundstück aus.[169] Ferner handelt es sich dem Wortlaut nach im WEG um eine Sollvorschrift. Die Abgeschlossenheit ist keine notwendige Voraussetzung für das Entstehen

---

168 § 632a BGB in der Fassung vom 1.5.2000 bis 1.1.2009, Gesetz zur Beschleunigung fälliger Zahlungen vom 30. März 2000, BGBl. I 2000, S. 330.

169 *Armbrüster*, in: Bärmann, WEG, § 3 Rn. 60, 64 ff.; *Schneider*, in: Riecke/Schmid, WEG, § 3 Rn. 64; *Kapellmann*, in: FS Thode, S. 29 (30).

von Sondereigentum.[170] Nach Eintragung des Wohnungseigentums kann dessen wirksame Entstehung nicht unter Berufung auf diese Vorschrift in Zweifel gezogen werden.[171] Damit streitet allein die Begriffswahl im WEG nicht für eine Anlehnung an die VOB/B.

Für die Qualität der VOB/B als Leitbild des werkvertraglichen Elements eines Bauträgervertrags könnte jedoch ihre Ausrichtung an praktischen Bedürfnissen sprechen. Sie weist im Baurecht auf Punkte hin, die zumindest der rechtlichen Regelung bedürfen und in denen die typischen Besonderheiten des Baurechts eine Ergänzung oder Abweichung vom gesetzlich geregelten Werkvertrag erfordern.[172] Auf diese Weise ist denkbar, dass die standardisierten Parteivereinbarungen vom Prüfungsobjekt zum Prüfungsmaßstab avancieren.[173]

Gleichwohl stehen dem Vorbildcharakter für den hiesigen Fall durchgreifende Bedenken entgegen. Letztlich ausschlaggebend ist nämlich, dass der mit der Konkretisierung in der VOB/B verfolgte Zweck im Bauträgerrecht nicht von Belang ist. Die VOB/B-Teilabnahme unterliegt Voraussetzungen, weil sie dem Verlangen des Auftragnehmers entspringt. Ohne solche Hürden bliebe es bei der Bestimmung des BGB. Aus Gründen der Rechtssicherheit ist es für die breite Masse der Bauverträge unabkömmlich, dass vor diesem Hintergrund die Teilabnahmevoraussetzungen objektiv geklärt sind. Im Bauträgervertrag gibt es dafür keinen Bedarf. Die gesetzliche Abgrenzungsstruktur des WEG bietet auf hinreichend konkrete Weise ein Maß für die Schranken eines Leistungsteils.[174]

Sieht man die VOB/B-Teilabnahme außerdem im Zusammenhang mit dem auftraggeberseitigen Anordnungsrecht nach § 4 Abs. 1 Nr. 3 VOB/B, drängt sich die Entbehrlichkeit einer Übertragung erst recht auf. Der Auftraggeber kann die Teilabnahme auf der Grundlage seines Anordnungsrechts verlangen, weil sie sich auf die Beurteilung von Leistungseinzelheiten im Hinblick auf deren ordnungsgemäße Ausführung bezieht.[175] Um dieses Anordnungsrecht einzuschränken, liegt es nahe, sich objektiver Kriterien zu bedienen. Dem Bauträgervertrag sind Anordnungsrechte des Erwerbers aber grundsätzlich fremd (§ 650u Abs. 2

---

170 BGH, Urt. v. 18.7.2008 – V ZR 97/07, BGHZ 177, 338 (341 ff.).

171 BGH, Urt. v. 18.7.2008 – V ZR 97/07, BGHZ 177, 338 (341 ff.); *Kreuzer*, in: Münchener Vertragshandbuch Band 6, VII. 1. Rn. 10.

172 *Voit*, in: FS Ganten, S. 261 (268).

173 So zur Anleihe als gesetzliche Regelung im Sinne des § 307 BGB: *Voit*, in: FS Ganten, S. 261 (268); für die Heranziehung des § 12 VOB/B als Auslegungsmaßstab des gesetzlichen Werkvertragsrechts: *Peters*, Staudinger, BGB (2019), § 640 Rn. 54.

174 Dazu im Einzelnen Kap. 2, B, II, 3.

175 *Oppler*, in: Ingenstau/Korbion, VOB/B, § 12 Abs. 2 Rn. 5.

BGB). Im Ergebnis eignet sich § 12 Abs. 2 VOB/B auch dem Rechtsgedanken nach nicht für eine Übertragung auf den Bauträgervertrag.

(5) Zwischenergebnis

Die vorgenannten Erläuterungen führen vor Augen, dass die VOB/B-Regelung nicht maßgebend sein kann für die Bestimmung von Kriterien im BGB-Vertrag. Im Besonderen beansprucht diese Auffassung im Bauträgerrecht Geltung, weil die Richtlinien im Ganzen keine Anwendung auf diesen Vertragstypus finden. Werden die Vorschriften der VOB/B nicht als Ganzes vereinbart, sehen sich die Parteien einer AGB-Prüfung jeder einzelnen Klausel gegenüber, deren Ausgang einzelfallabhängig im Kontext der konkreten Vertragssituation zu prüfen ist. Allein diese Unsicherheit wird die meisten Rechtsanwender von einer solchen Vorgehensweise abschrecken.

Die in der Literatur anzutreffenden Verweise auf die VOB/B sind in diesem Zusammenhang aus dogmatischen Gründen fehlerhaft. Ausgehend von dem Charakter der VOB/B als Allgemeine Geschäftsbedingungen ist ihre Vorbildfunktion für den Bauträgerbereich fraglich. Das Regelwerk mag im Bauvertragswesen durch die zurückhaltenden Vorschriften des BGB nachhaltige Akzeptanz und Verbreitung erfahren haben. Daran wird sich auch nach der Bauvertragsreform nicht zwangsläufig etwas ändern. Dafür hat sich das Regelwerk in der Praxis über die Jahre zu stark bewährt. Allerdings gilt dies gerade nicht im Bauträgerwesen.

Damit ist die VOB/B insgesamt als Vergleichsmaßstab für die Teilabnahmefähigkeit von Bauträgerleistungen ungeeignet. Die Vertragsparteien können im BGB-Vertrag vereinbaren, dass *nicht* in sich abgeschlossene Leistungen abzunehmen sind.[176]

c) Abweichende Interessenlage zum Architekten- und Ingenieurvertrag

Nicht übertragbar sind die Überlegungen zur Teilabnahme des Wohnungseigentums auf die zum Architekten- und Ingenieurvertrag ergangene Regelung in § 650s BGB. Daraus erwächst dem Unternehmer – wie auch aus § 12 Abs. 2 VOB/B – ein Anspruch auf Teilabnahme. Der Unternehmer kann ab der Abnahme der letzten Leistung des bauausführenden Unternehmers oder der bauausführenden Unternehmer eine Teilabnahme der von ihm bis dahin erbrachten Leistungen

176 Im Ergebnis ebenso: *Messerschmidt*, in: ders./Voit, Privates Baurecht, § 640 Rn. 150.

verlangen. Im Unterschied zu § 12 Abs. 2 VOB/B erfordert § 650s BGB keine in sich abgeschlossene Leistung.[177]

Hintergrund der Neuregelung war, dass der mit der Leistungsphase 9 beauftragte Architekt bzw. Ingenieur für seine Überwachungsleistungen deutlich länger Mängelansprüchen ausgesetzt ist als der ausführende Unternehmer, obwohl es sich um den gleichen Baumangel handelt.[178] Die ungleiche Belastung ist dem Umstand geschuldet, dass der Architekt in der Leistungsphase 9 das Bauvorhaben innerhalb der Verjährungsfrist der Bauhandwerker auf Mängel prüft. Deshalb kann der Architekt für seine Leistungen auch dann noch in Anspruch genommen werden, wenn ein Rückgriff auf den ausführenden Unternehmer aufgrund der abgelaufenen Verjährungsfrist nicht mehr möglich ist.[179] Mit der neuen Vorschrift sollen die Verjährungsfristen des Architekten an die Mängelhaftung des Unternehmers angepasst werden.[180] Ob dies im Hinblick auf die Tatsache, dass der Gesamtschuldnerausgleich nach § 426 Abs. 1 BGB einer eigenständigen Verjährungsfrist unterliegt, überzeugend ist, muss im vorliegenden Zusammenhang nicht näher thematisiert werden.[181] Der Gesetzgeber greift mit der Neuregelung eine Tendenz in der Praxis auf, wonach die Parteien regelmäßig Teilabnahmeverpflichtungen des Bauherrn im Anschluss an die Leistungsphase 8 des § 34 Abs. 3 HOAI vereinbarten.[182]

Mit der Teilabnahme im Bereich des Wohnungseigentums hat die geschilderte Situation allerdings nicht viel gemeinsam. Abgesehen davon, dass die Regelung nur für Architekten- und Ingenieurverträge im Sinne des § 650p BGB gilt, stellt sich das Problem divergierender Verjährungsfristen nicht in demselben Ausmaß. Da der Bauträger regelmäßig sämtliche, der Erstellung des Werks dienenden, Verträge selbst abschließt, besteht keine Gesamtschuldnerkonstellation mit den Unternehmern. Der Besteller sieht sich nicht mehreren Schuldnern gegenüber, sondern hat nur einen Anspruch gegen den Bauträger. Ein Vergleich zur Teilabnahme nach § 650s BGB drängt sich daher nicht auf.

---

177 *Schwenker/Wessel*, in: Messerschmidt/Voit, Privates Baurecht, § 650a Rn. 71; *Kuhn*, ZfBR 2017, 211 (216); *Zahn*, NZBau 2019, 34 (39); a.A. *Preussner*, in: Leupertz/Preussner/Sienz, Bauvertragsrecht, § 650s Rn. 30.

178 *Voit*, in: BeckOK BGB, § 650s Rn. 1; *Zahn*, NZBau 2019, 34 (35).

179 BT-Drs. 18/8486, S. 70.

180 BT-Drs. 18/8486, S. 70.

181 Kritisch dazu *Fuchs*, NZBau 2015, 675 (683); *Kniffka*, BauR 2017, 1874; *Zahn*, NZBau 2019, 34 (35).

182 *Busche*, in: MüKo, BGB, § 650s Rn. 1.

d) Zwischenergebnis

Der Weg über eine objektive Einschränkung ist weder vom Gesetz vorgegeben noch aus sonstigen Gründen erforderlich. Vom Gesetzgeber beabsichtigt ist eine subjektive Bestimmung der Teilabnahmefähigkeit. Daran ändert auch ein Vergleich zur Regelung in der VOB/B oder zum Architekten- und Ingenieurvertrag nichts. Angesichts der normativen Gleichstufigkeit von VOB/B-Regelungen und sonstiger vertraglicher Gestaltung nimmt es wunder, dass manche Stimmen aus § 12 Abs. 2 VOB/B allgemeingültige Schlüsse ziehen wollen. Die folgende Arbeit wird derartigen einschränkenden Überlegungen nicht folgen. Konstitutives Wesensmerkmal für eine geteilte Abnahme im BGB-Vertrag ist nur der durch eine vertragliche Vereinbarung zum Ausdruck kommende Wille der Vertragsparteien.[183] Die Modalitäten der Teilabnahme beurteilen sich allein nach der vereinbarten (Teil-) Werkleistung. Eine objektive Einschränkung der Teilabnahmefähigkeit von Teilen des Wohnungseigentums ist nicht angezeigt. Den Parteien steht es frei, im Rahmen ihrer Privatautonomie die Teilabnahmefähigkeit von Teilleistungen zu regeln.

3. Teilabnahmefähigkeit nach subjektiver Ausrichtung

Vor diesem Ausgangsbefund bleibt die Beurteilung, ob eine Leistung teilabnahmefähig ist oder nicht, eine Frage der Willensbetätigung. Die Parteien allein bestimmen Umfang und Voraussetzungen des Abnahmegegenstands. Ohne objektive Kriterien zu bemühen, gibt die subjektive Ausrichtung das Maß für jede Form der Abnahme. Praktische Abgrenzungsschwierigkeiten müssen demnach auf andere Weise gelöst werden. Führt man die Überlegungen gegen die objektive Bestimmung der Teilabnahmefähigkeit mit denen zu den Abnahmewirkungen zusammen, ergeben sich die folgenden Eckpunkte für eine Auflösung der Abgrenzungsproblematik.

a) Bedeutung der Anknüpfung an Spezialgesetz

Gegenstand der Abnahme ist das hergestellte Werk. Ob die Teilleistung vertragsgemäß ist, lässt sich nur feststellen, wenn die teilabzunehmende Leistung von den Restleistungen eindeutig abgegrenzt werden kann.[184] Im

183 Vgl. BGH, Urt. v. 10.2.1994 – VII ZR 20/93, NJW 1994, BGHZ 125, 111 (115); BGH, Urt. v. 20.10.2005 – VII ZR 155/04, NJW-RR 2006, 122 (123); BGH, Urt. v. 10.10.2013 – VII ZR 19/12, NZBau 2014, 206 (209); BGH, Beschl. v. 5.1.2017 – VII ZR 184/14, BauR 2017, 721.

184 *Kuhn*, ZfBR 2017, 211 (216).

Wohnungseigentumsrecht sind die Bestandteile dieses Werks von einer sachenrechtlichen Aufteilung überlagert. In concreto erfährt das Miteigentum am Grundstück durch das WEG eine besondere Ausgestaltung.[185] Sieht der jeweilige Bauträgervertrag eine Bestimmung zur getrennten Abnahme von Sondereigentum und Gemeinschaftseigentum vor, so ist für die genaue Festlegung dieser Bestandteile auf die Legaldefinition und konkretisierende Differenzierung im Wohnungseigentumsgesetz abzustellen. Daraus erwächst ein normzentriertes Verständnis der Teilabnahmefähigkeit unter Zugrundelegung eines Spezialgesetzes als maßgeblichen Bezugspunkt. Der definitorische Anknüpfungspunkt für den Auslegungsmaßstab liegt nach dem Willen der Parteien im Gesetz.

Mit Bezugnahme auf das WEG wird neben dessen Inhalt auch die zugrundeliegende Abgrenzungssystematik in den Willen der Vertragsparteien aufgenommen und damit zum Vertragsbestandteil. Das WEG enthält systematische Ansätze für die Eigentumszuordnung, die der Vereinbarung des Abnahmegegenstands zugrunde gelegt werden können.

In der praktischen Umsetzung genügt zur Abgrenzung der Räume ein Blick in den Aufteilungsplan. Sondereigentum kann nur in den Grenzen entstehen, die sich aus dem zur Eintragung in das Grundbuch gelangten Aufteilungsplan ergeben.[186] Dabei handelt es sich nach der Legaldefinition in § 7 Abs. 4 Satz 1 Nr. 1 WEG um eine von der Baubehörde mit Unterschrift und Siegel oder Stempel versehene Bauzeichnung, aus der die Aufteilung des Gebäudes und des Grundstücks sowie die Lage und Größe der im Sondereigentum und der im gemeinschaftlichen Eigentum stehenden Gebäudeteile ersichtlich sind. Sowohl die einseitige als auch die vertragliche Teilungserklärung ist für den Grundbuchvollzug um den Aufteilungsplan zu ergänzen.

Der Aufteilungsplan stellt sicher, dass dem Bestimmtheitsgrundsatz des Sachen- und Grundbuchrechts Rechnung getragen wird, indem er die Aufteilung des Gebäudes und die Lage des Sondereigentums sowie der im gemeinschaftlichen Eigentum stehenden Gebäudeteile aufzeigt.[187] Ihm kommt damit eine ähnliche Funktion zu wie dem Katasterverzeichnis nach § 2 Abs. 2 GBO

---

185 *Leidner*, in: BeckOK WEG, § 6 Rn. 1.

186 BGH, Urt. v. 20.11.2015 – V ZR 284/14, BGHZ 208, 29 (32 ff.); *Schneider*, in: Riecke/Schmid, WEG, § 3 Rn. 11; m.w.N. *Emmerich*, ZWE 2017, 161.

187 BGH, Urt. v. 30.6.1995 – V ZR 118/94, BGHZ 130, 159 (166 f.); BGH, Urt. v. 20.11.2015 – V ZR 284/14, BGHZ 208, 29 (32 ff.); *Schneider*, in: Riecke/Schmid, WEG, § 3 Rn. 57.

für den Nachweis von Grenzverläufen bei Grundstücken.[188] Für die Entstehung von Sondereigentum hat der Miteigentümer seiner Eintragungsbewilligung den Aufteilungsplan als Anlage beizufügen, § 7 Abs. 1, 4 WEG.

Die Bedeutung des Aufteilungsplans wird dadurch hervorgehoben, dass er selbst bei abweichender Bauausführung maßgeblich ist.[189] Wenn beispielsweise eine zwischen den Wohnräumen vorgesehene Trennwand nicht errichtet worden ist, hindert dies nicht die Entstehung von Sondereigentum, solange der Aufteilungsplan die Grenze vorsieht (sog. „Luftschranke").[190] Ist das im Aufteilungsplan angelegte Sondereigentum nicht eindeutig abgegrenzt, gelangt es erst gar nicht zur Entstehung.[191] An ein und derselben Sache kann nicht gleichzeitig Alleineigentum und Miteigentum bestehen.[192]

Nach alldem wird deutlich, dass im WEG eine eindeutige Abgrenzbarkeit angelegt ist, die zumindest theoretisch keine Zweifel an dem Umfang des Abnahmegegenstands begründen dürfte. In der Umsetzung problematisch dürfte damit im Wesentlichen sein, in welche der beiden Kategorien der jeweilige Bestandteil einzuordnen ist, wozu im nachstehenden Abschnitt Stellung genommen wird. Festzuhalten ist, dass die Zuordnung über den Verweis auf das WEG ipso iure erfolgt, indem dessen sachenrechtlich geprägte Abgrenzungssystematik zum Maßstab für den Abnahmegegenstand wird.

b) Ausfluss der Subjektivität auf die Frage der Funktionalität

Die Prüfung der Bauleistung auf ihre Vertragsgemäßheit hat einen starken technischen Bezug. So hängt die Frage nach der Mangelfreiheit mit den bautechnischen Merkmalen zusammen. In der Folge hat sich der funktionale Mangelbegriff herausgebildet. Maßstab für die Feststellung der Mangelhaftigkeit ist die Frage nach der Funktionalität. Der funktionale Mangelbegriff meint, dass

---

188 BGH, Urt. v. 30.6.1995 – V ZR 118/94, BGHZ 130, 159 (166 f.); BGH, Urt. v. 18.7.2008 – V ZR 97/07, BGHZ 177, 338 (341 ff.); BGH, Urt. v. 20.11.2015 – V ZR 284/14, BGHZ 208, 29 (32 ff.).

189 BGH, Urt. v. 20.11.2015 – V ZR 284/14, BGHZ 208, 29 (32 ff.); a.A. OLG Düsseldorf, Urt. v. 15.11.1976 – 9 U 58/76, OLGZ 1977, 467 (469); BayOLG, Beschl. v. 30.7.1998 – 2Z BR 9–98, NZM, 1998, 973 (975); OLG Frankfurt, Beschl. v. 20 W 75/08, ZMR 2012, 30 (31).

190 BGH, Urt. v. 18.7.2008 – V ZR 97/07, BGHZ 177, 338 (341 ff.).

191 BGH, Urt. v. 20.11.2015 – V ZR 284/14, BGHZ 208, 29 (32 ff.); *Martius*, in: Reithmann/Terbrack, Kauf vom Bauträger, D. Rn. 137; *Schneider*, in: Riecke/Schmid, WEG, § 3 Rn. 83.

192 *Rapp*, in: Staudinger, BGB (2018), Einleitung WEG, Rn. 29.

das herzustellende Werk nicht allein nach der vereinbarten Leistung oder Ausführungsart (technische Beschreibung), sondern auch danach, welche Funktion das Werk auf der Grundlage der Vorgaben des Bestellers bei Vertragsschluss nach dem Willen der Parteien erfüllen soll (sog. Funktionstauglichkeit), zu bewerten ist.[193] Der Bauträger schuldet einen funktionalen Werkerfolg.[194] Diese Funktionstauglichkeit entspricht in der Regel dem Willen der Parteien und ist dann Bestandteil der Beschaffenheitsvereinbarung.[195]

Das Nacherfüllungsstadium beginnt und das Erfüllungsstadium endet mit der Abnahme. Die Teilabnahme spaltet den Vertrag daher in einen erfüllten und in einen nicht erfüllten Teil.[196] An der Teilabnahmefähigkeit von manchen Bestandteilen könnte es indes fehlen, wenn ihre Funktionsfähigkeit nicht unabhängig von weiteren, im Gemeinschaftseigentum stehenden Anlageteilen beurteilt werden könnte.[197] Eine Leistung könnte nicht teilabnahmefähig sein, wenn in der Teilabnahme selbst der Grund für die Mangelhaftigkeit des Teilwerks liegt.

Die Problematik dreht sich im Besonderen um tragende Innenwände sowie Leitungen und Rohre, die teilweise Bestandteile der Wohnung sind und teilweise außerhalb der Wohnung liegen und einem gemeinschaftlichen Zweck dienen. Davon gibt das Heizsystem ein beredtes Beispiel. Während Heizzentrale und die Steigleitungen einer Zentralheizung im Gemeinschaftseigentum stehen, dienen die angeschlossenen Heizkörper und die dazugehörigen Anschlussleitungen nur dem einzelnen Wohnungseigentümer, in dessen Wohnung sie sich befinden.[198] In der Teilungserklärung kann freilich etwas anderes festgelegt werden.

Dem Ganzen liegt jedoch die Annahme zugrunde, dass eine Sache falsch aufgeteilt werden könnte. Dabei wird das Gewicht der Privatautonomie missachtet. Ist eine Aussage über die Funktionalität der im Sondereigentum stehenden Anschlussleitungen zu treffen, so ist der Maßstab auf die konkreten Leitungen begrenzt und nicht darauf, ob die Heizung als solche ihre Funktion erfüllt. Denn indem Besteller und Unternehmer sich darauf einigen, einen bestimmten Teil der Werkleistung unabhängig vom Rest zu bewerten, schränkt sich auch der Beurteilungsmaßstab für die Funktionalität ohne weiteres Zutun ein. Dem

---

193 BGH, Urt. v. 8.11.2007 – VII ZR 183/05, BGHZ 174, 110 (121 f.); BGH, Urt. v. 29.9.2011 – VII ZR 87/11, NJW 2011, 3780 f.

194 *Blank*, Bauträgervertrag, Rn. 137.

195 BGH, Urt. v. 8.11.2007 – VII ZR 183/05, BGHZ 174, 110 (121 f.); BGH, Urt. v. 29.9.2011 – VII ZR 87/11, NJW 2011, 3780 f.; *Retzlaff*, in: Palandt, BGB, § 633 Rn. 5.

196 So schon *Thode*, ZfBR 1999, 116 (118).

197 So *Sterner*, BauR 2012, 1160 (1163).

198 BGH, Urt. v. 8.7.2011 – V ZR 176/10, NZM 2011, 750 f.

Erwerber wird dadurch nichts von seiner Rechtsposition genommen, da die Heizzentrale zu einem späteren Zeitpunkt abzunehmen ist und demnach keine Rechtsverkürzung droht. Auf diese Weise sind die Leitungen nicht als mangelhaft zu bezeichnen, auch wenn sie für sich genommen – unter Hinwegdenken des Heizkessels – ihre übergeordnete Funktion des Heizens nicht erfüllen würden.

Der funktionale Maßstab auf Mängelebene steht einer Teilabnahmefähigkeit von eigentumsrechtlich abgegrenzten Bauteilen nicht entgegen, wenn auf diese Aufteilung im Vertrag Bezug genommen wurde. Steht die Funktionalität von Anschlussleitungen in Frage, so ist der Bewertungsmaßstab der Teilabnahmefähigkeit das Maß der Funktionalität.

c) Zwischenergebnis

Mit der Anknüpfung an das WEG wird dessen Abgrenzungssystematik die Basis für den Gegenstand der Teilabnahme. Die systematischen Ansätze für die Eigentumszuordnung avancieren zum Maßstab der Teilabnahmefähigkeit. Gegen die Bestimmung der Teilabnahmefähigkeit allein anhand der Parteiabrede bestehen auch vor dem Hintergrund etwaiger Prüfungen der Funktionalität keine Bedenken. Vielmehr ist der Prüfungsumfang der Funktionalität auf den Teilabnahmegegenstand beschränkt.

III. Vertragliche Gestaltung der Teilabnahme

Die Umsetzung der Teilabnahmen stellt die Vertragsparteien bisweilen vor Herausforderungen auf tatsächlicher Ebene. Die idealtypische Unterscheidung der Bereiche kann nicht darüber hinwegtäuschen, dass sie im Einzelfall eng miteinander verflochten sind. Um auch das abzunehmen, was zuvor als Teilabnahmegegenstand vereinbart wurde, gilt es, die vertraglichen Regelungen so zu formulieren, dass die praktische Durchführung gelingt.

1. Umgang mit Abgrenzungsschwierigkeiten

Auch wenn die dingliche Einordnung nach dem Gesetz eindeutig erscheinen mag, bereitet sie in der Praxis regelmäßig Schwierigkeiten in dem Ausmaß, dass der Streit nicht selten vor dem Bundesgerichtshof ausgetragen wird. In der Folge mangelt es nicht an höchstrichterlichen Entscheidungen zu der Frage nach der Raumeigenschaft oder der Sondereigentumsfähigkeit von Bestandteilen. Ungeachtet von Vereinbarungen innerhalb der Gemeinschaft führt schon die Anwendung des bloßen Gesetzes zu Zweifelsfragen und Unsicherheiten, was im Wesentlichen darauf zurückzuführen ist, dass dem Abnehmenden der Abnahmegegenstand klargemacht werden muss.

a) Abgrenzung innerhalb der Sondereigentumseinheit

Innerhalb der eigenen Wohneinheit stellt sich für den Erwerber die Frage, wo die Grenze zwischen den eigentumsrechtlich unterschiedlich zugeordneten Bauteilen verläuft. Genauer steht der Erwerber vor dem Problem, dass ihm die Abgrenzungsstruktur nicht geläufig ist. Zugegebenermaßen kann von ihm nicht erwartet werden, genau unterscheiden zu können, bis zu welcher Lage des Fußbodens er abnehmen soll, wo die Schnittstellen etwa bei den Versorgungsleitungen liegen oder welche Wände die tragenden sind, wenn nur die Abnahme des Sondereigentums vereinbart ist.[199] Das entspricht aber auch nicht den Anforderungen an die Abnahme und zwar aus den folgenden Gründen:

Zum einen soll dem Auftraggeber nur die Möglichkeit zur Prüfung des Zustands eingeräumt werden, es besteht aber *keine Prüfpflicht*.[200] Nimmt der Auftraggeber die Leistung ohne Prüfung oder trotz fehlender Prüfungsmöglichkeit ab, ist die Wirksamkeit der Abnahme nicht beeinträchtigt.[201] Die Anforderungen an eine Billigung des Werks sind nicht so hoch anzusetzen, dass dem Besteller die genauen Konturen bekannt sind. Es reicht eine grobe Vorstellung darüber, was geprüft wird, ohne genau zu wissen, wo die Grenze verläuft.

Zum anderen zeigt eine *Alternativbetrachtung*, dass auch bei der Gesamtabnahme keine dezidierte Aufteilung vorgenommen wird. Der Auftraggeber macht sich keine Gedanken über die einzelnen Bestandteile des Bodens oder darüber, wo genau die Verteilungsrohre verlaufen oder wie lang sie sind. Solche Anforderungen sind der Billigungserklärung fremd. Wesentlich ist aber, dass der Besteller auch bei der Gesamtabnahme nicht bewusst jede Schicht des Bodens und jeden Teil der Rohrleitungen einzeln abnimmt. Es reicht die grobe Kenntnis von den Bestandteilen.

Das *Risiko* einer falschen Einschätzung des Bestellers geht im Zweifel zu Lasten des Bauträgers. Ausgehend von der vagen Vorstellung des Durchschnittsbürgers, dass Sondereigentum mit dem Bereich der Wohnung gleichzusetzen ist, dürfte sich für ihn kein Nachteil ergeben. Er könnte allenfalls einen Teil abnehmen wollen, der nicht zum Sondereigentum gehört. Dann treten die ohnehin für den Auftraggeber weitestgehend nachteiligen Wirkungen der Abnahme

---

199 *Martius*, in: Reithmann/Terbrack, Kauf vom Bauträger, D. Rn. 41, 67.

200 Mot. II, S. 489 f.; BGH, Urt. v. 24.11.1969 – VII ZR 177/67, NJW 1970, 421 (422); *Oppler*, in: Ingenstau/Korbion, VOB/B, § 12 Rn. 12; *Retzlaff*, in: Palandt, BGB, § 640 Rn. 5; *Schwenker/Rodemann*, in: Erman, BGB, § 640 Rn. 14.

201 BGH, Urt. v. 24.11.1969 – VII ZR 177/67, NJW 1970, 421 (422); *Merl/Hummel*, in: Kleine-Möller/Merl/Glöckner, Handbuch des privaten Baurechts, § 14 Rn. 4.

später ein. Der umgekehrte Fall, bei dem der Erwerber den Abnahmegegenstand als geringer einstuft, als er tatsächlich ist, ist in diesem Zusammenhang eher unwahrscheinlich. Wie gerade erörtert, geht die Vorstellung eher dahin, dass Sondereigentum mit der Wohnung gleichzusetzen ist.

Schließlich ist die eigentumsrechtliche Zuordnung keine Frage, die sich nur im Zusammenhang mit der Abnahme stellt, sondern eine *systemimmanente* Struktur, die es auf verschiedenen Ebenen umzusetzen gilt. Nur im Bereich seines Sondereigentums kann der Wohnungseigentümer nach Belieben verfahren, § 13 WEG. Auch die Kompetenz für Erhaltungsmaßnahmen richtet sich nach der Eigentumszuordnung, §§ 13, 16 Abs. 2, 19 Abs. 2 WEG. Die Grundstruktur des WEG geht davon aus, dass die Frage nach der genauen Zuteilung omnipräsent ist. Einzelfragen lassen sich nicht vermeiden. Die Ausformung der gesetzlichen Begriffe ist Aufgabe der Gerichte und keine Frage der zulässigen Vertragsgestaltung. So unliebsam Fragen nach der Unterscheidung in der Praxis auch sind, stehen bloße Herausforderungen der Wirksamkeit einer Teilabnahme nicht per se entgegen.

b) Abgrenzung außerhalb der Sondereigentumseinheit

Außerhalb der eigenen Wohneinheit steht der Erwerber zumindest nicht vor Abgrenzungsschwierigkeiten, da dem Grunde nach alles außerhalb der eigenen abschließbaren Wohnung im gemeinschaftlichen Eigentum liegt. Wenn doch Bedarf für eine Unterscheidung besteht (so beispielhaft, aber nicht abschließend beim Carport, der Terrasse oder dem Stellplatz), gilt das oben Gesagte entsprechend.

Diskussionsbedarf erwächst gleichwohl daraus, dass sich das Gemeinschaftseigentum auch auf Bereiche bezieht, die innerhalb der Wohnungen anderer Erwerber liegen. Die Abnahme des Gemeinschaftseigentums erfolgt regelmäßig erst nach der Übergabe des Sondereigentums, sodass die einzelnen Erwerber zum Zeitpunkt der Abnahme bereits im Besitz ihrer Wohnungen sein können.[202] Die Wohnungen sind damit nicht mehr frei zugänglich, das Objekt kann nicht auf seine vertragsgemäße Errichtung geprüft werden und dem jeweiligen Wohnungseigentümer fehlt mithin zwangsläufig das Erklärungsbewusstsein über die Abnahme dieser Bereiche.[203] Die Frage nach dem Zugang zu diesem Abschnitt hängt eng zusammen mit der Vorstellung, dass der Abnehmende zumindest

---

202 *Pause*, Bauträgerkauf, Rn. 594.
203 So im Ergebnis *Sterner*, BauR 2012, 1160 (1162).

die Möglichkeit haben muss, die Bauleistung auf ihre Vertragsgemäßheit zu überprüfen.[204]

Das Problem kann indessen behoben werden, wenn man von den vertraglichen Gestaltungsmöglichkeiten auf einträgliche Weise Gebrauch macht. Entweder setzt eine Parteienabrede an der Zugangsbeschränkung an und gewährt den Erwerbern den *vertraglich vereinbarten Zugang* zum Gemeinschaftseigentum im Bereich anderer Sondereigentumseinheiten zum Zwecke der Abnahme.[205] Zwar wird dem Erwerber, vor allem nachdem er bereits eingezogen ist, wenig daran gelegen sein, dass eine Vielzahl von Fremden seine Wohnung besichtigt.[206] Solche Bestimmungen sind dem Einzelnen jedoch unter der Maßgabe zumutbar, dass von jedem der gleiche Grad an Einschränkung verlangt wird, um seine eigenen Rechte zu verfolgen bzw. seine eigenen Pflichten zu erfüllen.[207]

Alternativ kann vereinbart werden, dass sich die Wohnungseigentümer gegenseitig *Abnahmevollmachten* erteilen.[208] Der so bevollmächtigte Erwerber nimmt für alle anderen dasjenige Gemeinschaftseigentum ab, das im Bereich seines Sondereigentums liegt oder ihm allein zur Sondernutzung zugewiesen ist. Bei Nachzügler-Erwerbern ist vertraglich eine Genehmigung der vorherigen Erklärung, die dann als Vertreter ohne Vertretungsmacht abgeschlossen wurde, zu vereinbaren.

Ob dem Verhalten der Erwerber eine *konkludente Abnahme* von Flächen, die nicht frei zugänglich sind, entnommen werden kann, wird unterschiedlich bewertet. Das OLG Hamm nimmt zum Fall der Sondernutzungsbereiche im Wege der Vertragsauslegung eine schlüssige Abnahme durch die nicht unmittelbar erklärenden Erwerber an, wenn sie nicht innerhalb einer Prüfungsfrist widersprechen.[209] Zu diesem Schluss kommt das OLG, weil es in den Klauseln eine Vertragslücke annimmt, was die Abnahme des zur Sondernutzung zugewiesenen Gemeinschaftseigentums anbelangt. Die Abnahme durch den Erwerber der Wohnung soll den übrigen Erwerbern aufgrund schlüssigen Verhaltens

---

204 Zur Prüfmöglichkeit: Mot. II, S. 489 f.; BGH, Urt. v. 24.11.1969 – VII ZR 177/67, NJW 1970, 421 (422); *Oppler*, in: Ingenstau/Korbion, VOB/B, § 12 Rn. 12; *Schwenker/Rodemann*, in: Erman, BGB, § 640 Rn. 14.

205 *Ott*, ZWE 2013, 253 (256); m.w.N. *Pause*, Bauträgerkauf, Rn. 594; *ders.*, ZfIR 2014, 127 (133).

206 *Basty*, Bauträgervertrag, Rn. 1018; *Kögl*, in: FS Kainz, S. 385 (392).

207 *Pause*, Bauträgerkauf, Rn. 594; a.A. *Basty*, Bauträgervertrag, Rn. 1018.

208 *Basty*, Anm. zu OLG Hamm, Beschl. v. 14.10.2003 – 21 U 116/03, MittBayNot 2005, 226 (228); *ders.*, Bauträgervertrag, Rn. 1020.

209 OLG Hamm, Beschl. v. 14.10.2003 – 21 U 116/03, MittBayNot 2005, 226.

zuzurechnen sein, weil diese kein weitergehendes Interesse an der Überprüfung des betreffenden Gemeinschaftseigentums hätten.

Von konkludenten Abnahmeerklärungen über Gemeinschaftseigentum, das sich innerhalb einer Sondereigentumseinheit befindet, nimmt ein Teil der Lehre Abstand. Es fehle an dem Bewusstsein, überhaupt eine Erklärung abgeben zu wollen.[210]

Überdies scheint nichts dagegen zu sprechen, die *Herstellungsverpflichtung zu beschränken.* Ausgehend von einer individualvertraglichen Verpflichtung, schuldet der Bauträger nicht in einem einheitlichen Vertrag die Herstellung des Gemeinschaftseigentums gegenüber sämtlichen Erwerbern und die Erwerber sind ihrerseits nicht aus einem einheitlichen Schuldgrund zur Abnahme verpflichtet.[211] Deshalb kann es zuweilen sachgerecht sein, wenn der Herstellungsanspruch in Bezug auf dasjenige Gemeinschaftseigentum ausgeschlossen ist, das sich räumlich im Bereich einer anderen Sondereigentumseinheit befindet.[212]

Nicht ausgeschlossen ist schließlich, dass der Erwerber schlichtweg auf sein Recht zur Prüfung verzichtet.[213] Immerhin setzt die Abnahme keine Prüfung voraus, sodass der Erwerber auch ohne konkrete Begehung die Abnahme erklären kann.

c) Zwischenergebnis

Auf der Grundlage einer subjektiv verstandenen Teilabnahmefähigkeit sind besondere Anforderungen an die Vertragsgestaltung zu stellen. Die Parteien füllen den entscheidenden Empfängerhorizont dadurch aus, dass sie auf die Abgrenzungssystematik des WEG Bezug nehmen. Vom Erwerber ist nicht zu verlangen, dass er die Abgrenzungsstruktur bis ins kleinste Detail verinnerlicht. Da es für die Auslegung einer Willenserklärung darauf ankommt, was ein objektiver Empfänger verstehen durfte, sind mentale Vorbehalte oder Fehleinschätzungen irrelevant. Schwierigkeiten kann mit objektbezogenen Formulierungen im Vertrag begegnet werden. Im Übrigen beschäftigen zahlreiche Gerichtsentscheidungen die genauen Konturen der Eigentumszuordnung, sodass die verbleibende Restunsicherheit hinnehmbar ist. Das Risiko einer falschen Vorstellung geht jedenfalls nicht zu Lasten des Erwerbers.

---

210 *Basty*, Anm. zu OLG Hamm, Beschl. v. 14.10.2003 – 21 U 116/03, MittBayNot 2005, 226; näher zur konkludenten Abnahme siehe Kap. 3, C. I., 4. und Kap. 4, C. IV.

211 *Pause*, Bauträgerkauf, Rn. 595.

212 *Riemenschneider*, in: Grziwotz/Koeble, Handbuch Bauträgerrecht, 3. Teil, Rn. 724.

213 *Kögl*, in: FS Kainz, S. 385 (392).

Außerhalb der eigenen Wohneinheit sind Zugangshindernisse zum Gemeinschaftseigentum innerhalb der Wohneinheit eines anderen Erwerbers über vertragliche Gestaltungen zu überwinden.

2. *Gestaltung durch AGB*

a) *Allgemeine Geschäftsbedingungen in Bauträgerverträgen*

Daneben stellt sich bei Bauträgerverträgen stets die Frage nach der Umsetzung in Formularverträgen. In Anbetracht der Tatsache, dass die Wohnungseigentümergemeinschaft aus mindestens zwei Personen besteht,[214] ist die Schwelle zu einer ab dreimaliger Verwendung angenommenen[215] Vielzahl von Verträgen (§ 305 Abs. 1 Satz 1 BGB) schnell erreicht. Damit handelt es sich in der Regel um für eine Vielzahl von Verträgen vorformulierte Vertragsbedingungen. Unschädlich ist dabei, dass die Vertragsbedingungen im Bauträgervertrag häufig vom Notar vorformuliert sind.[216] Dem Bauträger ist die Verwendung durch den Notar zuzurechnen.[217] Die mit der Reform des WEG ermöglichte Ein-Personen-Eigentümergemeinschaft (vgl. § 9a Abs. 1 Satz 2 WEG) ändert daran nichts, weil dadurch nur die Entstehung des Verbandes vorverlagert wird.

Überdies ist der Bauträger gewerbsmäßig tätig[218] und handelt damit als Unternehmer, § 14 BGB, sodass die Inhaltskontrolle bei einem Verbraucher als Vertragspartner ohnehin schon mit der ersten Verwendung eröffnet ist, § 310 Abs. 3 Nr. 2 BGB. Verbraucher ist jede natürliche Person, die ein Rechtsgeschäft abschließt, das weder ihrer gewerblichen noch ihrer selbstständigen beruflichen Tätigkeit zugerechnet werden kann, § 13 BGB. Beim Erwerb zu Wohnzwecken handelt der Vertragspartner demnach typischerweise als Verbraucher. Insbesondere gehört auch der Erwerb einer nicht selbst genutzten Eigentumswohnung als private Vermögensanlage zu den Rechtsgeschäften in der Verbrauchersphäre.[219] Daher sind Bauträgerverträge über Wohnungseigentum für gewöhnlich Verbraucherverträge im Sinne des § 310 Abs. 3 BGB.

An die Darlegungslast stellt der Bundesgerichtshof dabei geringe Anforderungen und wendet die Grundsätze des Anscheinsbeweises zugunsten des

---

214 *Wenzel*, in: FS Bub, S. 249 (263).

215 BGH, Urt. v. 11.12.2003 – VII ZR 31/03, NJW 2004, 1454 f.

216 *Koeble*, in: Kniffka/Koeble/Jurgeleit/Sacher, Kompendium des Baurechts, 10. Teil Rn. 204.

217 BGH, Urt. v. 14.5.1992 – VII ZR 204/90, BGHZ 118, 229 (239).

218 *Glöckner*, in: FS Koeble, S. 271 (272) (278).

219 *Ellenberger*, in: Palandt, BGB, § 14 Rn. 2; *Teichmann*, ZfBR 2002, 13 (20).

Erwerbers an: Der Erwerber genügt der Darlegungslast für das Vorliegen Allgemeiner Geschäftsbedingungen, wenn der vorgelegte Bauträgervertrag nach seiner inhaltlichen Gestaltung allem Anschein nach für eine mehrfache Verwendung entworfen und vom Bauträger gestellt wurde.[220]

Die Auslegung von AGB erfolgt gemäß ihrem objektiven Inhalt und typischen Sinn so, wie sie von verständigen und redlichen Vertragspartnern unter Abwägung der Interessen der normalerweise beteiligten Verkehrskreise verstanden werden, wobei die Verständnismöglichkeiten eines durchschnittlichen Vertragspartners zugrunde zu legen sind.[221] Selbst bei der gebotenen kundenfeindlichen Auslegung muss die Klausel einer AGB-Kontrolle standhalten.[222]

b) Keine Eröffnung der Inhaltskontrolle

Einer Inhaltskontrolle mit enumerativ genannten Klauselverboten (§§ 308, 309 BGB) sind nur solche Bestimmungen in Allgemeinen Geschäftsbedingungen zugänglich, die von Rechtsvorschriften abweichende oder diese ergänzende Regelungen enthalten, § 307 Abs. 3 Satz 1 BGB. Auf die Festlegung der geschuldeten Leistung findet eine Inhaltskontrolle nicht statt.[223] Die Gegenstände der Teilabnahmen unterliegen deswegen in ihrer Eigenschaft als leistungsbeschreibende Merkmale des Vertrags keinem Klauselverbot.

Im Übrigen stehen Abreden über den Abnahmegegenstand im Einklang mit der grundsätzlichen Zulässigkeit von Teilabnahmen nach § 641 Abs. 1 Satz 2 BGB. Aus dieser Norm erwächst ein gesetzliches Leitbild, das durch Parteienabreden keine Abweichung erfährt, sondern in zulässiger Weise ausgefüllt wird. Damit ist die Inhaltskontrolle nach §§ 307 Abs. 1, 2, 308, 309 BGB nicht eröffnet.

c) Transparenzgebot

Andere Bestimmungen können aber nach § 307 Abs. 1 Satz 2 i.V.m. Abs. 1 Satz 1 unwirksam sein, § 307 Abs. 3 Satz 2 BGB. Wenn die Abnahme des

---

220 BGH, Urt. v. 14.5.1991 – VII ZR 204/90, BGHZ 118, 229 (238 f.); *Vogel*, in: Bauträgerhaftung, Partner im Gespräch 104, S. 1 (15).

221 BGH, Urt. v. 25.2.2016 – VII ZR 49/15, BGHZ 209, 128 (134); BGH, Teilurt. v. 29.4.2008 – KZR 2/07, BGHZ 176, 244 (250).

222 BGH, Urt. v. 20.12.2007 – III ZR 144/07, BGHZ 175, 76 (80); BGH, Teilurt. v. 29.4.2008 – KZR 2/07, BGHZ 176, 244 (250); BGH, Urt. v. 11.2.1992 – XI ZR 151/91, NJW 1992, 1097 (1099); *Glöckner*, in: FS Koeble, S. 271 (281).

223 Allgemeine Meinung, zum Bautrager ausdrücklich *Basty*, Anm. zu OLG Hamm, Beschl. v. 14.10.2003 – 21 U 116/03, MittBayNot 2005, 226 (228).

Sondereigentums zusammen mit den im Sondereigentum stehenden Bestandteilen fällt, drängen sich Zweifel an der Bestimmtheit der Regelung auf. In Betracht kommt, dass die Vorschrift gegen das Transparenzgebot aus § 307 Abs. 1 Satz 2 BGB verstößt.[224] Indem die Abnahme des Gemeinschaftseigentums weiter untergliedert wird, stößt die Vertragspartei auf Abgrenzungsprobleme.[225] Schwierigkeiten ergeben sich in der Folge vor allem dann, wenn ein Eigentümer beispielsweise seine tragende Wand zwischen zwei Wohnungen abnimmt, während der Nachbareigentümer die Abnahme verweigert.[226]

Das Transparenzgebot dient dazu, dem Verbraucher eine Entscheidungsgrundlage dergestalt zu liefern, dass ihm die entscheidungsrelevanten Informationen vor Vertragsabschluss zur Verfügung stehen.[227] Damit soll der Verbraucher in die Lage versetzt werden, die Äquivalenz von Leistung und Gegenleistung zu beurteilen und die Angebote anderer Anbieter zu vergleichen.[228] Diesen Anforderungen genügt die Aufspaltung des Abnahmegegenstands vor dem Hintergrund des WEG.

Eine Regelung, über deren Inhalt sich im Einzelnen streiten lässt, ist nicht per se unbestimmt und daher unwirksam.[229] Die Formulierungen im WEG waren schon Gegenstand zahlreicher obergerichtlicher Entscheidungen, sodass Leitlinien für die Auslegung zur Verfügung stehen. Bei den Begrifflichkeiten ist davon auszugehen, dass die Rechtsprechung diese seit der Schaffung des Wohnungseigentums konturiert hat. Im Übrigen kann der Erwerber die im Immobilienkauf etablierten Begriffe des Sonder- und Gemeinschaftseigentums im Rahmen von Angeboten und Prospekten auch hinreichend konkret vergleichen, da sie sich inzwischen bewährt haben und weit verbreitet sind. Im Falle einer gegenteiligen Einschätzung liefe es auf die Frage hinaus, ob der sachenrechtliche Bestimmtheitsgrundsatz transparent ist, was einem Wertungswiderspruch gleichkommt.

Mithin besteht kein Anlass dafür, eine Vertragsklausel über die Aufspaltung des Abnahmegegenstands nach Sonder- und Gemeinschaftseigentum wegen Intransparenz für unwirksam zu erklären.[230]

---

224 Zum Transparenzgebot im Bauträgervertrag und zur Umsetzung der Klauselrichtlinie 93/13/EWG ausführlich *Thode*, Bauträgervertrag, Partner im Gespräch 69, S. 19 ff.

225 *Lotz*, BauR 2008, 740 (743).

226 *Lotz*, BauR 2008, 740 (743).

227 *Blank*, Bauträgervertrag, Rn. 135; *Glöckner*, in: FS Koeble, S. 271 (282).

228 *Glöckner*, in: FS Koeble, S. 271 (282).

229 Vgl. außerdem KG Berlin, Beschl. v. 19.9.2001 – 24 W 6354/00, ZWE 2002, 38 (39) zu den Begriffen „Baubeginn" und „Bezugsfertigstellung".

230 *Glöckner*, in: FS Koeble, S. 271 (282 f.) (287) m.w.N. insbesondere zur Frage der Überdehnung des Transparenzgebots im Hinblick auf die Leistungsbeschreibung.

d) Zwischenergebnis

Aus AGB-rechtlichen Erwägungen spricht nichts gegen eine Aufspaltung des Abnahmegegenstands nach Sonder- und Gemeinschaftseigentum.

3. Ergebnis

Die Teilabnahme lässt sich auch sinnvoll vertraglich gestalten. Dagegen bestehen zumindest nicht schon von sich heraus AGB-rechtliche Hürden.

C. Konsequenzen

Ungeachtet der zuweilen schwierigen Abgrenzung zwischen dem gemeinschaftlichen Eigentum und dem Sondereigentum ist der allein maßgebliche Bezugspunkt für die Abnahmefähigkeit der Wille der Parteien. Wenn darin zum Ausdruck kommt, dass die in einem Gesetz vorgenommene Unterscheidung in den Willen aufgenommen wird, gilt es dieses normzentrierte Verständnis zu würdigen und keine weitergehenden Überlegungen zur bautechnischen Aufteilbarkeit vorzunehmen. Die Folge ist eine am WEG orientierte Abgrenzung der Teilabnahmefähigkeit, die in den Ordnungsrahmen des Rechtsverhältnisses eingespannt ist. Führt man die Überlegungen zur gesetzlichen Ausgangslage mit denen zu einem subjektiv gedeuteten und normzentrierten Verständnis der Teilabnahmefähigkeit zusammen, ergibt sich eine an den Umständen der Praxis ausgerichtete Vertragsgestaltung.

D. Zusammenfassung Kapitel 2

1. Aufgrund der Interessenlage der Parteien eines Bauträgervertrags ist eine Aufspaltung des Abnahmegegenstands sinnvoll.
2. Die Teilabnahme von der Bausubstanz des künftigen Sondereigentums getrennt von derjenigen des künftigen gemeinschaftlichen Eigentums ist zulässig.
3. Die Teilabnahmefähigkeit hängt nicht von objektiven Kriterien ab, die außerhalb der Parteiabrede stehen. Insbesondere dient die VOB/B nicht als Vergleichsmaßstab für die Teilabnahme im Bauträgervertrag. Als AGB ist die Anforderung über einen abgeschlossenen Teil einer Leistung weder unmittelbar als Kriterium geeignet noch dem Rechtsgedanken nach auf den Erwerb neuen Wohnraums beim Bauträgervertrag übertragbar.
4. Vielmehr richtet sich die Frage nach der Teilabnahmefähigkeit allein nach der Vereinbarung der Vertragsparteien. Unter Rückgriff auf die

Gliederungsstruktur des WEG überwinden die Parteien praktische Abgrenzungsschwierigkeiten. Dagegen bestehen weder AGB-rechtliche noch individualvertragliche Bedenken.

Kapitel 3: Die vereinheitlichte Abnahme des Gemeinschaftseigentums

Mit dem Befund, dass der Abnahmegegenstand beim Erwerb neuen Wohnraums zulässigerweise an den Strukturen des WEG orientiert ist, ist der Grundstein für die Kernfrage dieser Arbeit gelegt. Die Abnahme der Bausubtanz, die künftig zum Gemeinschaftseigentum gehört, ist bis heute ein ungelöstes Problem der Bauträgerpraxis und bietet in dieser Eigenschaft umfangreichen Diskussionsstoff für Rechtsprechung und Literatur.

Anlass für die umfangreichen Beiträge sind die Bestrebungen, eine einheitliche Abnahme des Gemeinschaftseigentums zu erreichen. Unter Bezugnahme auf wechselseitige Risiken sollen Regelungsinstrumente de lege lata et ferenda untersucht werden, die dem Ansinnen der Exekutive nach einer Erleichterung der Abnahme des Gemeinschaftseigentums nahekommen und eine Antwort auf die Frage geben, wer die Abnahme des Gemeinschaftseigentums erklären darf.

Ausgangspunkt der Betrachtung ist allein die Abnahme des Gemeinschaftseigentums und nicht des Sondereigentums. Der Untersuchungsgegenstand ist entsprechend einzuschränken, weil sich in der Abnahme des Sondereigentums ein weitaus geringeres Risiko für den Bauträger verwirklicht. Der Abnahmegegenstand ist beim Sondereigentum beschränkt auf die jeweilige Wohneinheit, was vom Aufwand gesehen sowie aus wirtschaftlicher Betrachtung ein weitaus geringeres Problempotenzial schafft. Jeder Wohnungseigentümer ist hier unabhängig von allen anderen Erwerbern alleine und ohne Auswirkungen auf andere Eigentümer tätig. Aus diesem Grund beschäftigt sich der folgende Beitrag allein mit dem konfliktträchtigeren und insofern bedeutenderen Gemeinschaftseigentum.

A. Risiken für Bauträger aus dem Grundsatz der Einzelabnahme

Hintergrund der Diskussion über Erleichterungen sind die Unwägbarkeiten für den Bauträger. Wegen des Grundsatzes der Einzelabnahme sieht er sich mit Risiken konfrontiert, die das vertragliche Gleichgewicht stören.

I. Verlängerung der Gewährleistungsverantwortung

Als Folge der Einzelabnahme wirkt sich die Erklärung über die Vertragsgemäßheit des Werks zunächst nur auf den Einzelnen aus und nicht auf zeitlich frühere oder nachfolgende Erwerber. Vor allem beginnt die Verjährungsfrist getrennt für jeden Vertragspartner zu laufen. Hat ein einziger Erwerber noch einen unverjährten Anspruch, kann dieser von dem Bauträger verlangen, das gesamte Gemeinschaftseigentum in ordnungsgemäßen Zustand zu versetzen.[231] Selbst wenn der einzelne Erwerber kein Interesse an der Geltendmachung hat, kann der Verband verbleibende Ansprüche nach § 10 Abs. 6 Satz 3 WEG abhängig von deren Qualität selbst verfolgen oder per Mehrheitsbeschluss an sich ziehen und dann gegen den Bauträger vorgehen.[232] Damit verlängert sich die Gewährleistungsfrist zu Lasten des Bauträgers um den Zeitraum zwischen der ersten und der letzten Abnahme.[233] Bis dahin trägt er insbesondere auch das Risiko sich ändernder Regeln der Technik. Wirtschaftlich gesehen ergeben sich dadurch beträchtliche Folgen für den Bauträger, ist doch die Bausubstanz einer Eigentumswohnanlage überwiegend – zuweilen wird der Anteil auf 95 % geschätzt[234] – dem Gemeinschaftseigentum zuzuordnen.[235] Jedenfalls gehören diejenigen Bestandteile des Gebäudes, bei denen die Mängelbeseitigung mit höherem Aufwand verbunden ist, regelmäßig zum gemeinschaftlichen Eigentum.[236]

Problematisch an unterschiedlichen Verjährungsfristen ist, dass dem Bauträger eine Haftung droht, ohne auf Gewährleistungsansprüche gegen die von ihm beauftragten Bauunternehmer zurückgreifen zu können.[237] Auf dasselbe Objekt bezogen zeichnet sich für den Bauträger eine verlängerte Verjährungsfrist ab, die unter Umständen außer Verhältnis zum Zeitpunkt der Abnahmereife steht. Der einzelne Besteller bezahlt das Gemeinschaftseigentum wirtschaftlich nur anteilig, kann aber dessen vollständige und mangelfreie Herstellung verlangen. Es genügt ein Vertragsverhältnis mit ausstehender Abnahme, um den Bauträger voll und nicht nur quotal beschränkt auf die Höhe des Miteigentumsanteils am Gemeinschaftseigentum im Risiko zu halten.[238]

231 *Dötsch*, NZM 2017, 832.

232 BGH, Urt. v. 12.4.2007 – VII ZR 236/05, BGHZ 172, 42 (49 f.); BGH, Urt. v. 15.1.2010 – V ZR 80/09, NJW 2010, 933 ff.; *Dötsch*, NZM 2017, 832.

233 *Lotz*, BauR 2008, 740 (744).

234 *Pauly*, ZfBR 2013, 3; *Schmid*, BauR 2009, 727 (729).

235 BGH, Urt. v. 21.2.1985 – VII ZR 72/84, NJW 1985, 1551 (1552).

236 *Häublein*, in: Bauträgerhaftung, Partner im Gespräch 104, S. 17 (20).

237 *Cziupka*, NotBZ 2016, 361 (362); *Häublein*, DNotZ 2002, 608 (611).

238 BGH, Urt. v. 25.2.1999 – VII ZR 208/97, BGHZ 141, 63 (65 f.); BGH, Urt. v. 7.6.2001 – VII ZR 420/00, BGHZ 148, 85 (88); *Karczewski*, in: Leupertz/Preussner/Sienz, Bauvertragsrecht, § 650u Rn. 55; *Martius*, in: Reithmann/Terbrack, Kauf vom Bauträger, D. Rn. 10.

II. Systematischer Bruch

Aus den unterschiedlichen Abnahmezeitpunkten ergibt sich des Weiteren für den Bauträger ein systematischer Bruch. Während sich der Vertrag des Ersterwerbers bereits im Nacherfüllungsstadium befindet, kann dem Nachzügler noch der Erfüllungsanspruch zustehen. Als Nachzügler wird derjenige Erwerber bezeichnet, der seine Wohneinheit nach erklärter Abnahme des Gemeinschaftseigentums durch die Mehrheit der übrigen Erwerber, unabhängig von der Wirksamkeit der Abnahmeerklärung oder der Abnahmereife, erwirbt.[239] Auf diese Weise sieht sich der Bauträger einem Nebeneinander von vollständiger Erfüllung und gleichzeitiger Geltendmachung von Mängelrechten ausgesetzt.[240] Er erhält infolge Minderung durch den Ersterwerber nicht mehr den vollen Kaufpreis für das Gesamtobjekt, obwohl er das Gemeinschaftseigentum in Erfüllung des primären Leistungsanspruchs des Nachzüglers noch vollständig erbringen muss.[241] Dadurch kommt es zu einer Mehrbelastung des Bauträgers.

Freilich ist das Recht zur Minderung die Folge daraus, dass der Bauträger es unterlassen hat, innerhalb einer angemessenen Frist die Mängel zu beseitigen (§§ 634 Nr. 3, 638 BGB). Hätte er sein Recht zur zweiten Andienung ausgeübt, wäre es nicht zu dieser Überschneidung gekommen. Das Schutzbedürfnis des Bauträgers ist insofern zumindest eingeschränkt.

Die Phase zwischen erster Abnahme und dem Erwerb durch einen Nachzügler ist aber noch aus einem anderen Grund kritisch. Nachzügler können Mängel geltend machen, die nach Überlassung des gemeinschaftlichen Eigentums von den Ersterwerbern verursacht wurden. Das Risiko von Veränderungen bleibt dadurch am Bauträger haften. An Subunternehmer kann er sich nicht wenden, da diese das Werk zum Zeitpunkt der Abnahme mangelfrei errichtet haben.[242]

In der wohnungseigentumsrechtlichen Sphäre findet die Mehrfachleistungspflicht des Bauträgers kein Pendant. Nach der Abnahme verhinderte bis zum Inkrafttreten des reformierten WEG zum 1.12.2020 das Erfordernis der Gemeinschaftsbezogenheit ein verschiedenartiges Vorgehen der Besteller.[243] Erfüllungs- und Mängelansprüche konnten entweder nur nach Beschluss kollektiv verfolgt werden (gekorene Ausübungsbefugnis) oder dem Einzelnen war es

---

239 *Vogel*, BauR 2010, 1992.

240 *Krick*, MittBayNot 2014, 401 (403).

241 *Krick*, MittBayNot 2014, 401 (403); *Rapp*, MittBayNot 2012, 169 (171).

242 *Häublein*, in: Bauträgerhaftung, Partner im Gespräch 104, S. 17 (18).

243 Vgl. BGH, Urt. v. 24.7.2015 – V ZR 167/14, ZfBR 2015, 772 (773); *Martius*, in:s Reithmann/Terbrack, Kauf vom Bauträger, D. Rn. 14.

von vornherein untersagt, bestimmte Mängelrechte alleine auszuüben (geborene Ausübungsbefugnis).[244] Mittlerweile ist die Gemeinschaft auch ohne Beschluss zuständig (vgl. § 9a Abs. 2 WEG).

III. Geringer Ansporn für Wohnungserwerber

Demgegenüber zeigt der Erwerber wenig Neigung zur weiteren Abnahme.[245] Sein Hauptansinnen ist mit dem Bezug der Wohnung erfüllt. Dem Bauträger steht damit kein äquivalentes Druckmittel mehr gegen den Erwerber zur Hand. Dieser wiederum erwartet rechtzeitigen Einzug und hat ein Interesse an einer möglichst langen Mängelhaftung.

Der Besitz an dem vertragsgegenständlichen Objekt wird notgedrungen in seiner Gesamtheit übertragen, auch wenn die Abnahme des Gemeinschaftseigentums zeitlich später erfolgen soll. Sobald der Erwerber in den Besitz der Wohnung gelangt, erwirbt er auch an den gemeinschaftlichen Einrichtungen (Mit-) Besitz.[246] Mit der Schlüsselübergabe erhält der Erwerber bereits die tatsächliche Sachherrschaft über das gesamte Bauwerk inklusive der Bestandteile des Gemeinschaftseigentums, soweit sie schon erstellt wurden. Darauf ist der Erwerber auch angewiesen, um die Wohnung ihrem Zweck gemäß nutzen zu können (zum Beispiel Heizung).[247] Bei der zweiten Abnahme findet daher keine besondere Übergabe mehr statt.[248]

Der Bauträger kann sich zwar noch damit verhelfen, dass er die Eigentumsumschreibung oder Mangelbeseitigung verzögert. Allerdings ist der Erwerber außerhalb eines Insolvenzfalles ausreichend durch die Auflassungsvormerkung abgesichert. Die Eigentumsübertragung mag das Endziel jeden Erwerbers sein, aber eine zeitliche Verzögerung scheint für ihn eher hinnehmbar als für den Bauträger. Im Gegenteil bietet die Abnahme naturgemäß dem Besteller ein Druckmittel gegen den Unternehmer, auch weil dieser bis dahin die Beweispflicht der mangelfreien Herstellung trägt.[249] Die Abnahmefolgen wirken sich dagegen vornehmlich zum Vorteil des Bauträgers aus.

---

244 Zum Unterschied siehe unten Kap. 3, C., II., 2.

245 Ebenso *Riemenschneider*, in: Grziwotz/Koeble, Handbuch Bauträgerrecht, 3. Teil Rn. 227.

246 *Kapellmann*, MDR 1973, 1; *Pause*, Bauträgerkauf, Rn. 591; *F. Schmidt*, in: FS Deckert, S. 443 (461).

247 *F. Schmidt*, in: FS Deckert, S. 443 (461).

248 Vgl. BGH, Urt. v. 10.2.1994 – VII ZR 20/93, BGHZ 125, 111 (113 f.); *Basty*, Bauträgervertrag, Rn. 1014.

249 *Tschäpe/Werner*, ZfBR 2017, 419 (420).

Die frühen Ersterwerber privilegiert die derzeitige Lage enorm. Solange die Verjährungsfrist eines Miterwerbers für das Gemeinschaftseigentum noch läuft, stehen sie unter dem Schutz der Erwerbergemeinschaft. Denn diese kann die Mängelansprüche – auch nach der Reform des WEG – an sich ziehen. Dadurch verschiebt sich der Zeitpunkt, ab dem sie zur Finanzierung von (Erhaltungs-) Maßnahmen (§§ 16 Abs. 2, 19 Abs. 2 WEG) herangezogen werden können, obwohl ihre eigene Verjährungsfrist bereits abgelaufen ist.

In diesem Bewusstsein findet sich der Erwerber in einem Interessengefälle zu seinen Gunsten wieder. Seine Motivation zur Abnahme des Gemeinschaftseigentums ist nach Einzug in die Wohnung gering, zumal er dadurch sein letztes Druckmittel gegen den Bauträger aufgibt. Der Bauträger muss insbesondere bei Nachzüglern einen unter Umständen stark hinausgezögerten Ablauf der Verjährung hinnehmen.

IV. Zwischenergebnis

Je größer die Wohnanlage, desto höher ist die Wahrscheinlichkeit einer Abnahmeverzögerung und desto größer ist das wirtschaftliche Risiko des Bauträgers. Naturgemäß bergen Verträge mit Nachzüglern die größten Gefahren. Aufgrund der später geschlossenen Verträge beträgt die Dauer der Gewährleistungsverantwortung des Bauherrn faktisch deutlich mehr als fünf Jahre.

B. Ziele einer vereinheitlichten Abnahme

Anknüpfend an die skizzierten Risiken für den Bauträger gibt es Bestrebungen, das Abnahmeprozedere zu vereinheitlichen. Damit stellt sich unweigerlich die Frage, was unter einer Vereinheitlichung der Abnahme zu verstehen ist und wer dazu beitragen muss. Im Ausgangspunkt dieser Überlegungen steht die Perspektive einer interessengerechten und ausgewogenen Vertragsabwicklung. Daraus leiten sich im Einzelnen die folgenden Eckpunkte einer Vereinheitlichung in diesem Sinne ab:

1. Aus Sicht des Bauträgers soll der Lauf unterschiedlicher Verjährungsfristen der Erwerber angepasst werden, sodass bezogen auf dasselbe Gemeinschaftseigentum (nahezu) gleichlaufende Fristen gelten. Vordringliches Ziel bleibt eine Abnahme, die zeitnah zur Fertigstellung des Bauvorhabens stattfindet und möglichst über den einzelnen Individualvertrag hinaus verbindlich ist.
2. Die Rechte der Erwerber sind zu schützen. Ihr Hauptanliegen, ein vertragsgerecht hergestelltes Gemeinschaftseigentum zu erlangen, bleibt oberste Priorität und geht einer Vereinheitlichung nur um ihrer selbst willen vor.

Aus Sicht der Erwerber müssen eine sachkundige Prüfung auf die Einhaltung technischer Normen, der allgemein anerkannten Regeln der Technik und der Anforderungen laut Baubeschreibung sowie eine Prüfung, ob die Bauausführung den sachenrechtlichen und öffentlich-rechtlichen Anforderungen entspricht, gewährleistet sein.

3. Die Risiken müssen ausgewogen verteilt werden. Das derzeitige Risikogefälle zulasten des Bauträgers ist daher auf eine Art aufzulösen, die die Erwerber nicht unangemessen benachteiligt.

Priorität hat angesichts der Gefahr einer verlängerten Haftungsverantwortung für den Bauträger die Optimierung der Verjährungsproblematik. Dass daneben die Durchführung zahlreicher Abnahmebegehungen praktische Hürden bereitet, ist zwar unter Umständen ebenfalls problematisch, kommt in seinem Gewicht der Verjährungsproblematik aber nicht nahe. Im Übrigen ist eine Lösung auf tatsächlicher Ebene durch gleichzeitig stattfindende Ortsbegehungen denkbar.

C. Bewertung der Lösungsvorschläge de lege lata

Unter Berücksichtigung der Interessen nicht nur des Bauträgers, sondern auch des Erwerbers sind de lege lata im Kern drei verschiedene Argumentationslinien zu unterscheiden.

Zum einen könnte man daran anknüpfen, die individuelle Abnahme durch eine entsprechende Vertragsgestaltung im Erwerbervertrag zu vereinheitlichen. Zum anderen bedarf die Möglichkeit einer Vergemeinschaftung der Abnahme unter dem normativen Ausgangspunkt des WEG näherer Erörterung. Schließlich gilt es zu ergründen, ob die Annahme eines Kaufvertrags in Nachzüglerfällen zulässig ist und unter dieser Voraussetzung die gewünschte Wirkung erzielt. Der Vorschlag geht dahin, eine Vereinheitlichung durch eine (abweichende) Vertragsqualifikation zu erreichen.

Welche dieser drei Ansätze durchführbar und zielführend ist, wird im Folgenden kritisch bewertet.

I. Vereinheitlichung durch Vertragsgestaltung

Auf Vertragsebene lassen sich verschiedene Konstellationen denken, die teils parallel zueinander Anwendung finden können. Klauseln, durch welche sich die Erwerber bei der Abnahme vertreten lassen, kommen im Zusammenspiel mit der Bindung der Nachzügler an eine frühere Abnahme oder der Synchronisation der Verjährungsfristen zu ihrem vollen Potenzial.

1. *Vollmachtkonstellationen*

Die Erwerber könnten sich bei der Abnahme durch Bevollmächtigte vertreten lassen. Die Vorschriften zu Rechtsgeschäften sind zumindest entsprechend anwendbar,[250] sodass eine Stellvertretung (§§ 164 ff. BGB) in Betracht kommt. Die Abnahme muss auch nicht durch den Besteller persönlich erklärt werden.[251] Ein Bevollmächtigter könnte die Befugnis erhalten, im Namen des Erwerbers die Abnahme zu erklären. Konkret wäre dem Bauträgervertrag eine entsprechende Klausel hinzuzufügen, die für jeden Erwerber dieselbe Person als Stellvertreter vorsieht. Damit würde der Bevollmächtigte gleichzeitig für alle Beteiligten die Abnahme erklären.

a) AGB-rechtliche Bedenken

(1) Anwendungsbereich

Einer entsprechenden Regelung im Erwerbsvertrag stehen jedoch Bedenken bei Formularverträgen entgegen.

Wie bereits erörtert, verwendet der Bauträger in seinen Verträgen über Wohnraum in aller Regel vorformulierte Vertragsbedingungen.[252] Gleichzeitig liegt die Annahme eines Verbrauchervertrags (§ 310 Abs. 2 BGB) nahe, weil die untere Grenze einer Vielzahl von Verträgen bei drei Verwendungen liegt. Da die Wohnungseigentümergemeinschaft regelmäßig aus mehr als zwei Personen besteht, ist diese Schwelle in den meisten Fällen erreicht. Aufgrund der Eigenschaft der Vertragsparteien als Verbraucher und Unternehmer ist die Inhaltskontrolle dann schon mit der ersten Verwendung eröffnet.

Ausreichend ist für die Darlegungslast des Erwerbers, wenn der vorgelegte Bauträgervertrag nach seiner inhaltlichen Gestaltung allem Anschein nach für eine mehrfache Verwendung entworfen und vom Bauträger gestellt wurde.[253]

Die Klausel ist darauf zu prüfen, ob sie bei der gebotenen kundenfeindlichen Auslegung einer AGB-Kontrolle standhält.[254]

---

250 Siehe B. II. 2.

251 Vgl. BGH, Urt. v. 6.3.1986 – VII ZR 235/84, BGHZ 97, 224 (229 f.); *Messerschmidt/Leidig*, BauR 2014, 1 (10).

252 Siehe oben unter Kap. 2, B, III, 2.

253 BGH, Urt. v. 14.5.1991 – VII ZR 204/90, BGHZ 118, 229 (238 f.); *Vogel*, in: Bauträgerhaftung, Partner im Gespräch 104, S. 1 (15).

254 BGH, Urt. v. 11.2.1992 – XI ZR 151/91, NJW 1992, 1097 (1099); BGH, Urt. v. 20.12.2007 – III ZR 144/07, BGHZ 175, 76 (80); BGH, Teilurt. v. 29.4.2008 – KZR 2/07, BGHZ 176, 244 (250); *Glöckner*, in: FS Koeble, S. 271 (281).

(2) Unzulässigkeit der verdrängenden Vollmacht

Eine vom Bauträger geschuldete Leistung entgegenzunehmen und über ihre Ordnungsgemäßheit zu entscheiden, gehört zum Kernbereich der Rechtsstellung des Erwerbers.[255] Wird dieses Recht auf einen Bevollmächtigten übertragen, liegt darin eine Vereinbarung über von Rechtsvorschriften abweichende oder diese ergänzende Regelungen, sodass die Inhaltskontrolle eröffnet ist, § 307 Abs. 3 Satz 1 BGB. Ohne Hinweis auf die Möglichkeit, die Abnahme in Abweichung vom Inhalt der Klausel selbst zu erklären, ist der Erwerber unangemessen benachteiligt nach § 307 Abs. 2 Nr. 2 BGB. Danach dürfen wesentliche Rechte und Pflichten, die sich aus der Natur des Vertrags ergeben, nicht derart eingeschränkt werden, dass die Erreichung des Vertragszwecks gefährdet ist. Nach dem Maßstab der kundenfeindlichsten Auslegung könnte der Erwerber die Vertreterklausel so verstehen, dass er selbst nicht mehr zur individuellen Abnahme berechtigt ist und damit aus seiner Rechtsposition verdrängt wird.[256] Angesichts der weitreichenden Konsequenzen der Abnahme und der Qualität als Hauptpflicht des Bestellers darf dem Einzelnen sein Recht zur Entscheidung über die Vertragsgemäßheit nicht vollends entzogen werden.[257]

Überdies wird auch dem Transparenzgebot (§ 307 Abs. 1 Satz 2 BGB) nicht Genüge getan, solange nicht klargestellt ist, dass der Erwerber jederzeit selbst die Abnahme erklären kann.[258] Anderenfalls suggeriert die Klausel, dass nur der Bevollmächtigte abnehmen darf.[259] Eine Klausel ohne Hinweis auf die Möglichkeit einer individuellen Abnahme ist als verdrängende Vollmacht unangemessen benachteiligend und damit unwirksam.

(3) Unwiderruflichkeit der Vollmacht

Ebenfalls unwirksam ist eine Klausel, die nicht ausdrücklich auf die Widerruflichkeit der Vollmacht hinweist. Eine Vollmacht kann wie jede andere Willenserklärung jederzeit widerrufen werden (arg. e contr. § 168 Satz 3 BGB). Dem durchschnittlichen, rechtlich nicht vorgebildeten Erwerber wird bei Vorlage

255 OLG Karlsruhe, Urt. v. 27.9.2011 – 8 U 106/10, NJW 2012, 237 (239); OLG Koblenz, Urt. v. 17.10.2002 – 5 U 263/02, BauR 2003, 546 (548).

256 OLG Nürnberg, Urt. v. 26.4.2018 – 13 U 1908/16, IBR 2019, 319; OLG Hamburg, Urt. v. 11.9.2019 – 5 U 128/16, BeckRS 2019, 29251; offengelassen: BGH, Beschl. v. 12.9.2003 – VII ZR 308/12, NJW 2013, 3360.

257 *Ott*, NZBau 2003, 233 (241).

258 OLG Karlsruhe, Urt. v. 27.9.2011 – 8 U 106/10, NJW 2012, 237 (239).

259 OLG Karlsruhe, Urt. v. 27.9.2011 – 8 U 106/10, NJW 2012, 237 (239).

der Klausel nicht bekannt sein, dass er die vertraglich erteilte Vertretungsmacht frei widerrufen kann. Vielmehr suggeriert die Gesamtsituation, bei der die Vertragsunterlagen vom Bauträger vorgelegt werden, dem Erwerber ohne Rechtskenntnisse, dass er an die erteilte Vollmacht gebunden ist. Es bedarf im Sinne des Transparenzgebots mindestens einer Klarstellung über die Möglichkeit des Widerrufs.[260] Erst recht sind daher Klauseln unwirksam, die eine unwiderrufliche Bevollmächtigung zur Abnahme beinhalten.[261]

(4) Neutralität des Bevollmächtigten

Ferner stellt sich die Frage, nach welchen Kriterien der Bevollmächtigte auszuwählen ist. Als unmittelbar Beteiligter scheidet der Bauträger aufgrund des evidenten Interessenkonflikts von vornherein aus.[262] Aber auch ein Vertreter, der wirtschaftlich oder rechtlich mit dem Bauträger verbunden ist und so in dessen Lager steht,[263] kann entscheidenden Einfluss auf die Abnahme nehmen.[264] Unter diese Kategorie fällt zum Beispiel der vom Bauträger selbst auserwählte Erstverwalter oder der von ihm bestellte Sachverständige.[265] Als teilender Eigentümer könnte der Bauträger den ersten Verwalter bereits in der Teilungserklärung bestellen, der die Voraussetzungen der Abnahmefähigkeit des Gemeinschaftseigentums nicht neutral prüfen, sondern zugunsten des Bauträgers verfahren würde.[266]

Um den Vorwurf der unangemessenen Benachteiligung auszuräumen, sollte bereits die Abnahmeklausel selbst einen hinreichend neutralen Dritten als Bevollmächtigten benennen oder den in Betracht kommenden Personenkreis definieren.[267] Soll der Abnahmebevollmächtigte durch die Eigentümergemeinschaft

---

260 OLG Karlsruhe, Urt. v. 27.9.2011 – 8 U 106/10, NJW 2012, 237 (239); OLG Hamm, Beschl. v. 8.4.2004 – 15 W 17/04, NJW-RR 2004, 1382 (1383); OLG Koblenz, Urt. v. 17.10.2002 – 5 U 263/02, BauR 2003, 546 (548); OLG Stuttgart, Urt. v. 31.3.2015 – 10 U 46/14, RNotZ 2015, 416; OLG Hamburg, Urt. v. 11.9.2019 – 5 U 128/16, BeckRS 2019, 29251; *Pauly*, ZfBR 2014, 523 (524).

261 Vgl. OLG Nürnberg, Urt. v. 26.4.2018 – 13 U 1908/16, BauR 2020, 1010 (1012) (rechtskräftig durch BGH, Beschl. v. 11.10.2018 – VII ZR 106/18).

262 *Krick*, MittBayNot 2014, 401 (405).

263 OLG Karlsruhe, Urt. v. 27.9.2011 – 8 U 106/10, NJW 2012, 237 (239); *Rapp*, MittBayNot 2012, 169 (171).

264 BGH, Beschl. v. 12.9.2013 – VII ZR 308/12, NJW 2013, 3360 (3361).

265 *Krick*, MittBayNot 2014, 401 (405).

266 BGH, Beschl. v. 12.9.2013 – VII ZR 308/12, NJW 2013, 3360 (3361); OLG München, Beschl. v. 9.4.2018 – 13 U 4710/16, MittBayNot 2019, 31 (32).

267 *Krick*, MittBayNot 2014, 401 (405).

benannt werden, wird dem Erfordernis der Neutralität nur gerecht, wenn der Bauträger bei den betreffenden Auswahlbeschlüssen für seine eigenen Einheiten kein Stimmrecht hat.[268]

Die Neutralität des Vertreters gilt es auch dann zu gewährleisten, wenn der Vertrag den Abnahmevertreter mittelbar dadurch bestimmt, dass der Erstverwalter zur Abnahme ermächtigt ist und dieser durch den Bauträger in der Teilungserklärung bestimmt werden kann.[269]

(5) Erfordernis der Sachkunde?

Darüber hinausgehend könnte man von der Person des Bevollmächtigten auch verlangen, über die erforderliche Sachkunde zu verfügen.[270] Ausgeschlossen wäre dadurch häufig die Übertragung auf Mitglieder des Verwaltungsbeirats oder einzelne Erwerber. Die unangemessene Benachteiligung muss aber aus einer Abweichung von den gesetzlichen Vorschriften herrühren.[271] Aus § 640 Abs. 1 BGB ergeben sich keine diesbezüglichen Anforderungen. Auf diese Weise würde man vom Abnahmebevollmächtigten mehr verlangen als vom Erwerber selbst.[272] Richtigerweise ist die Beurteilung der Abnahmereife im Übrigen eine rechtliche Frage, die insbesondere die genaue Kenntnis aller Vertragsunterlagen sowie deren Auslegung erfordert. Von Sachverständigen kann allenfalls erwartet werden, dass sie prüfen, ob die Bauleistung technisch korrekt und unter Einhaltung der anerkannten Regeln der Technik erbracht wurde. Allein die fehlende Sachkunde des Bevollmächtigten bedeutet für den Erwerber daher keine unangemessene Benachteiligung.

b) Unzulässige Rechtsdienstleistung

Noch nicht höchstrichterlich entschieden ist, ob die Abnahme als geschäftsmäßige Besorgung fremder außergerichtlicher Rechtsangelegenheiten zu verstehen ist. Ohne gesetzliche Erlaubnis nach § 3 Rechtsdienstleistungsgesetz (RDG) wäre die Vornahme der Abnahme für einen Vertretenen dann unzulässig. Rechtsdienstleistung meint nach § 2 Abs. 1 RDG jede Tätigkeit in konkreten fremden

268 *Basty*, Bauträgervertrag, Rn. 1053.

269 BGH, Beschl. v. 12.9.2013 – VII ZR 308/12, NJW 2013, 3360 (3361); OLG Düsseldorf, Urt. v. 23.10.2012 – I-23 U 112/11, BauR 2013, 470 (474); OLG München, Urt. v. 6.12.2016 – 28 U 2388/16 Bau, BauR 2017, 1041 (1043).

270 So *Häublein*, DNotZ 2002, 608, 611.

271 OLG Stuttgart, Urt. v. 12.5.2015 – 10 U 114/14, NJW-RR 2016, 56 (57).

272 *Elzer*, ZWE 2017, 113 (114); *Krick*, MittBayNot 2014, 401 (405).

Angelegenheiten, sobald sie eine rechtliche Prüfung des Einzelfalls erfordert. Nimmt der Bevollmächtigte für den Erwerber das Bauwerk ab, könnte darin zugleich eine rechtliche Prüfung in konkreten fremden Angelegenheiten liegen.[273] Dem Grunde nach erfüllt die Abnahmeerklärung dann den Tatbestand der unzulässigen Rechtsdienstleistung.

Dem Verbot könnte ein Erlaubnisvorbehalt entgegenstehen. Nach § 5 Abs. 1 RDG sind Rechtsdienstleistungen gestattet, wenn sie als Nebenleistung zum Berufs- und Tätigkeitsbild gehören. Ist der Bevollmächtigte ein Verwalter, könnte die Mitwirkung an der Abnahme als Tätigkeit im Zusammenhang mit der Haus- und Wohnungsverwaltung gestattet sein, § 5 Abs. 2 Nr. 2 RDG.[274] Geht man jedoch von der Prämisse aus, dass die Abnahme nicht zu dem ihm durch das WEG übertragenen Aufgabenbereich gehört, fällt dieses Privileg weg.[275] Für Sachverständige scheint es dagegen naheliegend, einen Zusammenhang zu ihrer erlaubnisfreien Gutachtertätigkeit zu sehen.[276] Trotz denkbarer Ausnahmetatbestände ist im Ergebnis zumindest nicht ausgeschlossen, dass die Erteilung von Vollmachten gegen das RDG verstößt. Vertretbar ist aber auch der Standpunkt, wonach die Beurteilung der Abnahmefähigkeit im Schwerpunkt technischer Natur ist und Rechtsfragen sich daraus nur sekundär ergeben.[277]

c) Folge unwirksamer Klauseln auf die Bevollmächtigung

Ob die Folgemaßnahmen auf der Grundlage einer unwirksamen Klausel ihrerseits Geltung erlangen können, ist thematisch noch nicht vollständig durchdrungen.[278] Dem Rechtsempfinden mag es entsprechen, wenn die Bevollmächtigung und das Vertretergeschäft gleichsam für unwirksam erklärt werden. Der Zusammenhang ist aber nicht zwingend. Es ist zwischen Fällen zu unterscheiden, in denen die Unwirksamkeit der AGB-Klausel durchschlägt auf die Bevollmächtigung, und solchen, die erst über eine Rückabwicklung zu bewältigen sind. Entscheidend ist dabei, ob der Erwerber im Bauträgervertrag gleichzeitig einen

273 *Krick*, MittBayNot 2014, 401 (406).

274 *Pause*, Bauträgerkauf, Rn. 598e f.

275 *Basty*, Bauträgervertrag, Rn. 1058.

276 OLG Düsseldorf, Urt. v. 20.9.2005 – 20 U 213/04, NJW-RR 2006, 562 f.; *Häublein*, DNotZ 2002, 608 (622); *Müller*, in: BeckOK WEG, § 9a Rn. 261; *Scheffelt*, BauR 2014, 163 (169).

277 So *Peters*, ZfBR 2002, 108; *F. Schmidt*, in: FS Deckert, S. 443 (465).

278 Siehe dazu die Beiträge von *Messerschmidt/Leidig*, BauR 2014, 1; *Pause/Vogel*, BauR 2014, 764; *Scheffelt*, BauR 2014, 163 (165 ff.).

Vertreter zur Abnahme bevollmächtigt oder sich lediglich dazu verpflichtet, eine solche Vollmacht zu erteilen.

(1) Abstraktheit der Vollmacht

Dem Ganzen ist der Grundsatz im Vertretungsrecht vorangestellt, wonach Grundgeschäft und Vollmacht streng voneinander zu trennen sind.[279] Das für das Innenverhältnis maßgebende Rechtsverhältnis ist zusammen mit der Bevollmächtigung kein einheitliches Rechtsgeschäft im Sinne des § 139 BGB.[280] Nur für den Fall einer Innenvollmacht, um die es in einem Bauträgervertrag gerade nicht geht, wird eine Ausnahme angenommen.[281] Ansonsten ist der Schluss von einer unwirksamen Klausel auf die Unwirksamkeit der daraufhin erklärten Abnahme jedenfalls nicht zwingend. Dem § 306 Abs. 1, 2 BGB ist lediglich zu entnehmen, dass der Vertrag im Übrigen wirksam bleibt, während an die Stelle der unwirksamen Bestimmungen die gesetzlichen Vorschriften treten. Dennoch greift die Unwirksamkeit oder Nichtigkeit in manchen Fällen auf die erteilte Vollmacht durch.

(2) Durchgreifen der Unwirksamkeit

(a) Vollmachtserteilung im Vertrag

Erteilt der Erwerber unmittelbar im Bauträgervertrag eine Vollmacht, wird diese nicht zum Vertragsbestandteil und der Erwerber müsste selbst die Abnahme erklären. Bevollmächtigung und Beauftragung hängen sprachlich und inhaltlich so eng zusammen, dass die Vollmacht dasselbe Schicksal der unwirksamen Klausel ereilt.[282] Wird dennoch ein Vertreter eingeschaltet, handelt dieser ohne Vertretungsmacht. Da es sich bei der Abnahme um ein einseitiges Rechtsgeschäft handelt,[283] kommt eine Genehmigung nach § 180 Satz 1, 2 BGB in Betracht, was der Erwerber jedenfalls ausdrücklich nicht erklären wird.[284]

---

279 *Schubert*, in: MüKo, BGB, § 164 Rn. 210; *Ellenberger*, in: Palandt, BGB, Einf. v. § 164 Rn. 2.

280 *Schilken*, in: Staudinger, BGB (2019), Vorbem. §§ 164 ff. Rn. 33; *Schubert*, in: MüKo, BGB, § 164 Rn. 210.

281 *Schilken*, in: Staudinger, BGB (2019), Vorbem. §§ 164 ff. Rn. 33; *Schubert*, in: MüKo, BGB, § 164 Rn. 210 m.w.N.

282 Vgl. BGH, Beschl. v. 12.9.2013 – VII ZR 308/12, NJW 2013, 3360 (3361); zustimmend *Pause/Vogel*, BauR 2014, 764 (765).

283 *Schubert*, in: MüKo, BGB, § 180 Rn. 2.

284 Zur Möglichkeit einer konkludenten Erklärung im Anschluss an eine unwirksame Abnahmeklausel siehe unter Kap. 3, C., I., 4.

An die Erklärung des vollmachtlosen Vertreters ist der Erwerber auch nicht über die Grundsätze des Rechtsscheins nach §§ 171, 172 BGB gebunden. Geschützt ist der gutgläubige Dritte.[285] Gutgläubig ist der Bauträger in dieser Konstellation nicht. Schließlich kennt er die Umstände der Unwirksamkeit nicht nur, sondern hat sie sogar selbst geschaffen.[286] In aller Regel wird die Abnahmeerklärung in dieser Konstellation unwirksam sein.

(b) Auswirkung des Verstoßes gegen das RDG

Ferner könnte die Vollmachtserteilung eine unzulässige Rechtsdienstleistung sein, die nach § 134 BGB nicht nur unwirksam, sondern nichtig ist. In diesem Fall erstreckt sich die Nichtigkeit auch auf die zur Ausführung des Vertrags erteilte Vollmacht.[287] Begründet wird dies mit der Zielsetzung des RDG, das den Rechtsuchenden vor unsachgemäßer Erledigung seiner rechtlichen Angelegenheiten schützen soll.[288] Damit wäre es unvereinbar, wenn man den unbefugten Rechtsberater gleichwohl in den Stand setzt, seine gesetzlich missbilligte Tätigkeit zu Ende zu führen, indem er Rechtsgeschäfte zu Lasten des Geschützten abschließt.[289]

(3) Bevollmächtigungsvereinbarung als vorvertragliche Pflichtverletzung

Die Parteien können im Bauträgervertrag auch eine Bevollmächtigungsvereinbarung beschließen, wonach sich der Erwerber dazu verpflichtet, zusammen mit den anderen Eigentümern, einen Dritten zu bevollmächtigen. Als abstraktes Rechtsgeschäft ist die Bevollmächtigung in diesem Fall losgelöst von der AGB-Klausel und fällt daher nicht ohne Weiteres mit deren Unwirksamkeit. Demgemäß ist eine erklärte Abnahme zunächst wirksam.[290] Die Erwägungen zum Verstoß gegen das RDG greifen hier nicht, weil die Schutzrichtung eine andere ist.[291] Während das RDG den Vertretenen vor dem unkundigen Vertreter schützt, ist der Bauträger verantwortlich für die Verwendung unwirksamer Klauseln. Die Haftung des redlichen Vertreters nach § 179 BGB ist daher nicht sachgerecht.

---

285 Vgl. BGH, Urt. v. 20.7.2012 – V ZR 217/11, NJW 2012, 3424 (3425).
286 *Pause*, ZfIR 2014, 127 (131); *ders./Vogel*, BauR 2014, 764 (767 f.).
287 BGH, Urt. v. 11.10.2001 – III ZR 182/00, NJW 2002, 66 (67).
288 BGH, Urt. v. 25.6.1962 – VII ZR 120/61, BGHZ 37, 258 (262).
289 BGH, Urt. v. 11.10.2001 – III ZR 182/00, NJW 2002, 66 (67).
290 So auch *Scheffelt*, BauR 2014, 163 (168 ff.).
291 Vgl. *Scheffelt*, BauR 2014, 163 (169 f.).

Der Erwerber kann sich aber von der Abnahmeerklärung lösen, wenn ein Schadensersatzanspruch aus culpa in contrahendo (§§ 311 Abs. 2, 241 Abs. 2, 280 Abs. 1 BGB) wegen der Verwendung unwirksamer AGB gegen den Bauträger besteht.[292] Indem der Bauträger eine unwirksame Klausel verwendet, verletzt er eine Nebenleistungspflicht. Vorsätzlich handelt er dabei in aller Regel nicht, denkbar ist aber ein fahrlässiges Außerachtlassen der erforderlichen Sorgfalt.[293] Der Geschädigte ist daraufhin so zu stellen, wie er ohne das schädigende Verhalten des anderen Teils gestanden hätte.[294] Dann wäre der Erwerber so zu behandeln, als habe er sich nicht dazu verpflichtet, die Abnahme durch einen Dritten zu erklären.

Aus Bauträgersicht liegt es nahe einzuwenden, die Abnahme sei auch ohne die unwirksame Klausel erteilt worden. In Betracht kommen Fälle hypothetischer oder überholender Kausalverläufe als Frage der Schadenszurechnung,[295] die den verursachten Schaden ohnehin bedingt hätten. Außerdem hätte der Erwerber die Abnahme auch bei rechtmäßigem Alternativverhalten[296] des Bauträgers durch Verwendung einer wirksamen Klausel erklärt haben können. Dabei trägt der Schädiger die Beweislast dafür, dass der Schaden auch aufgrund der Reserveursache bzw. auch bei rechtmäßigem Verhalten eingetreten wäre.[297] Es kann jedenfalls nicht ausreichen, wenn er sich damit verteidigt, dass bei rechtmäßigem Vorgehen der Schaden *möglicherweise* gleichfalls entstanden wäre.[298] Der Geschädigte darf nicht mit dem Risiko der Zweifel an der Entwicklung belastet werden.[299] Damit sind vor allen Dingen solche Fälle kritisch, in denen der

---

292 Zum Schadensersatzanspruch bei Verwendung von gegen die §§ 307 ff. BGB verstoßende Klauseln grundsätzlich: BGH, Urt. v. 4.5.2009 – VIII ZR 302/07, BGHZ 181, 188.

293 *Scheffelt*, BauR 2014, 163 (172).

294 BGH, Urt. v. 26.3.1981 – VII ZR 185/80, NJW 1981, 1673.

295 BGH, Urt. v. 7.6.1988 – IX ZR 144/87, BGHZ 104, 356 (359); BGH, Urt. v. 20.7.2006 – IX ZR 94/03, BGHZ 168, 352 (359 f.); zum Meinungsstand: *Grüneberg*, in: Palandt, BGB, Vorbem. v. § 249 Rn. 55 ff.; zur hypothetischen Kausalität siehe insbesondere *v. Caemmerer*, Das Problem der überholenden Kausalität im Schadensrecht.

296 BGH, Urt. v. 9.3.2012 – V ZR 156/11, NJW 2012, 2022 (2023); *Oetker*, in: MüKo, BGB, § 249 Rn. 207 ff.

297 Vgl. BGH, Urt. v. 29.9.1982 – IVa ZR 309/80, NJW 1983, 1053; BGH, Urt. v. 7.2.2012 – VI ZR 63/11, BGHZ 192, 298 (302); *Grüneberg*, in: Palandt, BGB, Vorbem. v. § 249 Rn. 59, 66.

298 Vgl. ebenso in BGH, Urt. v. 9.3.2012 – V ZR 156/11, NJW 2012, 2022 (2023), BGH, Urt. v. 10.7.2018 – II ZR 24/17, BGHZ 219, 193 (209 f.); *v. Caemmerer*, Das Problem der überholenden Kausalität im Schadensrecht, S. 19 f.

299 *V. Caemmerer*, Das Problem der überholenden Kausalität im Schadensrecht, S. 20.

Erwerber sich über den Zeitraum der Verjährungsfrist hinweg nicht zu Mängel geäußert hat.[300]

Nimmt man eine Wertung vom Zweck der verletzten Norm her vor,[301] greift der Einwand des Bauträgers unabhängig von der Frage, ob das Werk tatsächlich abnahmereif war, nicht durch.[302] Der Sinn einer AGB-rechtlichen Vertragskorrektur wird sonst unterlaufen. Die Inhaltskontrolle soll ein hinreichendes Maß an Vertragsgestaltungsfreiheit beider Parteien mit dem Ziel eines angemessenen Interessenausgleichs gewährleisten.[303] Schon durch den Abschluss der Bevollmächtigungsvereinbarung war das Gleichgewicht mit dem Machtgefälle zugunsten des Bauträgers belastet. Verletzt ist das Rechtsgut der Entscheidungsbefugnis über die Erklärung der Abnahme sowie die Entscheidung darüber, ob und gegebenenfalls durch wen sich der Erwerber dabei vertreten lässt. Ein rechtmäßiges Alternativverhalten oder eine überholende Kausalität sind insofern nicht berücksichtigungsfähig. Die Folgemaßnahme auf der Grundlage unwirksamer Abnahmeklauseln wird daher über die Haftung aus culpa in contrahendo rückgängig gemacht.

(4) Konsequenz aus fehlender Abnahme für Mängelrechte

In beiden Alternativen kommt es im Ergebnis dazu, dass der Erwerber keine wirksame Abnahme erteilt. Nacherfüllungsansprüche sind ihm damit dem Grunde nach verwehrt. Dieses Ergebnis stößt aber deshalb auf Unbehagen, weil es der Bauträger als Klauselverwender in seiner Hand hätte, etwaige Ansprüche gegen sich auszuschalten.

(a) Verjährung des Erfüllungsanspruchs

Das Vertragsverhältnis befindet sich ohne Abnahme weiterhin im Erfüllungsstadium. Ob dem Erwerber dennoch Mängelrechte zustehen können, hängt nach *Temming* von dem Verhältnis des primären Erfüllungsanspruchs zum Sekundäranspruch ab.[304] Dem Erwerber sei es verwehrt, die Abnahme zu erklären, weil der Primäranspruch verjährt sei.[305] Der Wertung des § 218 Abs. 1 BGB zur

---

300 *Scheffelt*, BauR 2014, 163 (173).

301 Vgl. BGH, 24.10.1985 – IX ZR 91/84, BGHZ 96, 157 (173); BGH, Urt. v. 25.11.1992 – VIII ZR 170/91, BGHZ 120, 281 (285 f.).

302 Zweifelnd insofern: *Scheffelt*, BauR 2014, 163 (173).

303 *Wendland*, in: Staudinger, BGB (2019), § 307 Rn. 2.

304 *Temming*, AcP 215 (2015), 17 (31 ff.).

305 *Temming*, AcP 215 (2015), 17 (33).

Unwirksamkeit des Rücktritts bei verjährtem Leistungsanspruch folgend könne der Besteller auch nicht nachträglich abnehmen. Befürwortet man diese Argumentation, müsste sich der Erwerber mit dem allgemeinen Leistungsstörungsrecht behelfen, das mangels durchsetzbaren Primäranspruchs allerdings gesperrt ist.[306]

In der Tat setzen Schadensersatz statt der Leistung und Rücktritt als ungeschriebenes Tatbestandsmerkmal die Durchsetzbarkeit der Primärleistung voraus.[307] Sobald den Parteien die Unwirksamkeit der Abnahme bekannt wird, ist die Regelverjährungsfrist des Erfüllungsanspruchs häufig schon abgelaufen.

Der Vergleich zu § 218 BGB krankt jedoch daran, dass die Abnahme im Unterschied zum Rücktritt kein Gewährleistungsrecht ist, sondern Folgen nach sich zieht, die darüber hinausgehen. § 218 BGB ist insofern eine analogiefeindliche Sondervorschrift.[308] Folglich bleibt es bei dem Grundsatz, dass die Verjährung den Anspruch nicht untergehen lässt, sondern nur dessen Durchsetzbarkeit hindert (§ 214 BGB). Der Anspruch bleibt erfüllbar und die Leistung kann weiterhin abgenommen werden.[309] Dessen ungeachtet ist der Erfüllungsanspruch nach dem OLG Hamm schon nicht verjährt. Der auf die Herstellung einer mangelfreien Sache gerichtete Erfüllungsanspruch könne nicht früher verjähren als der nach Abnahme bestehende Nacherfüllungsanspruch.[310] Im Ergebnis ist festzuhalten, dass der Besteller die Abnahme auch dann erklären kann, wenn der Erfüllungsanspruch verjährt sein sollte.

(b) Mängelrechte vor Abnahme

Dafür besteht nach dem BGH allerdings kein Bedarf. Stattdessen konstatiert das Gericht eine Fallgruppe für Mängelrechte vor der Abnahme. Scheitert die

---

306 *Temming*, AcP 215 (2015), 17 (33 f.), der als Lösung darauf zurückgreift, eine Ausnahme von der Durchsetzbarkeit des Erfüllungsanspruchs zu machen, da der Unternehmer als Verwender das Risiko einer von ihm gestellten Klausel übernehmen solle.

307 BGH, Urt. v. 16.3.1988 – VIII ZR 184/87, BGHZ 104, 6 (11) (zu § 326 BGB a.F.); *Ernst*, in: MüKo, BGB, § 281 Rn. 20; *Stadler*, in: Jauernig, BGB, § 281 Rn. 5; BT-Drs. 14/6040, S. 124; BT-Drs. 14/4857, S. 46.

308 *Grothe*, in: MüKo, BGB, § 218 Rn. 3; *Peters/Jakoby*, in: Staudinger, BGB (2019), § 218 Rn. 12.

309 BGH, Urt. v. 28.5.2020 – VII ZR 108/19, BeckRS 2020, 14214; OLG Hamm, Urt. v. 30.4.2019 – 24 U 14/18, NJW 2019, 3240 (3244 f.).

310 OLG Hamm, Urt. v. 30.4.2019 – 24 U 14/18, NJW 2019, 3240 (3244 f.); die Frage zur Verjährung des Erfüllungsanspruchs offenlassend in der Revision: BGH, Urt. v. 28.5.2020 – VII ZR 108/19, BeckRS 2020, 14214.

Abnahme an einer unwirksamen AGB-Klausel, könne sich der Bauträger gegen die Mängelansprüche der Erwerber nach dem Gebot von Treu und Glauben nicht auf die Unwirksamkeit berufen. Laut BGH verhält sich der Bauträger widersprüchlich, wenn er die Abnahme über lange Zeit als wirksam behandelt hat, und im Hinblick auf etwaige Mängelansprüche Abstand davon nehmen möchte.[311] Als Begründung führt das Gericht an, dass die Inhaltskontrolle von Formularklauseln ausschließlich dem Schutz des Vertragspartners dient. Der Verwender darf sich nicht auf die Unwirksamkeit einer von ihm gestellten AGB berufen und aus einer solchen Unwirksamkeit Vorteile ziehen.[312] Auf diese Weise ist der Erwerber nicht dazu gezwungen, einem mangelhaften Werk seine Zustimmung zu geben, um den Nacherfüllungsanspruch zu realisieren.

(5) Zwischenergebnis

Abnahmeerklärungen durch Vertreter, die infolge einer unwirksamen Klausel ermächtigt wurden, haben für den Erwerber keine Wirkung. Die Abstraktion im Vertretungsrecht bewirkt zwar die Trennung von Grundgeschäft und Vollmacht, hindert den Durchgriff der Unwirksamkeit aber nicht, wenn die Bevollmächtigung im Vertrag selbst erfolgt. Der Erwerber muss das Vorgehen des vollmachtlosen Vertreters nicht gegen sich gelten lassen.

Wird der Vertreter nicht schon im Bauträgervertrag bevollmächtigt, sondern als Folgemaßnahme, die einer vertraglichen Pflicht entspringt, ist die Abnahme nicht ohne Weiteres unwirksam. Wenn die Klausel gegen § 3 RDG verstößt, erstreckt sich die Nichtigkeit auch auf die zur Ausführung des Vertrags erteilte Vollmacht.

Ansonsten ist die Bevollmächtigung als abstraktes Rechtsgeschäft ebenso wie die darauffolgende Abnahme zunächst wirksam. Der Erwerber kann sich nur dann von der Abnahmeerklärung lösen, wenn ein Schadensersatzanspruch aus culpa in contrahendo wegen der Verwendung unwirksamer AGB gegen den Bauträger besteht. Aufgrund des Schutzzwecks der AGB-rechtlichen Vertragskontrolle sind Einwendungen des Bauträgers zu hypothetischen Kausalverläufen

311 BGH, Urt. v. 25.2.2016 – VII ZR 49/15, BGHZ 209, 128 (137); BGH, Urt. v. 12.5.2016 – VII ZR 171/15, BGHZ 210, 206 (223 f.); BGH, Urt. v. 30.6.2016 – VII ZR 188/13, NJW-RR 2016, 1143 (1144); dem folgend OLG Nürnberg, Urt. v. 26.4.2018 – 13 U 1908/16, BauR 2020, 1010 (rechtskräftig durch BGH, Beschl. v. 11.10.2018 – VII ZR 106/18).

312 BGH, Urt. v. 25.2.2016 – VII ZR 49/15, BGHZ 209, 128 (137); BGH, Urt. v. 30.6.2016 – VII ZR 188/13, NJW-RR 2016, 1143 (1144); *Temming*, AcP 215 (2015), 17 (34).

oder rechtmäßigem Alternativverhalten nicht erfolgversprechend. Etwaigen Mängelansprüchen steht eine dann in Betracht zu ziehende Verjährung des Erfüllungsanspruchs nicht entgegen. Zudem kann sich der Bauträger nicht mit dem Verweis auf die Unwirksamkeit der Abnahme gegen die Ansprüche des Erwerbers wehren. Als Verwender der Klausel ist es ihm nach Treu und Glauben verwehrt, Vorteile aus der benachteiligenden Klauselgestaltung zu ziehen.

d) Schlussfolgerung

Gemessen am Maßstab der AGB-Kontrolle sind die Möglichkeiten der Abnahmebevollmächtigung eingeschränkt, fallen als Option aber nicht vollends weg. Voraussetzung muss aber sein, dass die Klausel ausdrücklich auf eine Widerrufsmöglichkeit und Berechtigung zur Abnahme ohne Vertreter hinweist sowie die Bestimmung eines neutralen Vertreters sicherstellt. Im Übrigen nimmt der Bevollmächtigte unter Umständen eine fremde Rechtsangelegenheit vor, ohne dass es nach dem RDG gestattet ist.

2. Vertragliche Bindung an frühere Abnahme

Im Rahmen der Privatautonomie ist es den Vertragsparteien dem Grunde nach unbenommen einen einheitlichen Zeitpunkt der Abnahme im Bauträgervertrag festzulegen und alle Erwerber daran zu binden.

a) Mittelbare Verkürzung der Verjährungsfrist

Die Anknüpfung an den Zeitpunkt einer früheren Abnahme verkürzt die Verjährungsfrist jedoch mittelbar. Klauseln, die einen einheitlichen Abnahmetermin festlegen, an den auch spätere Erwerber gebunden sind, verstoßen gegen § 309 Nr. 8 lit. b) ff) BGB.[313]

Die Verjährungsverkürzung wäre nur dann wirksam, wenn der Nachzügler tatsächlich ein nicht mehr neu hergestelltes Objekt im Zuge eines Kaufvertrags erwirbt.[314] Unter den im nächsten Abschnitt näher zu erörternden Voraussetzungen findet Kaufrecht etwa zwei Jahre nach Fertigstellung Anwendung[315], wobei dann an die Stelle der Abnahme die Übergabe tritt. Eine universelle

---

313 BGH, Urt. v. 9.10.1986 – VII ZR 245/85, NJW-RR 1987, 144 (146); BGH, Urt. v. 25.2.2016 – VII ZR 49/15, BGHZ 209, 128 (134 f.); BGH, Urt. v. 12.5.2016 – VII ZR 171/15, BGHZ 210, 206 (220); *Elzer*, DNotZ 2017, 163 (166).

314 *Basty*, BauR 2012, 316 (319).

315 *Basty*, Bauträgervertrag Rn. 1101.

Lösung auch für neu hergestellte Objekte scheitert jedenfalls an der mittelbaren Verkürzung der Verjährungsfrist.

b) Unvereinbarkeit mit wesentlichen Grundgedanken des Gesetzes

Eine Klausel, wonach die Abnahme bereits zu einem Zeitpunkt vor Vertragsschluss stattgefunden hat, ist außerdem wegen unangemessener Benachteiligung der Nachzügler-Erwerber unwirksam, weil sie mit wesentlichen Grundgedanken der gesetzlichen Regelung in § 640 Abs. 1 BGB nicht zu vereinbaren ist (§ 307 Abs. 2 Nr. 1 BGB). Der BGH betont, dass dem einzelnen Erwerber spiegelbildlich zur Abnahmepflicht das Recht zusteht, die Leistung zu prüfen und selbst über die Abnahme des Gemeinschaftseigentums zu entscheiden.[316] Angesichts der Bedeutung der Abnahme und der damit verbundenen nachteiligen Rechtsfolgen für den Erwerber rechtfertigt es das Interesse des Bauträgers an einer frühzeitigen und einheitlichen Abnahme nicht, dass der Erwerber die bereits erklärte Abnahme gegen sich gelten lassen muss.

Unschädlich im Hinblick auf den Grundgedanken der gesetzlichen Regelung ist, dass die Abnahme von der Einräumung des Besitzes abgekoppelt wird. Die Besitzeinräumung ist kein notwendiger Bestandteil der Abnahme. Der Besitzerlangung grundlegende Bedeutung beizumessen geht an der Realität fehl. Gerade im Wohnungseigentum fallen Abnahme und Besitzerlangung häufig auseinander. Sofern der Besteller bereits den Besitz am Objekt erlangt hat oder ihn nie aufgegeben hat, ist dem Besitzübergang ohnehin kein konstitutives Moment zuzugestehen.[317] Insofern liegt eine unangemessene Benachteiligung diesbezüglich fern.

c) Zwischenergebnis

Vertragliche Bindungen an in der Vergangenheit liegende Abnahmen verstoßen als Erleichterungen der Verjährung gegen § 309 Nr. 8 lit. b) ff) BGB und sind darüber hinaus mit wesentlichen Grundgedanken des Gesetzes unvereinbar. Dem einzelnen Erwerber steht spiegelbildlich zur Abnahmepflicht das Recht zu, die Leistung zu prüfen und selbst über die Abnahme des Gemeinschaftseigentums zu befinden. Das Interesse des Bauträgers an einer einheitlichen Abnahme rechtfertigt den Eingriff in dieses Recht in Anbetracht der nachteiligen Folgen für den Erwerber nicht.

---

316 BGH, Urt. v. 12.5.2016, VII ZR 171/15, BGHZ 210, 206 (219).

317 *Voit*, in: BeckOK BGB § 640 Rn. 18; *Messerschmidt*, in: Messerschmidt/Voit, Privates Baurecht, § 640 Rn. 18.

3. *Synchronisation der Verjährungsfristen*

Korrekturbedarf bietet die verlängerte Verjährungsfrist in erster Linie dann, wenn dem Bauträger eine Haftung droht, ohne auf Gewährleistungsansprüche gegen die von ihm beauftragten Bauunternehmer zurückgreifen zu können. Charakteristisch für den Bauträgervertrag sind Vertragsbeziehungen im Dreiecksverhältnis zwischen den Erwerbern sowie den am Bau Beteiligten.[318] Insofern kommen beide Richtungen für eine Verjährungsverkürzung in Betracht. Die Verjährungsfristen der einschlägigen Vertragsverhältnisse sind von der Länge her identisch, beginnen aber nicht zwingend zum selben Zeitpunkt. Entweder die Zeitpunkte der Abnahme divergieren oder es handelt sich bei dem Verhältnis zum Subunternehmer um einen Kaufvertrag, sodass die Verjährung mit der Übergabe beginnt, § 438 Abs. 2 BGB. Um die Verjährungsfristen der beiden Vertragsverhältnisse anzupassen, kommen drei Vorgehen in Betracht:

a) *Verjährungsverlängerung im Subunternehmerverhältnis*

Erstens ist eine Verlängerung der Verjährungsfrist im Subunternehmervertrag denkbar. Auf solche Regelungen werden sich Subunternehmer realistischerweise nur dann einlassen, wenn ihnen der Bauträger einen Ausgleich für die erhebliche Schlechterstellung anbietet. Im Gegenzug für die Fristverlängerung schlägt *Basty* vor, dass der Bauträger den Abschluss von Wartungsverträgen zwischen Subunternehmer und Erwerbergemeinschaft sicherstellt.[319] Über einen Vertrag zugunsten Dritter (§ 328 BGB) für die künftige Eigentümergemeinschaft soll eine Verpflichtung zum Kontrahieren mit den Subunternehmern begründet werden.[320] Kommt die Gemeinschaft der Pflicht nicht nach, kann sich der Bauträger mit Schadensersatzansprüchen begnügen, die ihn so stellen, wie er bei Aufrechterhaltung des Wartungsvertrags gestanden hätte.

Nun ist diese Lösung nicht für jeden Subunternehmer nutzbar, was auch erklärt, wieso die Verlängerungsoption faktisch nicht nennenswert zur Erleichterung der Abnahme beiträgt. Ungeachtet dessen hilft auch eine einjährige Verlängerung nicht weiter, wenn die Abnahme durch die Erwerber zu einer

318 *Koeble*, in: Kniffka/Koeble/Jurgeleit/Sacher, Kompendium des Baurechts, 10. Teil Rn. 28.

319 *Basty*, Bauträgervertrag, Rn. 1070 f. m.w.N.

320 Zu einer Wärmebereitstellungsvereinbarung (Heizungs-Contracting): OLG Düsseldorf, 23.4.2007 – 9 U 73/06, BauR 2008, 1319 (1321), Nichtzulassungsbeschwerde beim BGH wurde zurückgewiesen, Beschl. v. 10.1.2008 – VII ZR 88/07, BauR 2008, 722.

Verjährungsfrist führt, die diese Zeitspanne übersteigt. Insofern ist der Vorschlag zwar punktuell durchführbar, erlangt aber keine allgemeingültige Bedeutung im Sinne einer umfassenden Lösung.

Eine Klausel, wonach die Abnahme des Werks des Subunternehmers von der Abnahme durch die Erwerber abhängt, wäre unwirksam, weil der Subunternehmer den Zeitpunkt weder berechnen noch herbeiführen kann.[321] Es verstößt gegen § 308 Nr. 1 BGB, wenn sich der Verwender Fristen für die Annahme einer Leistung vorbehält, die nicht hinreichend bestimmt sind. Der Subunternehmer muss den Zeitpunkt der Abnahme eindeutig erkennen können.[322] Auf die Fertigstellung des Bauwerks und die Abnahme durch die Erwerber kann der Subunternehmer keinen Einfluss nehmen.

b) Verjährungsverkürzung im Erwerbsverhältnis

Zweitens ist vorstellbar, dass die Vertragsparteien des Bauträgervertrags die Verjährungsfristen kürzen. Da die Synchronisation auf eine Verjährungsverkürzung hinausläuft, gilt das unter Kap. 3, C. I. 2. a). Gesagte entsprechend. In AGB verstößt diese Vorgehensweise somit gegen § 309 Nr. 8 lit. b) ff) BGB. Denkbar ist auch ein Verstoß gegen wesentliche Grundgedanken der gesetzlichen Regelung, von der abgewichen wird, § 307 Abs. 2 BGB.

Der einzige Weg, um das Klauselverbot zu umgehen, geht daher über die Frage nach der Einordnung des Vertrags. Auf Kaufverträge über nicht neu hergestellte Sachen findet § 309 Abs. 8 lit. b) ff) BGB keine Anwendung.

c) Subsidiaritätsklauseln

Drittens könnte der Bauträger Klauseln im Vertrag verwenden, nach welchen seine eigene Haftung von der erfolglosen vorherigen Inanspruchnahme der Subunternehmer abhängig gemacht wird. Dadurch ist die Verjährungsfrist mittelbar an die Regressmöglichkeiten angepasst. Mit solchen Subsidiaritätsklauseln wird sich der Bauträger nur sehr eingeschränkt freizeichnen können. Sie treten in der Gestalt auf, dass der Bauträger dann haftet, wenn der Erwerber mit seinen abgetretenen Gewährleistungsansprüchen des Bauträgers erfolglos bei den am Bau Beteiligten vorstellig wurde. Macht der Bauträger seine Haftung von einer

---

321 BGH, Urt. v. 10.10.1996 – VII ZR 224/95, NJW 1997, 394 (395); KG 21.9.2005 – 26 U 12/05, NZBau 2006, 315 (316).

322 BGH, Urt. v. 25.1.1996 – VII ZR 233/94, BGHZ 131, 392 (395); OLG Düsseldorf, 20.4.2001 – 5 U 91/00, BauR 2002, 482; BGH, Urt. v. 23.2.1989 – VII ZR 89/87, BGHZ 107, 75 (78 f.).

gerichtlichen Inanspruchnahme des Dritten abhängig oder erweckt er in der Klausel einen entsprechenden Eindruck, ist die Klausel schon nach § 309 Nr. 8 lit. b) aa) BGB unwirksam.[323] Wenn sich der Erwerber zunächst außergerichtlich an einen anderen Beteiligten halten muss, ist die Klausel zwar mit letztgenannter Vorschrift vereinbar, benachteiligt den Erwerber aber nach § 307 Abs. 2 Nr. 2 BGB.[324] Die wesentlichen Rechte und Pflichten des Klauselgegners sind tangiert, wenn er entgegen den Grundsätzen zur Symptomrechtsprechung den Mangelerscheinungen konkrete Ursachen und Verantwortlichkeiten zuordnen muss.[325] Insofern bestehen weitgehende Bedenken gegen die Anknüpfung der Bauträgerhaftung an die Inanspruchnahme der Subunternehmer.

d) Zwischenergebnis

Die Rechtsprechung des BGH dürfte die Gestaltungsmöglichkeiten zur Anpassung der Verjährungsfristen weitgehend verengen. Synchronisierte Verjährungsfristen verteilen das Mängelrisiko zwar, sind aber nur in spezifischen Einzelfällen zulässig. Ein künftiger Wartungsvertrag mit der Erwerbergemeinschaft kann für den Heizungshersteller durchaus Grund genug sein, um die Gewährleistungsfrist zu verlängern. Leistungserbringer, die keine regelmäßige Instandhaltung anbieten, werden sich darauf jedoch nicht einlassen können. Solange die Gewährleistungsansprüche des Nachzügler-Erwerbers werkvertraglicher Natur sind, lässt sich eine umfassende Synchronisierung AGB-rechtlich nicht wirksam erzielen.

4. Konkludente Erklärung nach unwirksamer Abnahmeklausel

Wenn die Abnahme auf der Grundlage einer unwirksamen Klausel vorgeschrieben ist, wähnen die Parteien die Pflicht des Bestellers entsprechend den vertraglichen Regelungen als erfüllt. Tatsächlich ist die Abnahme gescheitert, was sich in den meisten Fällen erst Jahre später im Rahmen eines Gerichtsprozesses herausstellt. Zwischenzeitlich hat der Erwerber die Anlage schon genutzt, sodass sich der Schluss auf eine konkludente Abnahme oder konkludente Genehmigung der Abnahmeerklärung eines vollmachtlosen Vertreters aufdrängt. Konkludent handelt der Besteller, wenn er dem Unternehmer gegenüber ohne ausdrückliche Erklärung durch ein tatsächliches Verhalten zu erkennen gibt,

---

323 *Grüneberg*, in: Palandt, BGB, § 309 Rn. 65.

324 BGH, Urt. v. 21.3.2002 – VII ZR 493/00, BGHZ 150, 226 (230 ff.); *Grüneberg*, in: Palandt, BGB, § 309 Rn. 65.

325 BGH, Urt. v. 21.3.2002 – VII ZR 493/00, BGHZ 150, 226 (233).

dass er dessen Werk als im Wesentlichen vertragsgerechte Leistung billigt.[326] Der Abnahmewille muss eindeutig und schlüssig zum Ausdruck kommen.[327] Ob eine konkludente Abnahme vorliegt, beurteilt sich nach den Umständen des Einzelfalls.[328] Zwar kommt eine konkludente Abnahme nur dann in Betracht, wenn die Parteien keine förmliche Abnahme vereinbart haben.[329] Allerdings können die Parteien von der Vereinbarung über eine förmliche Abnahme ihrerseits konkludent abweichen, wenn die Abnahme dem eindeutigen Willen der Parteien entspricht.[330]

Indem der Erwerber die Wohnanlage in Gebrauch nimmt, könnte er die Billigung des Werks zum Ausdruck bringen. Für das Gemeinschaftseigentum sollen ein bis zwei Monate Prüfungszeit genug Gelegenheit zur Bewertung des Vertragsgegenstands geben.[331]

Dem widersprechen der BGH und ein Teil der Literatur allerdings, weil der Erwerber davon ausgehe, die Abnahme habe bereits stattgefunden.[332] Teilweise ist dabei die Rede von fehlendem Erklärungsbewusstsein.[333] Seine Billigung kann der Besteller freilich unabhängig davon zum Ausdruck bringen, ob er über die Wirksamkeit der Klausel Bescheid weiß.[334] Allerdings scheitert eine

326 BGH, Urt. v. 25.2.2010 – VII ZR 64/09, NZBau 2010, 318 (319); BGH, Urt. v. 20.2.2014 – VII ZR 26/12, ZfBR 2014, 362 (363).

327 BGH, Urt. v. 25.2.2010 – VII ZR 64/09, NZBau 2010, 318 (319).

328 BGH, Urt. v. 25.2.2010 – VII ZR 64/09, NZBau 2010, 318 (319); BGH, Urt. v. 20.2.2014 – VII ZR 26/12, ZfBR 2014, 362 (363).

329 *Voit*, in: BeckOK, § 640 Rn. 7.

330 BGH, Urt. v. 3.11.1993 – X ZR 83/90, NJW 1993, 1063 (1064).

331 OLG Jena, Urt. v. 14.7.2009 – 5 U 736/06, IBR 2012, 324, BGH, Beschl. v. 23.2.2012 – VII ZR 143/09 (Nichtzulassungsbeschwerde zurückgewiesen).

332 BGH, Urt. v. 25.2.2016 – VII ZR 171/15, BGHZ 210, 206 (222); *Jurgeleit*, in: Kniffka/Koeble/Jurgeleit/Sacher, Kompendium des Baurechts, 3. Teil Rn. 58; *Werner*, in: Werner/Pastor, Bauprozess, Rn. 1821a; a.A. *Basty*, Bauträgervertrag, Rn. 1008; *Messerschmidt/Leidig*, BauR 2014, 1 (4 f.); *Pauly*, ZfIR 2019, 553 (558); *Voit*, in: BeckOK BGB, § 640 Rn. 7.

333 So insbesondere: OLG Karlsruhe, Urt. v. 27.9.2011 – 8 U 106/10, NJW 2012, 237 (240); OLG Stuttgart, Urt. v. 31.3.2015 – 10 U 46/14, NZM 2015, 746 (750); *Jurgeleit*, in: Kniffka/Koeble/Jurgeleit/Sacher, Kompendium des Baurechts, 3. Teil Rn. 58; *Krick*, MittBayNot 2014, 401 (407); *Pause/Vogel*, BauR 2014, 764 (765 f.); a.A. BayObLG, Beschl. v. 20.3.2001 – 2Z BR 75/00, NZM 2001, 539 (540); *Basty*, Bauträgervertrag, Rn. 1008; *Messerschmidt/Leidig*, BauR 2014, 1 (4 f.); *Pauly*, ZfIR 2019, 553 (558); *Voit*, in: BeckOK BGB, § 640 Rn. 7.

334 *Voit*, in: BeckOK BGB, § 640 Rn. 7.

Willenserklärung dann an fehlendem Erklärungsbewusstsein, wenn der Erklärende bei Anwendung der gebotenen Sorgfalt nicht erkennen und vermeiden konnte, dass sein Verhalten vom Empfänger als Willenserklärung verstanden werden konnte.[335] Von dem Erwerber kann nicht erwartet werden, sich der rechtlichen Bewertung der Klausel im Klaren zu sein. Der Bauträger durfte auch nicht davon ausgehen, dass sein Vertragspartner noch eine Billigung zum Ausdruck bringen wollte. Aus Sicht eines objektiven Empfängers ist eine Erklärung über die Abnahme hinfällig.

Folgt man der Rechtsprechung, stellt die Ingebrauchnahme von Gemeinschaftseigentum auch keine nachträgliche konkludente Genehmigung der Abnahmeerklärung eines vollmachtlosen Vertreters durch den Erwerber dar (§ 180 Satz 2 i.V.m. §§ 177, 184 BGB).[336]

5. *Schlussfolgerung*

Der Vereinheitlichung der Abnahme im Wege einer Vertragsgestaltung sind durch AGB-rechtliche Einschränkungen weitreichende Grenzen gesetzt. Darüber hinaus sind Verstöße gegen das RDG zu befürchten. Eine einheitliche Abnahme kann nicht rechtssicher im Bauträgervertrag vereinbart werden. Dem darauffolgenden Verhalten der Erwerber misst die herrschende Lehre und Rechtsprechung keinen rechtsgeschäftlichen Charakter bei. Einer konkludenten Abnahme durch die Ingebrauchnahme und Nutzung ist daher der Weg versperrt.

II. Vereinheitlichung durch Vergemeinschaftung

Als zweite Option kommt eine Vereinheitlichung ausgehend von der Gemeinschaft selbst in Betracht. Mit der Erweiterung der Zuständigkeiten und Befugnisse der Gemeinschaft im Zuge der Novellierung im Jahr 2007[337] bot das WEG zunächst in § 10 Abs. 6 WEG a.F. einen normativen Ausgangspunkt für eine mögliche Vergemeinschaftung der Abnahme. Seit der umfassenden Reform im

335 BGH, Urt. v. 7.6.1984 – IX ZR 66/83, BGHZ 91, 324 (327 ff.); BGH, Urt. v. 2.11.1989 – IX ZR 197/88, BGHZ 109, 171 (177).

336 *Werner*, in: Werner/Pastor, Bauprozess, Rn. 1821a.

337 Gesetz zur Änderung des Wohnungseigentumsgesetzes und anderer Gesetze vom 23.3.2007, BGBl. I 2007, S. 370, geändert durch Art. 4 und 5 des Gesetzes zur Vereinfachung des Insolvenzverfahrens vom 13.4.2007, BGBl. I 2007, S. 509.

Jahr 2020 regelt § 9a Abs. 2 WEG, wann die Gemeinschaft der Wohnungseigentümer Rechte ihrer Mitglieder ausübt und entsprechende Pflichten wahrnimmt.[338]

Zur Ausübung eines Rechts ist grundsätzlich der Rechteinhaber befugt.[339] In der Wohnungseigentümergemeinschaft ergeben sich aber aus der gemeinschaftlichen Verbundenheit und der gemeinsamen Verwaltungszuständigkeit (§§ 18 ff. WEG) Besonderheiten im Hinblick auf die Durchsetzungsbefugnis. In dem Maße, in dem es die gemeinschaftsbezogenen Interessen der Wohnungseigentümer oder die schützenswerten Interessen des Veräußerers gebieten, kann die Identität von Rechtsinhaberschaft und Durchsetzungsbefugnis aufgebrochen werden.[340]

1. *Persönlicher Anwendungsbereich*

Betroffen von einer Entscheidung der Gemeinschaft, ob in Form einer Vereinbarung oder eines Beschlusses, sind sowohl die Mitglieder der bestehenden als auch der späteren Gemeinschaft. Auf den Nachzügler erstrecken sich die Wirkungen eines Beschlusses als Sondernachfolger des Bauträgers nach § 10 Abs. 3 Satz 2 WEG. Vereinbarungen müssten dafür im Grundbuch eingetragen werden, § 10 Abs. 3 Satz 1 WEG. Ansonsten gelten sie aufgrund ihres Charakters als schuldrechtlicher Kollektivvertrag[341] nur für die unmittelbar Beteiligten.

2. *Beschluss über Abnahme*

Voraussetzung jeglicher gemeinschaftlichen Durchsetzungsaktivität war bislang, dass es sich bei der Abnahme um eine gemeinschaftsbezogene Pflicht handelt. Die Rechtsprechung differenzierte bis zur Reform 2020 zwischen zwei Arten der Gemeinschaftsbezogenheit, auf die im Folgenden einzugehen ist. Zwar kommt es mittlerweile nicht mehr ausdrücklich auf den Gemeinschaftsbezug an, der Gesetzgeber hält aber im Bereich des Bauträgervertrags weiterhin an der Unterscheidung fest.[342] Nach der Gesetzesbegründung knüpft die Neuregelung an das Kriterium der Gemeinschaftsbezogenheit an, versucht aber diesen „konturlosen"

---

338 Gesetz zur Förderung der Elektromobilität und zur Modernisierung des Wohnungseigentumsgesetzes und zur Änderung von kosten- und grundbuchrechtlichen Vorschriften vom 16.10.2020, BGBl. I 2020, S. 2187.

339 *Suilmann*, in: Bärmann, WEG, § 10 Rn. 242.

340 *Kniffka*, in: FS Ganten, S. 125 (127); *Popescu*, ZWE 2014, 109 (110).

341 OLG Köln, Beschl. v. 2.4.2001 – 16 Wx 7/01, DNotZ 2002, 223 (227); *Müller*, in: BeckOK WEG, § 10 Rn. 59.

342 BT-Drs. 19/18791, S. 47.

Begriff zu vermeiden.[343] Inhaltlich hat sich trotz des neuen Wortlauts nichts an der Grundkonzeption geändert. Deshalb sind die Argumente auf der Grundlage der dazu ergangenen Rechtsprechung vor dem 1.12.2020 zu bewerten, um lediglich klarstellend den Vergleich zum neuen § 9a WEG herauszuarbeiten.

a) „Geborener" Gemeinschaftsbezug

Mit § 10 Abs. 6 Satz 3 Alt. 1 WEG a.F. wird eine Zuständigkeit der Wohnungseigentümer begründet, sich gemeinschaftsbezogener Rechte und Pflichten anzunehmen. Die Gemeinschaft ist a priori ohne zusätzlichen Übertragungsakt dazu verpflichtet, in diesem Bereich tätig zu werden („geborene Ausübungsbefugnis").[344] „Geboren gemeinschaftsbezogen" sind Rechte und Pflichten, wenn sie im Außenverhältnis alle Wohnungseigentümer gleichermaßen treffen und nach der Interessenlage ein gemeinsames Vorgehen erforderlich ist.[345] Kennzeichnend für eine geborene Rechtsausübungsbefugnis ist, dass die gemeinschaftliche Durchsetzung nach der Interessenlage der Wohnungseigentümer oder aus Gründen des Schuldnerschutzes unabdingbar ist.[346] Begreift man die Abnahme des Gemeinschaftseigentums als gemeinschaftsbezogene Pflicht, wäre jede individuelle Abnahme von Anfang an durch den materiell-rechtlich berechtigten Wohnungseigentümer gesperrt.[347]

(1) Ausreichender Schuldnerschutz nach Abnahme

Der Schutz des Bauträgers vor einer ungerechtfertigten doppelten Inanspruchnahme[348] könnte als Argument für eine gemeinschaftsbezogene Pflicht befunden werden.[349] Ohne Zweifel hat der Bauträger ein berechtigtes Interesse an einer einheitlichen Abnahme und berechenbaren Abwicklung des Vertrags. Aus Schuldnerschutzgesichtspunkten auf eine Kompetenzzuweisung auf Gläubigerseite zu schließen ist aber nicht einleuchtend. Zum einen wird die Interessenlage dadurch nur einseitig zugunsten des Bauträgers berücksichtigt, während das Interesse des Erwerbers an einer eigenen Entscheidung über die Abnahme

---

343 BT-Drs. 19/18791, S. 47.

344 *Pause*, BauR 2012, 305 (307).

345 BGH, Urt. v. 11.12.2015 – V ZR 180/14, NJW 2016, 1735 (1736).

346 BGH, Urt. v. 7.2.2014 – V ZR 25/13, NJW 2014, 1090 (1092); BGH, Urt. v. 24.7.2015 – V ZR 167/14, ZWE 2015, 358 (359).

347 *Lieder*, DNotZ 2018, 177 (198); vgl. auch *Suilmann*, in: Bärmann, WEG, § 10 Rn. 250.

348 Siehe dazu schon Kap. 3, A., II.

349 *Rapp*, MittBayNot 2012, 169 (173).

übergangen wird. Ihm schadet zuweilen insbesondere die Vereinheitlichung der Verjährungsfristen. Zum anderen muss schon angesichts des tiefgreifenden Einschnitts in die Dispositionsfreiheit des Einzelnen die Vergemeinschaftung dem Einzelinteresse förderlich sein.[350] Nennenswerte Vorteile hat der Einzelne aus einer Entziehung seines Rechts, selbst über die Vertragsgemäßheit zu entscheiden, nicht.

Der Schutz des Schuldners vor einer doppelten Inanspruchnahme wegen Mängeln am Gemeinschaftseigentum ist im Bereich der Gewährleistungsrechte und nicht schon auf der Ebene der Abnahme noch ausreichend realisierbar.[351] Damit sind das Interesse und die Schutzbedürftigkeit des Schuldners keine ausreichenden Argumente für die Vergemeinschaftung der Abnahme.

(2) Kein überwiegendes Interesse der Gemeinschaft

Vielmehr muss es darauf ankommen, ob nach einer Abwägung das Interesse an einer einheitlichen Rechtsverfolgung das grundsätzlich vorrangige Interesse der Wohnungseigentümer, ihre Rechte selbst und eigenverantwortlich auszuüben, deutlich überwiegt.[352] Auch wenn das Recht selbst nicht übertragen wird, ist der Rechtsinhaber in seiner Befugnis gesperrt, es nach freiem Belieben auszuüben. Zumindest stellt der Entzug der materiellen Ausübungsbefugnis bei vertraglich begründeten Individualrechten einen gravierenden Eingriff in die Privatautonomie (Art. 2 Abs. 1 GG) dar, die auch verbürgt, dass eigene Rechte grundsätzlich selbst ausgeübt und prozessual durchgesetzt werden können.[353] Gemeinschaftsbezogen ist ein Recht deshalb dann, wenn nach der Interessenlage ein gemeinschaftliches Vorgehen erforderlich ist.[354] So liegt der Fall bei den sekundären Mängelrechten der Minderung und des „kleinen" Schadensersatzes, weil nur so die Verwendung der Mittel für die Mängelbeseitigung sichergestellt ist.[355] Die mangelfreie Herstellung des gemeinschaftlichen Eigentums beeinträchtigt die

---

350 Vgl. *Basty*, Bauträgervertrag, Rn. 1039; *Schmidt-Räntsch*, ZfIR 2016, 45 (54).

351 *Krick*, MittBayNot 2014, 401 (409); *Hügel*, in: FS Spiegelberger, S. 1218 (1220).

352 BGH, Urt. v. 24.7.2015 – V ZR 167/14, ZWE 2015, 358 (359); *Elzer*, DNotZ 2017, 163 (169); *Schmidt-Räntsch*, ZfIR 2016, 45 (47).

353 BGH, Urt. v. 24.7.2015 – V ZR 76/14, ZWE 2015, 358 (359).

354 BGH, Urt. v. 17.12.2010 – V ZR 125/10, NJW 2011, 1351 f.; BGH, Urt. v. 14.2.2014 – V ZR 100/13, NJW 2014, 1093 f.

355 BGH, Urt. v. 10.5.1979 – VII ZR 30/78, BGHZ 74, 258 (263 ff.); BGH, Urt. v. 23.2.2006 – VII ZR 84/05, NJW 2006, 2254 (2255 f.); BGH, Urt. v. 12.4.2007, VII ZR 236/05, BGHZ 172, 42 (49 f.); *Pause*, BauR 2012, 305 (307).

Interessen der anderen Erwerber nicht, sondern verwirklicht sie vielmehr. Im reformierten WEG gilt mit § 9a Abs. 2 Alt. 2 WEG n.F. das selbe.[356]

Die Abnahme als Vorstufe dazu ist davon jedoch noch nicht erfasst. Sie muss nicht notwendig von der Gemeinschaft durchgeführt werden, um die betreffenden Mängelrechte im Anschluss gemeinschaftlich durchzusetzen.[357] Die Abnahmewirkungen treten überwiegend zu Gunsten des Bauträgers ein, sodass nicht von einem überwiegenden Interesse der Gemeinschaft die Rede sein kann. Die Verträge der übrigen Erwerber werden durch die Abnahme eines Erwerbers in keiner Weise tangiert. Die individuelle Abnahme berührt das Gemeinschaftsverhältnis nicht. Im Gegenteil ist die Abnahme zu verschiedenen Zeitpunkten für die Erwerber günstig, weil damit auch die Mängelverjährungsfrist verlängert wird.[358]

(3) Zwischenergebnis

Die Abnahme des gemeinschaftlichen Eigentums ist kein geborener Teil der gemeinschaftlichen Verwaltung.[359] Daher hat die Wohnungseigentümergemeinschaft nicht von vornherein und ohne zusätzlichen Übertragungsakt die Kompetenz, die Abnahme durchzuführen.

b) „Gekorener" Gemeinschaftsbezug

Möglicherweise konnten die Wohnungseigentümer auf der Grundlage des § 10 Abs. 6 Satz 3 Alt. 2 WEG a.F. entscheiden, die Abnahme des gemeinschaftlichen Eigentums durch Mehrheitsbeschluss an sich zu ziehen. Nach der WEG-Reform im Jahr 2020 besteht die Norm in dieser Form zwar nicht mehr, im Bereich des Bauträgervertrags gilt jedoch eine Ausnahme (dazu sogleich), sodass die Diskussion nichts von ihrer Bedeutung eingebüßt hat.

Der Eingriff in die Rechte des Erwerbers ist dabei dadurch relativiert, dass er zunächst selbst tätig werden kann und die Gemeinschaft nicht von vornherein zuständig ist („gekorene Ausübungsbefugnis").[360] Es liegt im Ermessen der Wohnungseigentümer, ob sie die Ausübung der Rechte zu einer gemeinschaftlichen

356 *Hügel/Elzer*, in: WEG, § 9a Rn. 129 f.

357 *Basty*, Bauträgervertrag, Rn. 1038 f.

358 BGH, Urt. v. 21.2.1985 – VII ZR 72/84, NJW 1985, 1551 (1552).

359 So auch BGH, Urt. v. 21.2.1985 – VII ZR 72/84, NJW 1985, 1551 (1552); LG München I, Urt. v. 7.4.2016 – 36 S 17586/15, ZWE 2017, 39 (40).

360 BGH, Urt. v. 14.2.2014 – V ZR 100/13, NJW, 2014, 1093 ff.; BGH, Urt. v. 17.10.2010 – V ZR 125/10, NJW 2011, 1351 f.

Aufgabe machen oder der individuellen Rechtsverfolgung überlassen wollen (Zugriffsermessen).[361] Dafür muss es sich um sonstige Rechte oder Pflichten handeln, die gemeinschaftlich geltend gemacht werden können oder zu erfüllen sind. Eine gekorene Ausübungsbefugnis ist anzunehmen, wenn die Rechtsausübung durch den Verband förderlich ist.[362] Die Abgrenzung zur geborenen Ausübungsbefugnis bedarf einer wertenden Betrachtung.[363]

(1) Umkehrschluss aus der Befugnis zur Ausübung der Mängelrechte

Die Wohnungseigentümer können im Rahmen der ordnungsgemäßen Verwaltung des Gemeinschaftseigentums gemäß § 21 Abs. 5 Nr. 2 WEG a.F. bzw. § 19 Abs. 2 Nr. 2 n. F. WEG die Ausübung der auf die ordnungsgemäße Herstellung des Gemeinschaftseigentums gerichteten Rechte der einzelnen Erwerber aus den Verträgen mit dem Veräußerer durch Mehrheitsbeschluss auf die Gemeinschaft übertragen.[364] Hierzu zählen die primären Mängelrechte der Nacherfüllung, der Selbstvornahme und des Kostenvorschusses.[365] Wenn bereits die Geltendmachung der Mängelgewährleistungsrechte vergemeinschaftet werden kann, so liegt die Behauptung nahe, dass auch die Vorstufe dazu dem Zugriff der Gemeinschaft offensteht.[366] Die Abnahme des Gemeinschaftseigentums könnte genauso zu einer gemeinschaftlichen Aufgabe gemacht werden wie die Verfolgung individueller Mängelrechte.[367]

(2) Wegfall der gekorenen Ausübungsbefugnis nach der WEG-Reform?

Mit der Reform des WEG wurde § 10 Abs. 6 WEG in Gänze aufgehoben. An seiner Stelle regelt § 9a Abs. 2 Alt. 2 WEG, dass die Gemeinschaft die sich aus

---

361 *Suilmann*, in: Bärmann, WEG, § 10 Rn. 251.

362 BGH, Urt. v. 17.12. 2010 – V ZR 125/10, NJW 2011, 1351 f.; BGH, Urt. v. 8.2.2013 – V ZR 238/11, ZfBR 2013, 554 (555); BGH, Urt. v. 11.12.2015 – V ZR 180/14, NJW 2016, 1735 (1736 f.); *Pause*, Bauträgerkauf, Rn. 596a; *Schmidt-Räntsch*, ZfIR 2016, 45 (48).

363 BGH, Urt. v. 17.12.2010 – V ZR 125/10, NJW 2010, 1351.

364 BGH, Urt. v. 6.3.2014 – VII ZR 266/13, BGHZ 200, 263 (271 f.); BGH, Urt. v. 19.8.2010 – VII ZR 113/09, NJW 2010, 3089 (3091).

365 BGH, Urt. v. 6.3.2014 – VII ZR 266/13, BGHZ 200, 263 (271 f.); BGH, Urt. v. 19.8.2010 – VII ZR 113/09, NJW 2010, 3089 (3091); *Ott*, ZWE 2017, 106 (111).

366 BayObLG, Beschl. v. 30.4.1991 – 2 Z BR 153/98, NJW-RR 2000, 13 (15); AG München, Urt. v. 7.7.2010 – 482 C 287/10, NJW 2011, 2222 f.; AG Tettnang, Urt. v. 21.4.2011 – 4 C 1132/10, IMR 2011, 510 f.; *Busche*, in: MüKo, BGB, § 640 Rn. 72; *Oefele*, DNotZ 2011, 249 (260); *Rapp*, MittBayNot 2012, 169.

367 *Eichhorn*, ZfIR 2019, 789 (793).

dem gemeinschaftlichen Eigentum ergebenden Rechte sowie solche Rechte der Wohnungseigentümer ausübt, die eine einheitliche Rechtsverfolgung erfordern. Außerdem nimmt sie die entsprechenden Pflichten der Wohnungseigentümer wahr. Die wesentliche Änderung besteht darin, dass sonstige Rechte und Pflichten nicht mehr vergemeinschaftet werden müssen. Damit hat sich der Gesetzgeber von der gekorenen Ausübungsbefugnis abgewandt. Eine auf einem Beschluss beruhende Ausübungs- und Wahrnehmungsbefugnis sieht das Gesetz nicht mehr vor.[368] Nach dem neuen Konzept übt die Gemeinschaft die sich aus dem gemeinschaftlichen Eigentum ergebenden Rechte aus und nimmt die entsprechenden Plichten wahr, ohne dass es einer Beschlussfassung der Wohnungseigentümer bedarf.[369]

Etwas anderes gilt aber für den Bauträgervertrag. Die Begründung im Entwurf spricht sich dafür aus, dass die Rechtsprechung zum Bauträgervertragsrecht, wonach die Gemeinschaft nach Beschlussfassung bestimmte Mängelrechte ausüben kann, weiterhin Anwendung findet.[370] Die Streichung der gekorenen Ausübungsbefugnis nach dem geltenden Recht aus § 10 Abs. 6 Satz 3 Alt. 2 WEG soll keine Auswirkungen haben, weil die entsprechende Rechtsprechung schon zur Rechtslage vor der WEG-Novelle 2007 erging.[371] Damals stützte der BGH seine Begründung zur Durchsetzung der Rechte Dritter auf § 21 Abs. 1, 5 Nr. 2 WEG, der die Instandhaltung und Instandsetzung des gemeinschaftlichen Eigentums zur ordnungsgemäßen Verwaltung zählt.[372] Die Beseitigung anfänglicher Baumängel berühre die Interessen der Wohnungseigentümer in gleicher Weise wie später auftretende Mängel, sodass die Instandhaltung und Instandsetzung auch die erstmalige Herstellung des Gemeinschaftseigentums umfasse.[373] Das Pendant dazu ist in § 19 Abs. 2 Nr. 2 WEG zwar auf die *Erhaltung* des gemeinschaftlichen Eigentums bezogen, meint damit aber letztlich dasselbe, wie die Legaldefinition in § 13 Abs. 2 WEG klarstellt. Festzuhalten ist damit, dass die Wohnungseigentümergemeinschaft primäre Mängelansprüche gegen den Bauträger weiterhin durch Beschluss an sich ziehen kann. Aus diesem Grund könnte auch nach neuem Recht von der Befugnis zur Ausübung der primären Mängelrechte auf die Abnahmebefugnis geschlossen werden.

---

368 BT-Drs. 19/18791, S. 46.

369 *Hügel/Elzer*, in: WEG § 9a Rn. 91.

370 BT-Drs. 19/18791, S. 47, so auch *Vogel*, BauR 2021, 420 (424 ff.).

371 BT-Drs. 19/18791, S. 47.

372 BGH, Urt. v. 12.4.2007 – VII ZR 236/05, BGHZ 172, 42 (47).

373 BGH, Urt. v. 12.4.2007 – VII ZR 236/05, BGHZ 172, 42 (47).

(3) Strukturelle Unterschiede zwischen Mängelverfolgung und Abnahme

Dennoch ist die vor allem vom Bayerischen Obersten Landesgericht und diversen Amtsgerichten[374] verfolgte Auffassung abzulehnen. Zwischen Abnahme und der Frage der Mängelverfolgung bestehen grundlegende strukturelle Unterschiede. Die Bedeutung der Abnahme erschöpft sich nicht auf den Bereich der Gewährleistung, sondern entfaltet darüber hinausgehende Rechtswirkungen.[375] Vornehmlich wird die (gesamte) Vergütung des Unternehmers fällig und die Gefahr des zufälligen Untergangs geht auf den Besteller über. Folglich ist die Abnahme untrennbar mit anderen individuellen Rechten und Pflichten verflochten. Die Beseitigung der Mängel berührt die Interessen der Wohnungseigentümer dagegen in gleicher Weise.[376] Mit der Mängelbeseitigung ist der kollektiven Pflicht zur ordnungsgemäßen Instandsetzung und Instandhaltung des gemeinschaftlichen Eigentums (siehe § 16 Abs. 2 WEG a.F.) Genüge getan.

Außerdem übersieht der Umkehrschluss, dass die Mängelrechte nicht allgemein und abstrakt zur gemeinschaftlichen Angelegenheit werden.[377] Der Grundsatz, wonach der Erwerber über die Wahl der Mängelansprüche entscheidet, wird durch die Ausübungsbefugnisse der Gemeinschaft nicht vollends aufgehoben. Insbesondere Rücktritt und der sog. große Schadensersatz können von dem Erwerber weiterhin eigenständig geltend gemacht werden. Je nachdem, ob das Werk bereits abgenommen ist oder nicht, kommt das Regelungsregime der §§ 323, 281 BGB oder der §§ 634 ff. BGB zum Tragen. Die Entscheidung darüber, welche Regelung einschlägig ist, obliegt dem Erwerber und darf ihm nicht aufgezwungen werden.[378] Dies gilt umso mehr, als die Beweislastumkehr nach der Abnahme durch die Gemeinschaft die Rechtsposition des Erwerbers hinsichtlich Rücktritt und Schadensersatz schwächt.[379]

Schließlich besteht kein zwingender Zusammenhang zwischen der Abnahme des Gemeinschaftseigentums und der Geltendmachung von Mängelansprüchen.[380] In bestimmten Fallkonstellationen ist anerkannt, dass Mängelrechte

---

374 Siehe Fn. 366.

375 BGH, Urt. v. 12.5.2016 – VII ZR 171/15, BGHZ 210, 206 (217); ebenso im Ansatz LG München I, Urt. v. 7.4.2016 – 36 S 17586/15, ZWE 2017, 39 (40); vgl. auch *Popescu*, ZWE 2014, 109 (111); siehe zu den Rechtswirkungen Kap. 1, C. III.

376 BGH, Urt. v. 15.1.2010 – V ZR 80/09, NJW 2010, 933 f.

377 *F. Schmidt*, in: FS Deckert, S. 443 (463).

378 LG München I, Urt. v. 7.4.2016 – 36 S 17586/15, ZWE 2017, 39 (42 f.); *Koeble*, in: Kniffka/Koeble/Jurgeleit/Sacher, Kompendium des Baurechts, 10. Teil Rn. 357.

379 *Voit*, in: BeckOK BGB, § 631 Rn. 118.

380 *Popescu*, ZWE 2014, 109 (111); ebenso *Vogel*, in: FS Riecke, S. 455 (461).

bereits vor der Abnahme geltend gemacht werden können.[381] Aus diesen Gründen stellt es keinen Widerspruch dar, für die Mängelrechte eine Ausübungsbefugnis anzunehmen, diese für die Abnahme aber abzulehnen. Dabei macht es keinen Unterschied, ob die Gemeinschaft durch Beschluss unmittelbar über die Abnahme entscheidet oder ein Dritter dazu bevollmächtigt wird, die Abnahme zu erklären.[382]

Der BGH hat sich hierzu noch nicht ausdrücklich geäußert, in seinen Entscheidungen aus dem Jahr 2016[383] aber in der Tendenz erkennen lassen, dass die Belange der Gemeinschaft keine gemeinschaftliche Entscheidung erfordern und deshalb die Durchsetzungskompetenz allein beim Erwerber verbleibt.

(4) Kein gemeinsames Bausoll

Eine weitere Hürde liegt darin, dass Bauträgerverträge häufig Regelungen enthalten, die nur bestimmte Erwerber betreffen. Eine gemeinsame Erklärung der Abnahme für mehrere Erwerber könnte nur dann in Betracht kommen, wenn ein gemeinsames Bausoll besteht.[384] Die Abnahmefähigkeit hängt nicht von der objektiv zu beurteilenden Beschaffenheit des Werks, sondern vom Inhalt der vertraglichen Vereinbarungen zwischen Bauträger und Erwerber ab. Daher kann ein Erwerber zur Abnahme des Gemeinschaftseigentums verpflichtet sein, während ein anderer die Abnahme zu Recht verweigern darf.[385]

Unüberwindbar ist dieses Hindernis nicht. So könnte es dem Verwalter, der ohnehin für die Vollziehung der Beschlüsse zuständig ist (§ 27 Abs. 1 Nr. 1 WEG), aufgetragen werden, zu überprüfen, ob das jeweils geschuldete Bausoll verwirklicht ist.[386] Voraussetzung dafür ist freilich, dass er alle Kaufverträge und die subjektiven Erwartungen der Käufer kennt.[387]

Dennoch spricht die unterschiedliche individuelle Ausgangslage gegen eine Beschlusskompetenz. Für Mängelrechte mag zwar etwas anderes gelten, weil die Wohnungseigentümer gerade aufgrund der unterschiedlichen Vertragsinhalte

---

381 Näher BGH, Urt. v. 19.1.2017 – VII ZR 235/15, BGHZ 213, 319 (331); BGH, Urt. v. 19.1.2017 – VII ZR 301/13, NJW 2017, 1604 (1606 f.).

382 OLG Düsseldorf, Urt. v. 2.7.2019 – 23 U 205/18, ZWE 2020, 71 (73).

383 BGH, Urt. v. 25.2.2016 – VII ZR 156/13, NJW 2016, 1575 (1576); BGH, Urt. v. 12.5.2016 – VII ZR 171/15, BGHZ 210, 206 (216 f.).

384 *Dötsch*, NZM 2017, 832 (834 f.); *Elzer*, ZWE 2017, 113; vgl. *Schmid*, BauR 2009, 727 (730).

385 *Leupertz*, BauR 2020, 380 (382); a.A. *F. Schmidt*, in: FS Deckert, S. 443 (466).

386 *Pause*, Bauträgerkauf, Rn. 599.

387 *Lotz*, BauR 2008, 740 (749).

hinsichtlich des gemeinschaftlichen Eigentums entscheiden müssen, welche der verschiedenartigen Ansprüche verfolgt werden sollen.[388] Auf der Ebene der Abnahme muss es aber bei der grundsätzlichen Identität von Rechtsinhaberschaft und Durchsetzungsbefugnis bleiben. Die individuelle Leistung lässt sich objektiv angesichts unterschiedlicher Leistungsversprechen und subjektiv angesichts unterschiedlicher Betroffenheit verschiedenartig bewerten, was gegen einen gemeinschaftsbezogenen Vorgang streitet.[389]

(5) Zwischenergebnis

Die Belange der Wohnungseigentümergemeinschaft erfordern es nicht, dass sie die Befugnis zur Abnahme durch Beschluss an sich ziehen kann. Dagegen spricht nicht schon, dass das WEG seit Neuestem keine gekorene Ausübungskompetenz mehr erlaubt. Denn die Vergemeinschaftung ist Folge der Verwaltungszuständigkeit aus § 19 Abs. 2 Nr. 2 WEG. Die gewichtigeren Argumente sprechen aber dagegen, dass die Mehrheit der Wohnungseigentümer entscheiden darf, ob sie über die Abnahme des gemeinschaftlichen Eigentums erklärt. Insbesondere ist der Schluss von der Befugnis zur Ausübung der Mängelrechte auf die Verantwortlichkeit für die Abnahme nicht zwingend.

c) Keine neuen Anhaltspunkte nach der WEG-Reform

Zur Abnahmezuständigkeit äußert sich das WEG nach wie vor nicht. Vor dem Befund, dass der BGH bislang keine Befugnis der Gemeinschaft zur Abnahme annahm, wird das Schweigen des Gesetzgebers wohl als Zuspruch zu verstehen sein. Deshalb ändert die Reform nichts an der Einschätzung, dass die Abnahme nicht zu den Aufgaben der Wohnungseigentümergemeinschaft gehört, sondern zwingend von jedem einzelnen Erwerber zu erklären ist. Im Ergebnis sind die oben aufgeführten Erwägungen auf das modernisierte WEG übertragbar.

d) Zwischenergebnis

Unter Betonung des individualvertraglichen Charakters der Abnahmeverpflichtung war bislang auch eine übertragene Beschlusskompetenz der Wohnungseigentümergemeinschaft abzulehnen. Die Abnahme der im Gemeinschaftseigentum stehenden Bausubstanz ist weder geboren noch gekoren

---

388 *Kniffka*, in: FS Ganten, S. 125 (127).

389 *Basty*, Bauträgervertrag, Rn. 1039.

gemeinschaftsbezogen. Sie stellt vielmehr eine Individualpflicht des einzelnen Wohnungseigentümers dar.

Ausgehend von der neuen Rechtslage kommt es zwar auf die Unterscheidung zwischen übertragener und originärer Kompetenz nicht mehr an. Dies ändert jedoch nichts daran, dass auch auf der Grundlage des § 9a WEG die Befugnis zur Abnahme bei dem einzelnen Erwerber bleibt.

3. *Regelungskompetenz in der Gemeinschaftsordnung*

Abwegig erscheint es außerdem eine Regelungskompetenz der Wohnungseigentümer in § 10 Abs. 1, Abs. 2 WEG zu erblicken, wonach sie für ihr Verhältnis untereinander Vereinbarungen in der Gemeinschaftsordnung treffen können. Das Verhältnis der Wohnungseigentümer untereinander wird gerade nicht durch individuelle Sonderbeziehungen zu einem Dritten bestimmt.[390] Die Abnahmeverpflichtung betrifft nicht das Rechtsverhältnis der Wohnungseigentümer untereinander, sondern vielmehr die individuellen Rechtsverhältnisse der Wohnungseigentümer zum Bauträger.[391] Anderenfalls könnte der Bauträger einseitig gleich zu Beginn unmittelbar maßgeblichen Einfluss auf die vertraglichen Rechte und Pflichten nehmen.[392] Aus diesem Grund steht der Gemeinschaft nicht die Befugnis zu, ein etwaiges gemeinsames Verhalten gegenüber Dritten in der Gemeinschaftsordnung nach § 10 Abs. 1 Satz 2 WEG zu regeln.

4. *Allgemeine Inhaltskontrolle*

Ob die Gemeinschaft durch Beschluss oder Vereinbarung über die Abnahme bestimmt, ändert nichts daran, dass grundsätzliche Bedenken gegen die Vereinheitlichung der Abnahme nicht überwunden werden können. Anders als eine individualvertragliche Regelung unterliegen Beschlüsse und Vereinbarungen keiner AGB-Kontrolle.[393] Unter dem Gesichtspunkt einer allgemeinen

---

390 OLG München, 6.12.2016 – 28 U 2388/16, BauR 2017, 1041 (1044); *Karczewski*, in: Leupertz/Preussner/Sienz, Bauvertragsrecht, § 650u Rn. 63; *Kreuzer*, in: Staudinger, WEG, § 10 Rn. 381, Rn. 152; *Ott*, NZBau 2003, 233 (241); *Müller*, in: BeckOK WEG, § 10 Rn. 48; *Pause*, Bauträgerkauf, Rn. 601.

391 BGH, Urt. v. 12.5.2016 – VII ZR 171/15, BGHZ 210, 206 (216 f.); siehe auch *Vogel*, in: FS Riecke, S. 455 (464).

392 *Vogel*, in: FS Riecke, S. 455 (464).

393 *Krick*, MittBayNot 2014, 401 (410); ausdrücklich offenlassend, ob die Teilungserklärung nach § 307 BGB oder § 242 BGB nichtig ist: BGH, Urt. v. 12.5.2016 – VII ZR 171/15, BGHZ 210, 206 (215); *Karczewski*, in: Leupertz/Preussner/Sienz, Bauvertragsrecht, § 650u Rn. 63.

Inhaltskontrolle nach § 242 BGB oder einer ordnungsgemäßen Verwaltung bei Beschlüssen, § 21 WEG, sind jedoch ähnliche Maßstäbe anzulegen wie unter Kapitel 3, C., I., 1. erläutert.[394] Zumindest würde eine solche Gestaltung die AGB-Kontrolle gemäß § 306a BGB umgehen.[395] Deshalb kann der Nachzügler unabhängig von der fehlenden Wahrnehmungskompetenz nicht durch eine Regelung in der Gemeinschaftsordnung oder einen entsprechenden Beschluss der Gemeinschaft an die von anderen Erwerbern erklärte Abnahme gebunden werden.[396]

5. *Alternativen zur fehlgeschlagenen gemeinschaftlichen Abnahme*

Wenn die gemeinschaftliche Abnahme scheitert, besteht Anlass zur Klärung, ob die Grundsätze über eine konkludente Abnahme Anwendung finden können. Im Ergebnis kann dafür nichts anderes gelten als im Falle unwirksamer Klauseln im Bauträgervertrag. In Konsequenz zur Rechtsprechung über unwirksame Klauseln haben die Erwerber auch nach einer fehlgeschlagenen gemeinschaftlichen Abnahme keinen Anlass, eine Erklärung zur Abnahme abzugeben. Sie gehen auf der Grundlage des nichtigen Beschlusses davon aus, dass die Abnahme bereits erfolgt sei.[397]

Das Gleiche muss folgerichtig auch für andere Regelungsformen wie Vereinbarungen in der Gemeinschaftsordnung gelten. Der Rechtsprechung ist der Grundgedanke zu entnehmen, dass dem Schweigen dann kein Erklärungswert beizumessen ist, wenn der Betroffene davon ausgeht, dass er zuvor eine diesbezügliche Erklärung abgegeben hat.

Nicht ohne Weiteres kann sich der Bauträger mit dem Vortrag behelfen, der Erklärende habe aufgrund einer (formlos erteilten) Vollmacht der Erwerber die Abnahme ausgesprochen.[398] Im Zweifel wird der vermeintliche Stellvertreter aufgrund des unwirksamen Beschlusses gehandelt haben.

---

394 Vgl. *Krick*, MittBayNot 2014, 401 (410).

395 *Vogel*, in: FS Riecke, S. 455 (464).

396 So auch *Pause/Vogel*, in: Kniffka/Jurgeleit, ibr-online-Kommentar Bauvertragsrecht, § 650u Rn. 121.

397 OLG Düsseldorf, Urt. v. 2.7.2019 – 23 U 205/18, ZWE 2020, 71 (73).

398 OLG Düsseldorf, Urt. v. 2.7.2019 – 23 U 205/18, ZWE 2020, 71 (73).

6. *Schlussfolgerung*

Es liegt nicht im Kompetenzbereich der Wohnungseigentümergemeinschaft, in die Abnahme aus den Individualverträgen der Erwerber einzugreifen. Dafür ist sie weder a priori im Wege geborener Ausübungsbefugnis noch nach einem entsprechenden Beschluss durch eine gekorene Zuständigkeit befugt. Selbst die Option einer Vereinbarung für ihr Verhältnis untereinander bleibt der Gemeinschaft verwehrt.

III. Vereinheitlichung durch Vertragsqualifikation

Mittelbar können die Abnahmewirkungen in Bezug auf das Gemeinschaftseigentum über den Weg der Vertragsqualifikation erleichtert werden. Nachzügler-Erwerber schließen den Vertrag charakteristisch erst dann ab, wenn das Bauwerk bereits fertiggestellt ist. In diesem Fall stellt sich die Frage, ob die Pflichten des Veräußerers werk- oder kaufrechtlich einzustufen sind, die durch die neue Formulierung in § 650 Abs. 1 Satz 2, 3 BGB (*„Hinsichtlich der Errichtung oder des Umbaus finden die Vorschriften des Untertitels 1 Anwendung“)* neuen Zündstoff erhalten hat. Zu prüfen ist deshalb, inwiefern die Qualifikation der Nachzüglerverträge als Kaufvertrag die Ziele einer vereinheitlichten Abnahme erreicht und damit als gesonderter Lösungsvorschlag taugt.

1. *Problemaufriss*

Das Erfordernis einer Abnahme hängt, wie eingangs skizziert, von der Einordnung des Bauträgervertrags als Unterfall zum Bauvertrag ab. Ist das Bauwerk aber im Zeitpunkt des Vertragsabschlusses bereits fertiggestellt, drängt sich die Frage auf, ob an dieser Einschätzung festzuhalten ist.

Bedeutung erlangt die Fragestellung dadurch, dass die Abnahme mit ihren hohen Voraussetzungen im Kaufrecht (§ 433 Abs. 2 BGB) eine andere Bedeutung hat. Mit Abnahme ist im Kaufrecht der reine Besitzübergang gemeint.[399] Gefahrübergang, Beweislastumkehr und der Beginn der Verjährung von Mängelansprüchen treten mit der bloßen Übergabe ein. Diese liegt bereits in dem vergleichsweise einfachen Realakt der Besitzübertragung.[400]

---

399 RG, Urt. v. 9.12.1902 – Rep. II. 265/02, RGZ 53, 161 (162).
400 *Derleder*, NZBau 2004, 237 (240); *Weidenkaff*, in: Palandt, BGB, § 433 Rn. 13.

2. Einordnung der Vertragspflichten bei fertiggestelltem Objekt

a) Position der Rechtsprechung

Dem Versuch einer Annäherung an das Kaufrecht erteilt der BGH in diversen Urteilen eine Absage. Für das Gericht ist es vom Grundsatz her ohne Belang, ob die Parteien den Vertrag zu einem Zeitpunkt schließen, in dem die Wohnanlage noch gar nicht, nur teilweise oder bereits vollständig fertiggestellt ist.

(1) Argumentationslinie

Entscheidend war schon vor der Schuldrechtsreform, dass sich aus Inhalt, Zweck und wirtschaftlicher Bedeutung des Vertrags sowie aus der Interessenlage der Parteien die Verpflichtung des Veräußerers zu mangelfreier Erstellung des Bauwerks ergebe.[401] Es genüge, wenn diese Verpflichtung aus dem Zusammenhang der einzelnen Vertragsbestimmungen sowie aus den gesamten Umständen abzuleiten ist, die zum Vertragsschluss geführt haben.[402] Die Ansprüche der Erwerber wegen Mängeln an neu errichteten Häuseranlagen und Eigentumswohnungen können nach Auffassung des BGH sach- und interessengerecht nur über das Werkvertragsrecht gelöst werden, auch wenn das Bauwerk bereits fertiggestellt ist.[403] Der Bauträger übernehme gegenüber dem Erwerber selbst in diesem Fall eine Herstellungsverpflichtung.[404]

Im Übrigen bestünden auch nach der Schuldrechtsmodernisierung signifikante Unterschiede zwischen den Mängelrechten im Kauf- und im Werkvertragsrecht.[405]

Im Ergebnis interpretiert der BGH aus der Interessenlage eine vom Neubau her wirkende Herstellungspflicht in den Vertrag hinein.

---

401 BGH, Urt. v. 6.5.1982 – VII ZR 74/81, NJW 1982, 2243.

402 BGH, Urt. v. 5.4.1979 – VII ZR 308/77, BGHZ 74, 204 (206 f.); BGH, Urt. v. 10.5.1979 – VII ZR 30/78, BGHZ 74, 258 (268); BGH, Urt. v. 6.5.1982 – VII ZR 74/81, NJW 1982, 2243.

403 BGH, Urt. v. 12.5.2016 – VII ZR 171/51, BGHZ 210, 206 (212 ff.); zustimmend *Glöckner*, in: Kleine-Möller/Merl/Glöckner, Handbuch des privaten Baurechts, § 4 Rn. 91.

404 BGH, Urt. v. 5.4.1979 – VII ZR 308/77, BGHZ 74, 204 (206 ff.); BGH, Urt. v. 25.2.2016 – VII ZR 49/15, BGHZ 209, 128 (134); ebenso *Thode*, NZBau 2002, 297 (299).

405 BGH, Urt. v. 12.5.2016 – VII ZR 171/15, BGHZ 210, 206 (212 ff.); dem folgend *Dören*, ZfIR 2003, 497 (503); *Thode*, NZBau 2002, 297 (299).

(2) Abgrenzung zum Kauf nach dem Kriterium der Neuheit

Zum Unterschied zwischen Kauf- und Werkvertragsrecht bei fertiggestellten Gebäuden ist die Rechtsprechung hochgradig kasuistisch und bemüht um eine den Umständen des Einzelfalls genügende Abgrenzung. Von einem Bauwerk sei nach der Verkehrsauffassung dann auszugehen, wenn es „neu" und damit für den Vertragspartner errichtet anzusehen ist, wie wenn es auf seine Bestellung hin begonnen oder zumindest fertiggestellt worden wäre.[406] Dieser Vorstellung entsprechend entschied die Rechtsprechung zugunsten werkvertraglicher Qualifikation, wenn

- der Erwerbsvertrag zwei Jahre nach Errichtung der Wohnungseigentumsanlage abgeschlossen wird, sofern bauliche Sonderwünsche der Erwerber dem Vertrag insgesamt das Gepräge eines Werkvertrags verleihen,[407]
- das Objekt acht Monate lang nach Fertigstellung vermietet war,[408]
- Restarbeiten gleich welchen Umfangs ausgeführt werden sollen oder eine ausdrückliche Errichtungs- oder Abnahmeverpflichtung im Vertrag enthalten ist,[409]
- das Objekt nach der Fertigstellung zwei Jahre lang leer stand,[410]
- eine Einheit fünfzehn Monate an einen Dritten vermietet und von diesem sechs Monate lang bewohnt war,[411]
- eine zwei Jahre alte Wohnung an einen Zweiterwerber weiterveräußert wird, wenn es sich dabei um ein bloßes „Durchgangsgeschäft" handelt.[412]

Auf die Anwendung von Kaufrecht legte sich die Rechtsprechung fest, wenn

- der Bauträger eine Eigentumswohnung drei Jahre nach deren Errichtung veräußert und sie zuvor vermietet war,[413]
- zwischen der vollständigen Fertigstellung und der Veräußerung ein Zeitraum von zwei Jahren liegt,[414]

406 BGH, Urt. v. 6.5.1982 – VII ZR 74/81, NJW 1982, 2243.
407 BGH, Urt. v. 25.2.2016 – VII ZR 49/15, BGHZ 209, 128 (134).
408 BGH, Urt. v. 20.2.1986 – VII ZR 318/84, BauR 1986, 345 f.
409 BGH, Urt. v. 5.5.1977 – VII ZR 36/76, BGHZ 68, 372 (374).
410 BGH, Urt. v. 21.2.1985 – VII ZR 72/84, NJW 1985, 1551.
411 OLG Düsseldorf, Urt. v. 19.1.2001 – 14 U 118/00, IBR 2001, 426.
412 OLG Saarbrücken, Urt. v. 5.4.2006 – 5 U 263/05, NJOZ 2006, 2311 (2313).
413 BGH, Urt. v. 25.2.2016 – VII ZR 156/13, NJW 2016, 1575 (1576).
414 OLG Schleswig, Urt. v. 10.10.1980 – 1 U 100/79, BauR 1982, 60 (61).

- eine zwei Jahre alte Wohnung vom Ersterwerber weiterveräußert wird, wenn die Zweitveräußerung nicht lediglich ein „Strohmanngeschäft" ist.[415]

Dabei bezog sich das Gericht vor der Schuldrechtsreform vornehmlich auf die Unterschiede zwischen der Mängelhaftung nach Kauf- und Werkvertragsrecht. In neueren Entscheidungen klang aber an, dass der BGH an seiner Ausrichtung auch nach der Reform festhalten wird.[416] Mittlerweile hat er dies auch bestätigt.[417]

(3) Konsequenz der Judikatur

Nach dem Konzept der Rechtsprechung gibt es keinen Anwendungsbereich für einen Kaufvertrag über eine neue unbewegliche Sache. Ein Kaufvertrag über eine neue Immobilie würde intendieren, dass sich jemand dazu entschließt, auf seinem eigenen Grundstück ein Gebäude zu errichten, um es im Anschluss zu veräußern. Selbst wenn der Veräußerer bei der Ausführung der Arbeiten noch gar nicht beabsichtigte, das Werk zu veräußern, wendet die Rechtsprechung jedoch Werkvertragsrecht an.[418]

Allgemein geteilt ist dieser Standpunkt nicht. Anlass gibt mitunter die Angleichung der Mängelansprüche mit der Schuldrechtsreform (dazu sogleich).[419] Aus diesem Grund gilt es, die von der Rechtsprechung aufgestellten Kriterien zu untersuchen, um die Konturen einer mittelbaren Herstellungsverpflichtung festzustellen.

b) Bewertung der Einordnung als Herstellungsverpflichtung

Zur Einordnung als Verschaffungs- oder Herstellungspflicht ist zu ermitteln, welchen Willen die Vertragsparteien aus Sicht eines objektiven Empfängers,

---

415 OLG Celle, Urt. v. 26.6.1996 – 6 U 173/95, NJW-RR 1996, 1416 (1417).

416 BGH, Urt. v. 25.2.2016 – VII ZR 156/13, NJW 2016, 1575 (1576); BGH, Urt. v. 26.4.2007 – VII ZR 210/05, NJW 2007, 3275 (3276 f.).

417 BGH, Urt. v. 12.5.2016 – VII ZR 171/15, BGHZ 210, 206 (212).

418 BGH, Urt. v. 5.4.1979 – VII ZR 308/77, BGHZ 74, 204 (208); BGH, Urt. v. 8.3.2007 – VII ZR 130/05, NJW-RR 2007, 895 (896).

419 Kritisch insofern *Brambring*, DNotZ 2001, 904 (906); *Busche*, in: MüKo, BGB, § 650u Rn. 14; *Hertel*, DNotZ 2002, 6 (18); *Hofmann/Joneleit*, NZBau 2003, 641 (644); *Kanzleiter*, DNotZ 2006, 246 (247); *Ott*, NZBau 2003, 233 (238); *Teichmann*, ZfBR 2002, 11 (19); *Wälzholz/Bülow*, MittBayNot 2001, 509 (521); *Werner*, in: FS Jagenburg, S. 1027 (1033); kritisch auch *Kögl*, in: FS Kainz, S. 385 (398).

§§ 133, 157 BGB, und unter Berücksichtigung ihrer gegenseitigen Interessen zum Ausdruck gebracht haben.

Angefangen bei der Bezeichnung durch die Parteien und Erwägungen zur Zufälligkeit des Abschlusszeitpunkts geht es nachfolgend vor allem darum, die vertraglich geschuldete Pflicht herauszukristallisieren. Ein besonderer Fokus liegt auf dem Vergleich der Unterschiede sowohl nach der Schuldrechtsreform als auch nach der Baurechtsreform.

(1) Parteienbezeichnung

Auf den ersten Blick naheliegend erscheint es, darauf abzustellen, wie die Parteien ihre gegenseitigen Verpflichtungen bezeichnet haben. Im Rahmen der Vertragsfreiheit könnte sich der Bauträger auch dann im Sinne des Werkvertragsrechts verpflichten, wenn das Gebäude schon errichtet ist.[420]

Allein auf die Bezeichnung der Parteien abzustellen, bringt aber nur zurück zur Frage, in welchen rechtlichen Kontext ihr Wille einzuordnen ist. Was intuitiv Bedenken begegnet, leuchtet auch durch den Verweis auf die Vertragsfreiheit nicht ein. Die Auslegung von Willenserklärungen darf gerade nicht am buchstäblichen Sinne des Ausdrucks haften (§ 133 BGB). Vertraglich geschuldet ist nur das, was dem Willen der Parteien entspricht. Die Privatautonomie erstreckt sich nicht auf den Vertragstyp, maßgeblich ist der Gegenstand, den die Parteien durch den Vertrag geregelt haben.[421] Sonst könnte sich der Veräußerer einseitig von unliebsamen Haftungsbeschränkungen freizeichnen.[422] Auf die Formulierung kann es nicht ankommen, wenn offensichtlich etwas anderes verabredet wurde, was die Fälle der falsa demonstratio non nocet bestätigen.

Die Herstellungspflicht lässt sich auch nicht daraus ableiten, dass der Veräußerer die Pflicht zur Beseitigung von Mängeln übernimmt.[423] Der BGH nimmt das Bestehen eines Nachbesserungsanspruchs zum Anlass, eine werkvertragliche Tätigkeit zu begründen. Der Nachbesserungsanspruch ist aber die gesetzliche Folge der Verletzung der Hauptpflicht zu mangelfreier Herstellung und setzt damit genau diese Herstellungspflicht voraus.[424] Hierdurch wird die Vertragsqualifikation zirkulär betrachtet und führt daher nicht weiter.

---

420 *Thode*, NZBau 2002, 297 (299).

421 BGH, Urt. v. 17.9.1987 – VII ZR 153/86, BGHZ 101, 350 (355); vgl. BGH, Urt. v. 15.3.1990 – VII ZR 311/88, BauR 1990, 466 f.; *Thode*, ZNotP 2006, 208 (209).

422 BGH, Urt. v. 21.2.1985 – VII ZR 72/84, NJW 1985, 1551.

423 So im Ergebnis BGH, Urt. v. 6.5.1982 – VII ZR 74/81, NJW 1982, 2243.

424 *Köhler*, NJW 1984, 1321 f.

Überdies kann der gewählte Vertragstyp zugunsten des sozial schwächeren Vertragspartners, der regelmäßig mangels Kenntnissen auf die Wahl des Vertragstyps nicht einwirken kann, zu korrigieren sein, wenn er ungeeignet ist, den beabsichtigten wirtschaftlichen Erfolg zu erzielen.[425] Bei Formularverträgen verbietet außerdem § 307 Abs. 1 BGB den Vertrag einem nicht einschlägigen Regelungsbereich zuzuordnen.[426]

Aus diesen Gründen erweist sich das Argument der Parteienbezeichnung als Zirkelschluss.[427]

(2) Zufälligkeit des Abschlusszeitpunkts

In diesem Zusammenhang könnte man aber auch maßgeblich auf den Stand der Bauarbeiten im konkreten Zeitpunkt des Vertragsabschlusses abstellen. Wie weit die Arbeiten bis zur notariellen Vertragsbeurkundung gediehen sind, ist dann letztlich entscheidend dafür, welche Vertragsart und vor allen Dingen welche Gewährleistungsrechte einschlägig sind.

Im Verlauf der Vertragsverhandlungen kann es dazu kommen, dass mit den Arbeiten bereits begonnen wird oder diese eventuell sogar abgeschlossen werden. Somit ist der Baufortschritt zum Zeitpunkt des Vertragsabschlusses nicht selten ganz zufällig.[428] Nach der Rechtsprechung kann es auf die Zufälligkeit des Produktionsprozesses bei Vertragsabschluss nicht ankommen.[429]

Dieser Verweis reicht jedoch nicht als überzeugender Begründungsstrang aus. Dieselbe Zufälligkeit ist an anderen Stellen im BGB von entscheidender Bedeutung für die Rechtsfolgen.[430] Im Kaufvertrag macht es beispielsweise einen enormen Unterschied, ob die Kaufsache vor oder nach Vertragsschluss untergeht.[431] Wann es zum Vertragsabschluss kommt, kann im Übrigen vom Bauträger mittelbar beeinflusst werden. Es gehört zu seinem Vermarktungsrisiko,

---

425 *Blank*, in: FS Thode, S. 233 (237 f.).

426 *Basty*, Bauträgervertrag, Rn. 1152.

427 So im Ergebnis auch die herrschende Rspr.: BGH, Urt. v. 12.5.2016 – VII ZR 171/51, BGHZ 210, 206 (212); *Blank*, in: FS Thode, S. 233 (237 f.); *Derleder*, NZBau 2004, 237 (243); a.A. *Köhler*, NJW 1984, 1321 (1322).

428 BGH, Urt. v. 5.5.1977 – VII ZR 36/76, BGHZ 68, 372 (373 ff.); BGH, Urt. v. 10.10.1974 – VII ZR 28/73, BGHZ 63, 96 (97).

429 BGH, Urt. v. 5.5.1977 – VII ZR 36/76, BGHZ 68, 372 (373 ff.); BGH, Urt. v. 10.10.1974 – VII ZR 28/73, BGHZ 63, 96 (97); BGH, Urt. v. 6.5.1982 – VII ZR 74/81, NJW 1982, 2243; so auch *Blank*, in: FS Thode, S. 232 (241 f.).

430 *Köhler*, NJW 1984, 1321 (1322).

431 *Köhler*, NJW 1984, 1321 (1322).

wenn sich das Objekt nicht schnell genug veräußern lässt. Indem er den Preis senkt, kann er auch einem schleppenden Vertrieb entgegenwirken.[432] Als allein ausschlaggebendes Argument ist der Zufallsfaktor ungeeignet. Entscheidend ist vielmehr, worin die geschuldete Pflicht des Bauträgers besteht, wenn das Werk schon errichtet ist, und ob diese Zufälligkeit den Interessen der Vertragsparteien hinreichend Rechnung trägt.

(3) Inhalt der primären Leistungspflicht

Ausgangspunkt der Argumentation ist die Feststellung, welche Pflichten bei einem fertiggestellten Objekt zum Vertragsinhalt gehören. Anders als es die Rechtsprechung nahelegt, soll der Fokus an dieser Stelle früher als im Nacherfüllungsstadium ansetzen. Welches Regelungsregime auf den Bauträgervertrag anzuwenden ist, hängt von dem Inhalt der Leistungspflicht ab. Anstatt allein auf die Unterschiede zwischen kauf- und werkvertraglichen Mängelrechten abzustellen, sollen an dieser Stelle vornehmlich die Abweichungen in Bezug auf den Vertragsgegenstand und die typische Risikolage vor dem Zeitpunkt der Fertigstellung herausgearbeitet werden.

(a) Herstellungspflicht des Bauträgers

(aa) Risiken aus der Tätigkeit

Aus dem besagten Vergleich drängt sich auf, dass der herkömmliche Werkvertrag den Unternehmer nicht ausschließlich dazu verpflichtet, einen Erfolg zu erbringen, sondern auch darin, eine Handlung durchzuführen. Gerade darin liegt der Unterschied zum Kaufrecht. Nach der Begriffsbestimmung in § 631 Abs. 1 BGB schuldet der Unternehmer die Herstellung des versprochenen Werkes. Abs. 2 erläutert näher, dass seine Aufgabe eine „Arbeit oder Dienstleistung" verlangt. Der damit statuierten Tätigkeitspflicht mag gemessen an dem geschuldeten Erfolg ein untergeordnetes Gewicht zukommen.[433] Bedeutung erlangt sie aber bei der Abgrenzung zum Kauf.[434] In dieser Vorbereitungsphase vor dem endgültigen Leistungsaustausch kann der Besteller stärker auf das Ergebnis Einfluss nehmen als der Käufer.[435] Im Bauträgerrecht profitiert der Bauträger davon,

---

432 *Dötsch*, NZM 2017, 832 (833).

433 Was vor allem damit in Zusammenhang steht, dass die Tätigkeitspflicht im Gegensatz zum versprochenen Erfolg nicht gesondert eingeklagt werden kann, *Peters*, in: Staudinger, BGB (2019), § 631 Rn. 15, 17.

434 *Peters*, in: Staudinger, BGB (2019), § 631 Rn. 14.

435 *Peters*, in: Staudinger, BGB (2019), Vorbem. §§ 631 ff. Rn. 18.

da er berechtigt ist, Abschlagszahlungen zu verlangen, um damit den Bauprozess (mit-) zu finanzieren. Die Herstellungsverpflichtung des Unternehmers und der dadurch bedingte Produktionsprozess begründen spezifische Konfliktlagen und Risiken, die dem Werkvertragsrecht eigen sind.

In dem Element der Tätigkeit verwirklicht sich auch ein stärkeres Risiko des Bestellers im Vergleich zum Käufer, der sich in seiner Investition sicherer wägt als bei einem Vorhaben, das es noch zu realisieren gilt. Während sich der Bauträger zumindest in seiner Eigentumsposition und einer aufgeweichten Vorleistungspflicht abgesichert sieht, ist die Lage des Erwerbers sehr instabil.[436] Er zahlt Raten der Gesamtvergütung auf ein Werk, das nicht in seinem Eigentum steht. Volleigentum erlangt er erst nach vollständiger Bezahlung des Gesamtpreises. Bis dahin erhält er zur Absicherung typischerweise eine Auflassungsvormerkung, die zwar insolvenzfest ist (§ 106 Abs. 1 Satz 2 InsO), bei Wahl der Nichterfüllung durch den Insolvenzverwalter sich jedoch in einen Schadensersatzanspruch umwandelt, der regelmäßig mit einer niedrigen Insolvenzquote befriedigt wird.[437]

Je länger der Herstellungsprozess dauert, desto wahrscheinlicher sind den Vertragszweck gefährdende finanzielle Engpässe auf beiden Seiten der Vertragsparteien. Abgesehen davon darf der Ungewissheitsfaktor nicht unterschätzt werden, wenn ein Bauwerk entsteht, das nicht betreten und plastisch wahrgenommen werden kann. Mag die Planung noch so detailliert und realitätsnah sein, kann sie die optische und haptische Wahrnehmung des Originals doch nicht ersetzen. Ob das in monate- und jahrelanger Arbeit entstandene Werk dann noch den Bedürfnissen und Geschmäckern entspricht, ist nicht gesichert. Neben wirtschaftlichen Umständen können sich insbesondere der Arbeitsort oder die Familienplanung geändert haben.[438]

Dieses Risikogefälle zwischen Käufer und Besteller verwirklicht sich nicht nur bei der Vertragsdurchführung, sondern auch in der Rückabwicklung. Wenn ein Bauvertrag teilweise erfüllt ist, hat die Rückabwicklung, von den praktischen Schwierigkeiten abgesehen, für den Besteller und auch für den Unternehmer im Regelfall gravierende wirtschaftliche Nachteile.[439]

---

436 *Koeble*, in: Kniffka/Koeble/Jurgeleit/Sacher, Kompendium des Baurechts, 10. Teil Rn. 258 ff.

437 *Glöckner*, in: FS Koeble, S. 271 (275).

438 Siehe dazu den Begriff des Verwendungsrisikos bei *Glöckner*, in: FS Koeble, S. 271 (273).

439 *Thode*, NZBau 2002, 297 (299).

Innerhalb dieses Rahmens von Erfolg und Tätigkeit sind Bemühungen um eine Fiktion der Herstellungspflicht wenig überzeugend. Wenn der Vertragsgegenstand bereits existiert und es zum Zeitpunkt des Vertragsschlusses keiner weiteren Tätigkeit des Veräußerers bedarf, schuldet der Bauträger nur den Erfolg und gerade nicht die Herstellung. Diese Sachlage ist symptomatisch allein für den Kaufvertrag. Typisch für den Bauträgervertrag ist, dass sich die Erfüllung zweigeteilt vollzieht.[440] Entfällt eine der beiden Verpflichtungen, ist es systematisch zwingend, dem Vertrag ein anderes Wesen zuzuordnen.

(bb) Zukunftsbezogenheit der Herstellungspflicht

Nicht nur der Wortlaut des § 631 BGB impliziert eine künftige Leistung des Unternehmers. Auch die systematische Einbettung in die werkvertraglichen Besonderheiten streitet dafür, dass Werkverträge zukunftsbezogen sind.

Geht es um den Zugriff auf eine Sache in ihrem bestehenden Zustand, hat das Gesetz dafür andere Gestaltungen vorgesehen.[441] Anders erklärt sich auch das Bedürfnis nach einer Erfüllungssicherheit nicht.[442] Der Bauträger hat dem Erwerber bei der ersten Abschlagszahlung eine Sicherheit für die rechtzeitige Herstellung des Werks ohne wesentliche Mängel in Höhe von 5 % der Gesamtvergütung zu leisten, § 650m Abs. 2 BGB (§ 632a Abs. 3 BGB a.F.). Die Sicherheit soll nach der Gesetzesbegründung alle Ansprüche abdecken, die darauf beruhen, dass die unternehmerische Leistung hinter der vertraglich vorausgesetzten Tauglichkeit oder Werthaltigkeit zurückbleibt.[443] Darin kommen die Unwägbarkeiten bezüglich der zukünftigen Herstellung paradigmatisch zum Ausdruck. Diese entfallen, wenn die Leistung schon vollbracht ist, sodass es auch sachgerecht erscheint, die Schutzbedürftigkeit des Käufers nach § 442 BGB einzuschränken. Sofern ihm der Mangel bekannt ist, kann er aus einer verstärkten Verhandlungsposition heraus zum Beispiel preisliche Abstriche verlangen. Bemerkt er trotz eingehender Prüfung den Mangel nicht, entsteht ihm daraus mangels grob fahrlässigen Verhaltens kein Nachteil (vgl. § 442 Abs. 2 Satz 2 BGB).

---

440 Siehe auch *Vogel*, NZM 2017, 681 (684).

441 So auch in der Stellungnahme des Bundesrates zum Gesetz der Modernisierung des Schuldrechts, BR-Drs. 338/01, S. 50 f.; a.A. *Peters*, in: Staudinger, BGB (2019), § 631 Rn. 19, der die Zukunftsbezogenheit nicht als begriffsnotwendig versteht.

442 *Vogel*, NZM 2017, 681 (684).

443 BT-Drs. 16/511 zum Forderungssicherungsgesetz v. 23.10.2008, BGBl. I S. 2022, auf das die ursprüngliche Fassung des § 650m Abs. 2 Satz 3 BGB zurückgeht.

Schließlich spricht die Parallele bei der Risikoverteilung im Kaufrecht für den Zukunftsbezug der Werkleistung. Beginnt der Unternehmer zu bauen, ohne mit einem Abnehmer kontrahiert zu haben, unterscheidet er sich in nichts vom Warenhersteller, der in der Hoffnung auf einen Käufer mit der Produktion beginnt: Beide investieren auf eigenes Risiko.[444] Steht der Abnehmer dagegen bereits fest, so lässt ihn der Unternehmer auch an der vorzunehmenden Investition durch Zahlung des Werklohns und insbesondere von Abschlägen teilhaben. Ist das Werk aber fertiggestellt, passt das Regelungsregime des Werkvertragsrechts nicht.

Aus den genannten Gründen ist nur ein zukunftsorientiertes Verständnis mit der Konzeption des Werkvertragsrechts vor allem im Nebeneinander mit dem Kaufrecht vertretbar.[445]

(cc) Bewertung von Restarbeiten

Die Überlegungen zur Zukunftsbezogenheit und zum Wesen des Bauvertrags gelten gleichermaßen für Fälle, in denen noch weitere Arbeiten geschuldet sind. Muss der Bauträger nach dem Vertrag noch Sonderwünsche der Erwerber realisieren, gelten die oben genannten Einwände gegen eine werkvertragliche Qualifikation nicht. Von einer Fertigstellung des Objekts kann keine Rede sein, weil noch Herstellungspflichten zu erfüllen sind. Eine Ausnahme kann freilich für geringfügige Restleistungen gelten, die nach dem Gesamtbild nicht ins Gewicht fallen und daher die Beurteilung als Kaufvertrag zulassen.[446] Insoweit ist dem BGH zuzustimmen, der dem Vertrag bei Sonderwünschen der Erwerber eine (ergänzende) Herstellungsverpflichtung attestiert, die ihm insgesamt das Gepräge eines Werkvertrags verleiht.[447]

Für eine Aufspaltung des Vertrags in einen werkvertraglichen und einen kaufvertraglichen Teil ist dagegen kein Raum.[448] In der Einheitlichkeit des Vertrags liegt gerade der Reiz für den Erwerber, die gesamte Leistung aus einer Hand zu erlangen. Ihm steht nur ein Vertragspartner gegenüber und der geschuldete

444 *Köhler*, NJW 1984, 1321 (1324).

445 Im Ergebnis ebenso *Hildebrandt*, ZfIR 2003, 489 (496); *Ott*, NZBau 2003, 233 (238).

446 Vgl. *Werner*, in: FS Jagenburg, S. 1027 (1033).

447 BGH, Urt. v. 25.2.2016 – VII ZR 49/15, BGHZ 209, 128 (134).

448 Eine derartige Aufspaltung als schwer handhabbar bezeichnend: *Hertel*, DNotZ 2002, 6 (19); a.A. *Köhler*, NJW 1984, 1321 (1324); *Hofmann/Joneleit*, NZBau 2003, 641 (645); *Teichmann*, ZfBR 2002, 13 (20), die eine Aufspaltung in einen fertiggestellten kaufrechtlichen Teil und einen noch zu errichtenden werkvertraglichen Teil befürworten.

Preis beinhaltet alle für das vollständige Werk erforderlichen Arbeiten. Alle Einzelelemente „stehen und fallen" miteinander, was auch zur Folge hat, dass sich die Beurkundungspflicht nach § 311b Abs. 1 BGB auf den gesamten Vertrag bezieht.[449] Ist der geschuldeten Leistung eine Herstellungskomponente zu entnehmen, so entspricht es dem einheitlichen Wesen des Bauträgervertrags, insgesamt das Gepräge eines einzigen Vertrags anzunehmen. Die verbleibende Restleistung ist nicht abgetrennt als Werkvertrag zu würdigen, sondern es ist von einem alle Leistungen umfassenden Bauträgervertrag auszugehen.

(b) Gegenleistung des Erwerbers

(aa) Vergütung

Typisch für den Werkvertrag ist die Vorleistungspflicht des Auftragnehmers.[450] Im Bauträgervertrag ist die Vorleistungspflicht konkretisiert durch eine zwingende Regelung zu Abschlagszahlungen in § 3 Abs. 2 Satz 1 MaBV,[451] auf die § 650v BGB mittelbar verweist. Zwingend ist die Vorschrift insofern, als sie festlegt, bis zu welcher Höhe Abschlagszahlungen vereinbart werden dürfen.[452] Ob ein Abschlag geschuldet ist, bedarf der parteilichen Abrede. Wenn der Bauträger Abschlagszahlungen vom Besteller verlangen will, muss er sich an dem Ablauf der Arbeiten nach den in der MaBV festgelegten Modalitäten orientieren.

Wo kein Bauablauf stattfindet, besteht auch kein Bedarf, Abschlagszahlungen verbindlich zu regeln. Hintergrund des § 3 Abs. 2 MaBV ist der Schutz der Auftraggeber vor überhöhten Zahlungsaufforderungen, die nicht im Verhältnis zu den erbrachten Leistungen stehen. Auf ein Gebäude, das zum Zeitpunkt des Vertragsschlusses bereits fertiggestellt ist, findet die MaBV keine Anwendung.[453] Ihre letzte Rate ist an die vollständige Fertigstellung geknüpft.

Daraus folgt, dass im Vertrag über fertiggestellte Bauobjekte weder an der Vorleistungspflicht des Bauunternehmers noch an bauablauforientierten Abschlagszahlungen festzuhalten ist. Es spricht nichts dagegen, dass die Vergütung mit

---

449 St. Rspr. seit BGH, Urt. v. 6.11.1980 – VII ZR 12/80, BGHZ 78, 346 (349); BGH, Urt. v. 21.11.1985 – VII ZR 366/83, BGHZ 96, 275 (279).

450 *Messerschmidt*, in: Messerschmidt/Voit, Privates Baurecht, Syst. Teil I, Rn. 2, BGB § 640 Rn. 79 f.; *Pause/Vogel*, in: Kniffka/Jurgeleit, ibr-online-Kommentar Bauvertragsrecht, § 641 Rn. 1; *Scheuch*, in: Schulze BGB, § 641 Rn. 1.

451 *Basty*, in: FS Wenzel, S. 103 (104); *Pause*, Bauträgerkauf, Rn. 617.

452 *Pause/Vogel*, in: Kniffka/Jurgeleit, ibr-online-Kommentar Bauvertragsrecht, § 650u Rn. 39.

453 Ebenso *Blank*, Bauträgervertrag, Rn. 536.

Übergabe fällig wird. Schließlich konnte sich der Erwerber vor Vertragsschluss über alle wesentlichen Merkmale des Vertragsgegenstands informieren. Der Inhalt der Vorleistungspflicht wird auf die Zeit davor vorgelagert, so wie es einem Kaufvertrag immanent ist.

(bb) Abnahme

Neben die Vergütungspflicht gehört die Pflicht zur Abnahme zum Kern jeden Bau- und auch Bauträgervertrags. Das Institut und die Sinnhaftigkeit der Abnahme erklären sich aber nur vor dem Hintergrund einer zukunftsbezogenen Werkleistung. Die Abnahme erfährt ihren Sinn gerade daraus, dass der Vertragsgegenstand bei noch zu erbringenden Bauleistungen erst später vollständig besichtigt und geprüft werden kann.[454] Kann das Werk schon vor Vertragsschluss überprüft werden, bedarf es der Kontrollmöglichkeit durch die Abnahme nicht mehr. Abnahmegegenstand ist daher eine noch herzustellende Leistung.

Zieht man außerdem in Erwägung, dass die Abnahme über ein fertiggestelltes Bauwerk schon im Vertrag selbst erklärt wird,[455] bleibt ihre Existenzberechtigung in einem solchen Vertrag ohnehin zu hinterfragen. Richtigerweise billigt der Erwerber den Vertragsgegenstand als eine seinen Vorstellungen entsprechende Leistung schon in dem bloßen Akt des Vertragsabschlusses. Bedenken können in der konkreten Ausgestaltung des Vertrags hinreichend Berücksichtigung finden.

(c) Zwischenergebnis

Verträge über fertiggestellte Bauwerke beinhalten als Primärleistungspflicht keine werkvertragliche Komponente, weil ihnen die Zukunftsbezogenheit der Herstellungspflicht fehlt. Die gegenseitigen Vertragspflichten sind auf den unmittelbaren Austausch angelegt. Diese Lage entspricht derjenigen des Kaufvertrags und verlangt keine werkvertragliche Behandlung. Solange Restarbeiten ausstehen, liegt den tatsächlichen Begebenheiten eine Herstellungspflicht zugrunde, die zur Anwendung von Werkvertragsrecht legitimiert. Gleichfalls bleibt Raum für die Anwendung des Werkvertragsrechts, wenn der Nachzügler den Erwerb einer bereits fertiggestellten Wohneinheit mit Umbauwünschen verbindet. Der Inhalt der Leistungspflicht ist damit nach dem Kriterium der Fertigstellung abzugrenzen.

---

454 *F. Schmidt*, in: FS Deckert, S. 443 (457).

455 So vorgeschlagen in einem Formularvertrag von *Blank*, Bauträgervertrag, Rn. 514.

(4) Vergleich der Gewährleistungsansprüche und -rechte

Das mit Abstand wichtigste Argument der Rechtsprechung zielt aber nicht auf die genaue Einordnung der geschuldeten Leistung ab, sondern legt den Fokus auf die Interessen der Beteiligten und deren sachgerechte Verfolgung auf Gewährleistungsebene. Die Ansprüche der Erwerber wegen Mängeln an neu errichteten Häuseranlagen und Eigentumswohnungen können nach Auffassung des BGH sach- und interessengerecht nur über das Werkvertragsrecht gelöst werden, auch wenn das Bauwerk bereits fertiggestellt ist.[456]

Die Interessenlage der Vertragsparteien ist anhand der sich aus der Anwendung von Kaufrecht und Werkvertragsrecht ergebenden Folgen zu beurteilen. Von Belang ist unterdessen vor allem der Vergleich der Mängelrechte vor und nach der Schuldrechtsreform.

(a) Verweis auf Unterschiede vor der Schuldrechtsreform

Bis zur Schuldrechtsmodernisierung bezog sich die Rechtsprechung bei ihrer Argumentation für die Anwendung der gleichen Kriterien bei fertiggestellten und bei noch im Bau befindlichen Werken vordergründig auf den Vergleich der Gewährleistung.[457] Die Verjährungsfrist von fünf Jahren (§ 638 BGB a.F.) sei angesichts der Tatsache, dass der Besteller die Mängel eines Bauwerks oft erst nach Jahren erkennt, sachgerechter als die einjährige Frist aus dem Kaufrecht nach § 477 BGB a.F.[458] Außerdem stand dem Käufer nach altem Recht kein Nacherfüllungsanspruch zu. Durch die Anwendung des Werkvertragsrechts wurde sichergestellt, dass der Erwerber einen Nachbesserungsanspruch und der Veräußerer ein Nachbesserungsrecht hat.

(b) Gegenüberstellung nach der Schuldrechtsreform

(aa) Angleichungen

Allein mit dieser Begründung ist die Anwendung des Werkvertragsrechts nach Erlass des Gesetzes zur Modernisierung des Schuldrechts[459] nicht mehr zu

---

456 BGH, Urt. v. 12.5.2016 – VII ZR 171/51, BGHZ 210, 206 (213); zustimmend *Glöckner*, in: Kleine-Möller/Merl/Glöckner, Handbuch des privaten Baurechts, § 4 Rn. 91.

457 BGH, Urt. v. 29.6.1989 – VII ZR 151/88, BGHZ 108, 164 (167 ff.); BGH, Urt. v. 5.5.1977 – VII ZR 36/76, BGHZ 68, 372 (373 f.); a.A. schon vor der Schuldrechtsmodernisierung: *Köhler*, NJW 1984, 1321.

458 *Blank*, in: FS Thode, S. 233 (237); *Ott*, NZBau 2003, 238; *Teichmann*, ZfBR 2002, 13 (19 f.).

459 Gesetz zur Modernisierung des Schuldrechts v. 26.11.2011, BGBl. I 2001, S. 3138 ff.

rechtfertigen. Die gesetzlichen Folgen von Sachmängeln beim Kauf- und Werkvertrag hat der Gesetzgeber für Verträge, die nach dem 1.1.2002 geschlossen wurden (Art. 229 §§ 5, 6 EGBGB), zum Teil angeglichen.[460] Vor allem gilt in beiden Fällen eine Verjährungsfrist von fünf Jahren und dem Käufer steht mittlerweile ein Nachbesserungsanspruch zu.

Trotz der Ähnlichkeiten verbleiben Unterschiede, die für einen Großteil der Rechtsprechung und Literatur ausschlaggebend sind.[461]

So soll der Besteller im Hinblick auf die *Verjährung* eine deutlich bessere Position innehaben als der Käufer, weil der Beginn erst auf den Zeitpunkt der Abnahme und nicht der Übergabe (§ 438 Abs. 2 BGB) fällt.[462] In der Praxis divergieren diese beiden Zeitpunkte zwar nicht selten,[463] aber für eine Besserstellung gibt es keine zwingenden Gründe. Im Falle der Abnahmereife hat der Besteller das Werk vorbehaltlich wesentlicher Mängel als vertragsgemäß zu billigen. Wenn sich also in manchen Fällen die Abnahme verzögert, so ist dies weder vom Gesetzgeber so gewollt noch interessengerecht.

Darüber hinaus ist die unterschiedliche Gestaltung des Wahlrechts zwischen den *Nacherfüllungsarten* beim Kaufvertrag auf Seiten des Käufers und beim Werkvertrag auf Seiten des Unternehmers im Falle eines Bauwerks nicht mehr als ein theoretischer Unterschied.[464] Im Einzelfall mag der Unternehmer aus Gründen der Reputation, der sicheren Nacherfüllung oder der technischen Praktikabilität ein Interesse an einer Neuherstellung haben.[465] Die Eigenart der Leistung des Bauträgers schließt eine Ersatzbeschaffung aber regelmäßig aus. Die Ersatzlieferung im Sinne eines Neubaus wird der Bauträger jedenfalls wegen

460 *Brambring*, DNotZ 2001, 904 (906); *Hertel*, DNotZ 2002, 6 (18 f.); *Kanzleiter*, DNotZ 2006, 246 (247 f.); *Ott*, NZBau 2003, 233 (238 f.); *Peters*, in: Staudinger, BGB (2019), § 650 Rn. 5 f.; *Teichmann*, ZfBR 2002, 13 (19 f.); *Wälzholz/Bülow*, MittBayNot 2001, 509 (522); *Werner*, in: FS Jagenburg, S. 1027 (1033).

461 BGH, Urt. v. 12.5.2016 – VII ZR 171/15, BGHZ 210, 206; dem folgend *Derleder*, NZBau 2004, 237 (242); *Dören*, ZfIR 2003, 497 (503); *Pause*, NZBau 2002, 648 (649); *Thode*, NZBau 2002, 297 (299).

462 *Thode*, NZBau 2002, 297 (299).

463 A.A. *Hertel*, DNotZ 2002, 6 (18 f.).

464 *Hertel*, DNotZ 2002, 6 (18 f.); so noch *Peters/Jacoby*, in: Staudinger, BGB (2014), § 651 Rn. 6.

465 *Moufang/Koos*, in: Messerschmidt/Voit, Privates Baurecht, BGB § 635 Rn. 40; konkret zum Beispiel der Baustofflieferung: *Leupertz*, BauR 2006, 1648 (1653 f.).

unverhältnismäßiger Kosten verweigern können, sodass es auf die Nachbesserung hinausläuft.[466]

(bb) Umgang mit verbleibenden Unterschieden

Schließlich ist der Gegenmeinung zuzugestehen, dass dem Kaufrecht kein der *Selbstvornahme* (§ 637 BGB) äquivalentes Recht entnommen werden kann. Das werkvertragliche Selbstvornahmerecht ist auch nicht wirtschaftlich mit dem „kleinen Schadensersatz" (§§ 280 Abs. 1, 3, 281 Abs. 1, Satz 1 BGB) vergleichbar.[467] Das Selbstvornahmerecht und der Aufwendungsersatzanspruch sind verschuldensunabhängig. Mit der Geltendmachung von Schadensersatz ist trotz der Verschuldensvermutung (§ 280 Abs. 1 Satz 2 BGB) ein größeres Prozessrisiko verbunden. Zum anderen kann der Besteller einen Vorschuss für seine Aufwendungen verlangen (§ 637 Abs. 3 BGB), was gerade in wirtschaftlicher Hinsicht von Vorteil ist.

Der Einwand verfängt aber aus zwei Gründen nicht. Erstens zieht die jüngere Rechtsprechung in manchen Fällen einen Kostenvorschuss als Schadensersatz, gerichtet auf Vorfinanzierung, nach § 280 Abs. 1 BGB in Betracht.[468] Steht man diesem Vorschlag kritisch gegenüber, ist der Weg zur Selbstvornahme jedenfalls über eine analoge Anwendung geebnet.[469] Eine vergleichbare Interessenlage liegt darin, dass es sich in beiden Fällen um den Erwerb eines neuen Bauwerks handelt. Der Zeitpunkt des Vertragsabschlusses ist – wie die Rechtsprechung betont – rein zufällig, was umso mehr für eine vergleichbare Interessenlage spricht. Vergleichbar ist die Lage vor allem auch mit den sog. Zweiterwerbern. Veräußert der Ersterwerber die Wohneinheit weiter, so liegt die Qualifikation als Kaufvertrag nahe. Der BGH nimmt für diese Konstellation an, dass der Zweiterwerber – wenn schon nicht ausdrücklich – so doch stillschweigend dazu ermächtigt ist, die Ansprüche des Ersterwerbers gegen den Bauträger geltend zu machen.[470] Wenn schon der Zweiterwerber Inhaber der Gewährleistungsansprüche wird,

---

466 *Hertel*, DNotZ 2002, 6 (18 f.); so noch *Peters/Jacoby*, in: Staudinger, BGB (2014), § 651 Rn. 6.

467 So *Hertel*, DNotZ 2002, 6 (18 f.); *Hildebrandt*, ZfIR 2003, 489 (493); *Leupertz*, BauR 2006, 1648 (1653).

468 So geschehen in BGH, Urt. v. 22.2.2018 – VII ZR 46/17, BGHZ 218, 1 (15 f.); BGH, Urt. v. 8.11.2018 – VII ZR 100/16, NZBau 2019, 100.

469 Ebenso *Peters*, in: Staudinger, BGB (2019), Vorbem. §§ 631 ff. Rn. 18, § 651 Rn. 6 f.; Bedenken dagegen äußernd: *Ott*, NZBau 2003, 233 (238); a.A. *Hildebrandt*, ZfIR 2003, 489 (494).

470 BGH, Urt. v. 19.12.1996 – VII ZR 233/95, NJW 1997, 2173; ebenso *Kniffka*, in: FS Ganten, S. 125 (126).

dann muss dies erst recht für den ersterwerbenden Nachzügler gelten. Planwidrig ist die Regelungslücke deshalb, weil der Gesetzgeber vor dem Eindruck der BGH-Judikatur keinen Grund gesehen haben kann, Selbstvornahmeelemente im Kauf von Bauwerken zu integrieren.

Damit sind auch Bedenken gegen die Verfolgung von unterschiedlichen Mängelansprüchen am Gemeinschaftseigentum unbegründet.[471] Denn zum einen ist die Situation, in der gleichzeitig die Nachzügler Nacherfüllung beanspruchen, während die anderen Erwerber zur Selbstvornahme greifen, ohnehin auch in Werkverträgen denkbar. Gerade aus diesem Grund beinhaltet das WEG mit dem Ziel des Schuldnerschutzes[472] Ausübungsbefugnisse der Gemeinschaft. Zum anderen stehen auch den Nachzüglern in analoger Anwendung ein Selbstvornahmerecht und der entsprechende Vorschuss zu, sodass die Gefahr unterschiedlicher Rechte weder geringer noch größer ist als bei einheitlicher Anwendung von Werkverträgen.[473] Außerdem sind Inhalt und Umfang der Mängelrechte beim Erwerb vom Bauträger im Kaufrecht nicht anders zu beurteilen als die werkvertraglichen Ansprüche.[474] Bei einem Sachmangel des vom Bauträger selbst errichteten Bauwerks dürfte es im Übrigen nicht zu großen Schwierigkeiten führen, dessen Verschulden zu begründen.[475]

In Abweichung vom Werkvertragsrecht könnte allenfalls die Einordnung als *Erfüllungsgehilfe* unterschiedlich sein. Schließlich ist der Erfüllungsgehilfe im Kaufvertrag nicht zwingendermaßen der Subunternehmer.

Ist damit die rechtliche Stellung des Käufers zwar nicht ganz im Einklang mit derjenigen des Bestellers von einem Bauwerk, so sind die Divergenzen auch nicht bedeutend genug, um weiterhin den Anwendungsbereich des Werkvertragsrechts auf fertiggestellte Objekte auszuweiten. Sie sind vielmehr Ausdruck des Systemverständnisses des Gesetzgebers.[476]

---

471 Kritisch dazu: *Glöckner*, in: Kleine-Möller/Merl/Glöckner, Handbuch des privaten Baurechts, § 4 Rn. 91; *Pause*, NZBau 2002, 648 (649).

472 *Hügel*, in: FS Spiegelberger, S. 1218 (1220).

473 A.A. *Pause*, NZBau 2002, 648 (649).

474 BGH, Urt. v. 25.2.2016 – VII ZR 156/13, NJW 2016, 1575 f.; *Pause/Vogel*, in: Kniffka/Jurgeleit, ibr-online-Kommentar Bauvertragsrecht, § 650u Rn. 245; *Suilmann*, in: Bärmann, WEG, § 10 Rn. 267.

475 *Hertel*, DNotZ 2002, 6 (18 f.).

476 *Hofmann/Joneleit*, NZBau 2003, 641 (645).

(c) Zwischenergebnis

Durch den Vergleich der Gewährleistungsansprüche und -rechte tritt keineswegs zutage, dass Werk- und Kaufvertragsrecht auf Sekundärebene gleichlaufen. Allerdings erfahren die in der Theorie bestehenden Divergenzen im Fall des Erwerbs von Wohnungseigentum in vielfacher Hinsicht eine Relativierung. Im Anwendungsbereich des modernisierten Schuldrechts überzeugen die Verweise der Rechtsprechung und eines Teils der Literatur auf die Abwicklung im Nacherfüllungsstadium daher nicht.

(5) Unterschiede vor dem Hintergrund der Reform 2018

Im Kontext der Neuregelungen zum Bauvertragsrecht ergeben sich spezifische Änderungen im Bauträgerbereich, die eine unterschiedliche Interessenlage zum Kaufrecht rechtfertigen und dadurch die Argumentationslinie der Rechtsprechung unterstützen könnten. Die Modifikationen im Rahmen der Schuldrechtsreform waren dafür nicht tauglich. Die jüngste Kodifikationsentwicklung beschäftigt sich gezielt mit dem Bauträger sowie dem Bauvertrag und könnte die Behauptung zulassen, dass nur eine Abwicklung nach Regelungen des Werkrechts den Interessen der Parteien gerecht wird.

(a) Kein Äquivalent wesentlicher werk- und bauvertraglicher Charakteristiken

Bei dem Bauträgervertrag handelt es sich unabhängig vom Zeitpunkt des Vertragsabschlusses um einen gemischten Vertragstyp, der sich aus kauf- und werkvertraglichen Elementen zusammensetzt. Allerdings wird die Mehrzahl der Vorschriften des Untertitels 1 von dem Verweisungsmechanismus ausgeschlossen. Einige der markantesten werkvertraglichen Pflichten finden aufgrund der Einschränkung in § 650u Abs. 2 auf den Bauträgervertrag keine Anwendung. Dadurch unterscheidet sich der Bauträgervertrag vom Bauvertrag in wesentlichen Attributen.

Bedeutend ist in erster Linie, dass dem Erwerber im Bauträgervertrag kein Kündigungsrecht (§§ 648, 648a BGB) zusteht und nachträgliche Sonderwünsche nicht über ein Änderungs- und Anordnungsrecht des Bestellers (§§ 650b, 650c BGB) Berücksichtigung finden. Nicht umgesetzt wird außerdem das Widerrufsrecht des Bestellers, §§ 650l, 355 BGB.

Der Grund dafür liegt in den Umständen des Wohnungsbaus. Im Geschossbau würden nachträgliche Sonderwünsche zu erheblichen Problemen führen.[477] Auf den Baukörper des Gemeinschaftseigentums darf seinem Charakter nach

477 BT-Drs. 18/8486, S. 72.

ein einzelner künftiger Wohnungseigentümer in Abweichung von der Planung nicht eingreifen. Im Hinblick auf das Gemeinschaftseigentum kann der Erwerber mithin kein individuelles Anordnungsrecht haben. In Bezug auf das Sondereigentum besteht die Gefahr, dass sich Änderungen auch auf das Gemeinschaftseigentum auswirken.[478] Die Kündigung ist problematisch, weil der Erwerber das Grundstück bzw. den Grundstücksanteil samt den bis zum Kündigungszeitpunkt erbrachten Bauleistungen beanspruchen oder das Grundstück schon vor Beginn der Arbeiten in Besitz nehmen und die Arbeiten anderweitig ausführen lassen könnte.[479]

Für Abschlagszahlungen verweist § 650v BGB über Art. 244 EGBGB auf die MaBV. Im Unterschied zu den Abschlagszahlungen nach § 650m BGB hat der Bauträger aber keinen Anspruch darauf und die Zahlungen sind nicht auf 90 % der Gesamtvergütung begrenzt. Für eine Bauhandwerkersicherungshypothek (§ 650e BGB) besteht ohnehin kein sinnvoller Anwendungsbereich, da dem Bauträger das Eigentum am Grundstück (noch) zusteht.

Übrig bleibt dann, wenn man wie hier vertreten keine Herstellungskomponente in einem fertiggestellten Werk sieht, nichts mehr von dem Wesen des Werkvertrags sowie dem eigentlich einschlägigen Baurecht. Für wesentliche werkvertragliche Charakteristiken enthält der Bauträgervertrag von vornherein kein Äquivalent. Modifiziert man zusätzlich die prägende Primärleistungspflicht zu einer bereits abgelaufenen Herstellung, deutet der Rest des Vertragsinhalts jedenfalls nicht auf einen Werkvertrag hin.

Führt man diese Annahme mit den oben genannten Erwägungen zusammen, spricht nichts mehr für die extensive Erweiterung des Anwendungsbereichs. Die Abnahme erscheint zusammen mit der Erfüllungssicherheit und der Leistung von Abschlagszahlungen obsolet. Aus den Gewährleistungsrechten folgen keine dramatischen Unterschiede.

Mit den hier skizzierten Ausnahmebestimmungen nach § 650u Abs. 2 BGB ist das Wesen des Werkvertrags im errichteten Gebäude zur Gänze erschöpft.

(b) Erweiterter Umfang der Nacherfüllungsverpflichtung im Kaufrecht

Während die werkvertraglichen Elemente des Vertrags über ein fertiggestelltes Objekt sich auflösen, liefert der Kaufvertrag neuerdings umfassendere Möglichkeiten für den Käufer auf Nacherfüllungsebene. Als Ausfluss

478 BT-Drs. 18/8486, S. 72.

479 *Pause/Vogel*, in: Kniffka/Jurgeleit, ibr-online-Kommentar Bauvertragsrecht, § 650u Rn. 129.

der EuGH-Rechtsprechung zum sog. „Fliesen-Fall“[480] setzte der Gesetzgeber die bislang nur für Verbraucher geltende Marschrichtung (B2C-Geschäft) zu Ein- und Ausbaukosten einer mangelhaften Sache[481] auch für Unternehmer (B2B-Geschäft) um. Gemäß § 439 Abs. 2 BGB ist der Verkäufer verschuldensunabhängig verpflichtet, dem Käufer die erforderlichen Aufwendungen für das Entfernen der mangelhaften und den Einbau oder das Anbringen der mangelfreien Sache zu ersetzen.

Der Werkunternehmer schuldet den Ein- und Ausbau mangelhafter Sachen ohnehin. Damit trägt er auch die dafür aufgewendeten Kosten. Insofern kann man wohl von einem Gleichlauf mit dem Werkvertragsrecht an dieser Stelle sprechen.[482] Im Lichte aller bisherigen Reformen bestätigt sich also die Tendenz einer Angleichung.

(c) Abweichungen vom Kaufvertrag nach neuem Recht

Die Novellierung brachte daneben Änderungen, die Unterschiede zwischen Kauf- und Werkvertragsrecht begründen. Dazu zählt vor allem die neue Baubeschreibungspflicht, mit der es mittelbar zu Folgen im Gewährleistungsmanagement kommen wird. Auch die Pflicht zur Erstellung und Herausgabe von Unterlagen weicht von dem Regelungsregime im Kaufrecht ab.

Zuletzt ist deshalb zu beleuchten, inwiefern sich ein Wertungswiderspruch aus der Anwendung des Kaufrechts bei fertiggestellten Gebäuden angesichts dieser neuen Modifikationen ergibt. Anknüpfungspunkt für die entscheidenden Vorschriften ist dabei stets die Stellung als Verbraucher. Die Änderungen betreffen daher vor allem Mechanismen zum Schutz des Erwerbers, die gemäß § 650o BGB zum Teil zwingend sind.

(aa) Baubeschreibungspflicht

Mittelbar mit den Gewährleistungsrechten in Verbindung steht die Beschreibung des Vertragsinhalts. Die Baubeschreibungspflicht knüpft im Bauträgervertrag an die Verbraucherstellung an (§§ 650i, 650j BGB i.V.m. Art. 249 EGBGB). Die wesentlichen Eigenschaften des angebotenen Werks sind in klarer Weise darzustellen. Der geschuldete Mindestinhalt der Baubeschreibung (Art. 249 § 2 EGBGB) umfasst die vereinbarten Beschaffenheitsmerkmale im Sinne von

480 EuGH, Urt. v. 16.6.2011 – Rs. C-65/09 und Rs. C-87/09, BeckRS 2011, 80988.

481 BGH, Urt. v. 21.12.2011 – VIII ZR 70/08, BGHZ 192, 148 (154 ff.); BGH, Urt. v. 17.10.2012 – VIII ZR 226/11, BGHZ 195, 135 (138 ff.).

482 Ebenso *Gerlach/Manzke*, JuS 2019, 426 (427).

§ 633 Abs. 2 Satz 1 BGB und bestimmt damit die Beurteilung der Mangelfreiheit.[483] Konkret definiert die Baubeschreibung den Leistungsumfang in tatsächlicher Hinsicht, indem sie zuvorderst die zu verwendenden Materialien und die versprochenen Ausstattungselemente auflistet.[484] Ziel der verpflichtenden Baubeschreibung ist es, die Rechtssicherheit bei der Abwicklung von Verbraucherbauverträgen zu steigern[485] und damit der asymmetrischen Informationslage zulasten des Verbrauchers entgegenzuwirken.[486] Der Verbraucher bekommt die Gelegenheit, die angebotene Leistung zu prüfen, um verschiedene Angebote besser vergleichen zu können. Mittelbar soll damit der Wettbewerb gestärkt werden.[487]

Der hier konstatierte Kaufvertrag über ein abgeschlossenes Bauprojekt fällt weder unter den Typ des Verbraucherbauvertrags noch sind die allgemeinen Informationspflichten gegenüber Verbrauchern einzuhalten (§§ 312a Abs. 2, 312 Abs. 2 Nr. 2 BGB i.V.m. Art. 246 EGBGB). Versteht man den Vertrag über ein fertiggestelltes Bauwerk als Kauf und nicht als gemischte Vertragsform mit werkvertraglichem Einschlag, müsste die Vertragsurkunde demnach nicht die Einzelheiten einer Beschreibung beinhalten.

Dieser Wegfall des Verbraucherschutzes im Kaufvertrag über neue Immobilien wäre zu beklagen. Immerhin ist der Besteller einer neuen Immobilie im Hinblick auf sein Informationsinteresse nicht weniger schutzwürdig als der Käufer einer solchen. Den Fall eines Bauträgervertrags, der dogmatisch korrekt ein Kaufvertrag ist, und bei dem ein Verbraucher als Vertragspartei handelt, hatte der Gesetzgeber bei der Reform offenkundig nicht vor Augen. Schließlich ist die Rechtsprechung des BGH weit verbreitet und findet trotz diverser Gegenstimmen weiterhin Zustimmung und Anwendung.

Die Belastung für den Bauträger mit einer Baubeschreibungspflicht ist auch nicht erheblich, weil er die herkömmlichen Erwerberverträge ohnehin damit versehen muss. Für den Nachzügler ist der Vorteil hingegen immens.

Erstens dient die Beschreibung dem allgemeinen Klarstellungsbedürfnis über den vertraglich geschuldeten Umfang. Zweitens ist die Beschreibung unerlässlich für die künftige Bestandsaufnahme zum Zwecke von Wartungs- und

483 *Karczewski*, NZBau 2018, 328 (329).

484 *Krick/Sagmeister*, MittBayNot 2014, 205 (208); *Pause*, Bauträgerkauf, Rn. 92.

485 *Omlor*, NJW 2018, 817 (819).

486 BT-Drs. 18/8486, S. 62.

487 BT-Drs. 18/8486, S. 62; *Pause/Vogel*, in: Kniffka/Jurgeleit, ibr-online-Kommentar Bauvertragsrecht, § 650u Rn. 171.

Instandhaltungsarbeiten, die jedes Mitglied der Eigentümergemeinschaft zwangsläufig mitträgt. Zu einem späteren Zeitpunkt sind Modernisierungen und Änderungsmaßnahmen mit höherem Aufwand verbunden, wenn nicht auf eine Dokumentation über den Zustand bei Vertragsabschluss zurückgegriffen werden kann.[488]

Der Rechtsprechung zum alten Recht liegt die Annahme zugrunde, dass die Baubeschreibung auch dann zu beurkunden ist, wenn der Bauträger die geschuldete Werkleistung zum Zeitpunkt des Vertragsschlusses bereits ausgeführt hat.[489] Konsequent wäre es, diese extensive Auslegung insofern auf den Kaufvertrag zu übertragen, als der Vertragsinhalt in Rede steht. Dabei bleibt der sachliche Anwendungsbereich gleich. Es handelt sich hierbei gerade nicht um die Frage, ob der Wortlaut auf weitere Teile wie die Errichtung von Gebäudeteilen erweitert werden kann.[490] Hier ist der sachliche Anwendungsbereich identisch, weil es um ein neues Gebäude geht. Lediglich die rechtliche Qualifikation ist eine andere, weil die Auslegung der Bauverpflichtung enger ist als diejenige der herrschenden Rechtsprechung.

Dem Vertrag über Neubauten muss die Baubeschreibung daher unbeschadet der Qualifikation als Werk- oder Kaufvertrag hinzugefügt werden. Mangels vorzunehmender Herstellungsleistungen ist der Inhalt sinnvollerweise auf die verrichteten Leistungen beschränkt. Angaben zum Fertigstellungszeitpunkt (§ 650k Abs. 3 Satz 1 BGB) sind zwar redundant, die anderen Inhalte der Baubeschreibung können aber entsprechend auf ein bereits errichtetes Werk übertragen werden.

(bb) Erstellung und Herausgabe von Planungsunterlagen

Mit der Einführung des § 650n BGB soll sichergestellt werden, dass der Besteller eines Verbraucherbauvertrags die Bauunterlagen, die er für Nachweise gegenüber Behörden oder gegenüber Dritten wie zum Beispiel dem Darlehensgeber der KfW benötigt, ausgehändigt bekommt.[491] Durch die Regelung in § 650o BGB wird die Pflicht der Parteidisposition entzogen.

---

488 *Pause*, Bauträgerkauf, Rn. 522g, der über die Baubeschreibung hinaus auch die hergestellten Bauunterlagen fordert.

489 BGH, Urt. v. 10.2.2005 – VII ZR 184/04, BGHZ 162, 157 (160); zur Baubeschreibung für bereits erbrachte und noch zu erbringenden Sanierungsleistungen BGH, Urt. v. 8.3.2007 – VII ZR 130/05, NJW-RR 2007, 895 (896).

490 Umstritten, dafür *Motzke*, NZBau 2017, 515 (519 f.); dagegen *Omlor*, NJW 2018, 817 (819).

491 BT-Drs. 18/8486, S. 65.

Die Ergänzung zum Bauvertragsrecht erging vor allem zu Unterlagen, welche die Baubehörde objektbezogen verlangt wie die Baugenehmigung oder Brandschutz-, Standsicherheits-, Schallschutz- und Wärmenachweise,[492] aber auch Nachweise nach § 10 Erneuerbare-Energien-Wärmegesetz[493]. Unterlagen der Ausführungsplanung, Fachplanung und zum Bestand fallen dagegen nicht unter die Dokumentationspflicht, da sie für Nachweise gegenüber der Baubehörde nicht von Belang sind.[494] Bei der Umsetzung in der Konstellation des Wohnungserwerbs findet die Pflicht jedoch nur eingeschränkt Anwendung.

Ausgehend von den Anforderungen in öffentlich-rechtlichen Landesvorschriften ist die Erstellungs- und Herausgabepflicht des Absatzes 1 auf einen Verbraucher zugeschnitten, der selbst Bauherr ist.[495] Bauherr ist beim Bauträgervertrag jedoch der Bauträger.[496]

Mit dem Kauf ist die Lage freilich nicht vergleichbar. Die hier in Rede stehenden bautechnischen Nachweise sind regelmäßig vor Baubeginn zu erbringen.[497] Nach Abschluss der Arbeiten geht diese Pflicht unter.

Im Gegensatz dazu können die Verpflichtungen aus Abs. 2 den Erwerber als Rechtsnachfolger des Bauherrn treffen, wenn die Bauordnung des jeweiligen Landes eine entsprechende Aufbewahrungspflicht vorsieht.[498] Aus dieser Aufbewahrungspflicht ergibt sich für jeden Grundstückseigentümer das Bedürfnis nach den relevanten Unterlagen.

Zuweilen sind die Erstellung und Herausgabe der Unterlagen jedoch bereits Ausdruck einer vertraglichen Nebenpflicht (§ 241 Abs. 2 BGB) des

---

492 *Pause*, Bauträgerkauf, Rn. 522a; *ders./Vogel*, in: Kniffka/Jurgeleit, ibr-online-Kommentar Bauvertragsrecht, § 650u Rn. 217.

493 BT-Drs. 18/8486, S. 65.

494 *Glöckner*, VuR 2016, 163 (167); *Pause*, BauR 2017, 430 (438).

495 *Lenkeit*, in: Messerschmidt/Voit, Privates Baurecht, § 650n Rn. 68; *Pause*, Bauträgerkauf, Rn. 522b; *ders./Vogel*, in: Kniffka/Jurgeleit, ibr-online-Kommentar Bauvertragsrecht, § 650u Rn. 218; a.A. *Koeble*, in: Kniffka/Koeble/Jurgeleit/Sacher, Kompendium des Baurechts, 10. Teil Rn. 227.

496 Siehe oben Kap. 2, II., 2., b), (2).

497 Beispielhaft: § 18 der Bauverfahrensverordnung v. 15.11.2017 in Berlin, GVBl. 2017, 636; 2018, 147; § 16a Verfahrensverordnung zur Landesbauordnung vom 13.11.1995 in Baden-Württemberg, GBl. S. 794.

498 So zum Beispiel in Berlin nach § 18 der Bauverfahrensverordnung vom 15.11.2017, GVBl. 2017, 636; 2018, 147; in Baden-Württemberg nach § 16a Verfahrensverordnung zur Landesbauordnung vom 13.11.1995, GBl. S. 794.

Unternehmers.[499] Mit der Neuregelung unternahm es der Gesetzgeber, eine diesbezüglich uneinheitliche Rechtsprechung klarzustellen.[500] Bei einem so definierten Schutzzweck drängt sich nach aktuellem Stand keine bedenkliche Lücke auf, die es zu überwinden gilt. Für § 650n BGB besteht beim Bauträgervertrag jedenfalls kein wesentlicher Anwendungsbereich.[501]

Berechtigt ist in diesem Zusammenhang die Idee, den Anspruch als gemeinschaftsbezogen zu begreifen.[502] Die Gemeinschaft hat ein erhöhtes Interesse an den Unterlagen, weil jedes einzelne Mitglied perspektivisch zu Wartungs- und Instandhaltungsarbeiten an dem gemeinschaftlichen Baukörper herangezogen wird.[503]

(cc) Abschlagszahlungen und Schlusszahlung

Von den Vorschriften über den Verbraucherbauvertrag sind außerdem die Regeln zur Sicherung von Abschlagszahlungen nicht anwendbar, § 650m Abs. 2, 3 BGB. Dafür besteht im Kauf mangels Vorleistungspflicht des Werkunternehmers auch kein Bedarf. Das Kaufrecht verfügt für den Gesamtpreis über bewährte Sicherungsmechanismen.

Bislang war ferner streitig, ob die Schlussrechnung erst nach Abnahme fällig ist. Diese Rechtsunsicherheit hat den Gesetzgeber bewogen, die Abnahme mittels Verweis auf § 650g Abs. 4 Satz 1 Nr. 1 BGB zur Voraussetzung für die Fälligkeit zu erheben. Abnahmereife genügt nicht.

Im Hinblick auf den Vertrag ohne Herstellungspflicht ändert sich in diesem Zusammenhang nichts, denn die Abnahme kann ohnehin schon im Vertrag erklärt werden.

---

499 OLG Köln, Urt. v. 13.5.2015 – 11 U 96/14, ZMR 2016, 66; *Busche*, in: MüKo, BGB, § 650n Rn. 1; *Kaiser*, in: Staudinger, BGB (2019), § 650n Rn. 2; *Omlor*, NJW 2018, 817 (822); für eine weitergehende Herausgabepflicht in Bezug auf alle Unterlagen, die für die Nutzung des Werks benötigt werden, und zwar unabhängig von der Verbraucherstellung: *Koeble*, in: Kniffka/Koeble/Jurgeleit/Sacher, Kompendium des Baurechts, 10. Teil Rn. 229.

500 BT-Drs. 18/8486, S. 65; *Busche*, in: MüKo, BGB, § 650n Rn. 1; *Omlor*, NJW 2018, 817 (822).

501 *Pause/Vogel*, in: Kniffka/Jurgeleit, ibr-online-Kommentar Bauvertragsrecht, § 650u Rn. 222.

502 *Koeble*, in: Kniffka/Koeble/Jurgeleit/Sacher, Kompendium des Baurechts, 10. Teil Rn. 229.

503 *Pause*, Bauträgerkauf, Rn. 522g.

(dd) Zwischenfazit

Verbraucherschützende Rechte prägen das Konstrukt des neuen Bauvertragsrechts. Der Praxistest zur Effektivität solcher Regelungen mag zwar noch ausstehen. Ausgehend von dem Sinn und Zweck der Regelungen deutet sich aber ein beachtlicher Spalt zu Kaufverträgen über neue Immobilien an. Die Abweichungen vom Kaufrecht wiegen schwer und wirken sich für den Erwerber nachteilig auf seine Nacherfüllungsansprüche aus. Vor dem Hintergrund einer jahrzehntelangen Rechtsprechung, die nach der Schuldrechtsreform bestätigt wurde, muss die Baubeschreibungspflicht konsequenterweise auch für den Kauf einer neuen Immobilie gelten.

(d) Zwischenergebnis

Die verbleibenden Unterschiede vermögen keine tragfähigen Gründe mehr für die Anwendung von Werkvertragsrecht zu liefern. Der Anlass für die Gleichbehandlung aller Erwerber ist damit weggefallen.[504] In der Folge haben die Erwägungen zu den unterschiedlichen Konsequenzen keinen Bestand mehr. Mithin begründet nicht die Schuldrechtsreform 2002, wohl aber die letzte Reform zum Bauvertragsrecht Unterschiede in der Anwendung von Kauf- und Werkvertragsrecht, die so nicht sachgerecht sind. Darin manifestiert sich eine Fehlentwicklung, die mit dem extensiven Verständnis zur Herstellungspflicht ihren Lauf nahm und zu korrigieren ist. Der Traditionsjudikatur zum Trotz ist der Vertrag über ein fertiggestelltes Bauwerk als Kaufvertrag zu qualifizieren.

c) Kritik am Maßstab der neu hergestellten Sache

Kommt man trotz dogmatischer Brüche[505] mit der Rechtsprechung und einem Teil der Literatur zur Ausweitung des Anwendungsbereichs, stellt sich die schwierige Abgrenzungsfrage. Kaufrecht ist in den Entscheidungen des BGH dann anwendbar, wenn das Bauwerk nicht mehr als neu errichtetes Objekt zu qualifizieren ist.

---

504 So auch BR-Drs. 338/01, S. 51; *Faust*, in: BeckOK BGB, § 433 Rn. 16; *Hildebrandt*, ZfIR 2003, 489 (494); *Hofmann/Joneleit*, NZBau 2003, 641 (644 f.); *Ott*, NZBau 2003, 233 (239); *Peters*, in: Staudinger, BGB (2019), § 631 Rn. 13; *F. Schmidt*, in: FS Deckert, S. 443 (446).

505 Nach Ansicht des Bundesrats hat die Rechtsprechung die Lösung contra legem gefunden, BR-Drs. 338/01, S. 51.

(1) Bedeutung der Neuheit

In Anlehnung an die Formulierung aus § 309 Nr. 8 lit. b) BGB gibt die Neuheit des Vertragsgegenstands den Ausschlag für die geschuldete Leistungspflicht. Ist die Wohnung neu, soll Herstellung geschuldet sein. Ausgenommen sind damit Sachen, die gebraucht sind und aus diesem Grund ein höheres Sachmängelrisiko tragen.[506] Durch den Gebrauch entstehen besondere Gefahren und Risiken, die eine unterschiedliche Behandlung rechtfertigen.[507]

Dem ist zuzugeben, dass ein hergestelltes Werk zwangsläufig neu ist, wodurch die Neuheit unweigerlich nach dem Vertrag geschuldet ist. Im Kauf kann der betroffene Gegenstand dagegen in einem anderen Zustand sein.

Gleichzeitig setzt der Kauf aber auch keine gebrauchte Sache voraus. Neu hergestellt kann die Sache beim Kauf- genauso wie beim Werkvertrag sein. Daran krankt das Abgrenzungskriterium von Beginn an.

(2) Versuche objektiver Konkretisierungen

Nachdem die Formulierung schon im AGB-Recht gemeinhin als missglückt verstanden wird,[508] überträgt die Rechtsprechung die gleichen Probleme auf die Ebene der Vertragseinordnung. Ob eine Sache gebraucht ist, soll nach herrschender Auffassung nach einem objektiven Maßstab zu bestimmen und jedenfalls bei einem Verbrauchsgüterkauf einer Parteivereinbarung entzogen sein.[509] Neu hergestellt sind Sachen, die bisher noch nicht in ihren bestimmungsgemäßen oder vom Vertrag vorausgesetzten Gebrauch genommen worden sind.[510] Die Beurteilung der Neuwertigkeit richtet sich nach der typischen Lebensdauer des Vertragsgegenstands.[511] Ein Bauwerk soll wesentlich länger genutzt werden als bewegliche Sachen wie Kraftfahrzeuge oder Möbel. Wegen der langen Nutzungsdauer von etwa fünfzig bis achtzig Jahren kann eine Wohnung nicht schon nach ihrem Bezug und kurzfristigen Gebrauch als bestimmungsgemäß genutzt gelten. Der in Betracht kommende Zeitraum, innerhalb dessen von einer neu

506 BGH, Urt. v. 3.7.1985 – VIII ZR 152/84, NJW-RR 1986, 52 (53); *Coester-Waltjen*, in: Staudinger, BGB (2019), § 309 Nr. 8 Rn. 21; *Wurmnest*, in: MüKo, BGB, § 309 Nr. 8 Rn. 15.

507 BGH, Urt. v. 3.7.1985 – VIII ZR 152/84, NJW-RR 1986, 52 (53).

508 *Wurmnest*, in: MüKo, BGB, § 309 Nr. 8 Rn. 15.

509 Vgl. BGH, Urt. v. 15.11.2006 – VIII ZR 3/06, BGHZ 170, 31 (40 ff.).

510 *Wurmnest*, in: MüKo, BGB, § 309 Nr. 8 Rn. 17.

511 *Vogel*, NZM 2017, 681 (686).

hergestellten Sache auszugehen ist, ist bei Immobilien wesentlich länger als bei beweglichen Sachen.

Ausgehend von den bisherigen Entscheidungen spielt dabei die Nutzung im Mietverhältnis eine gewichtige Rolle. Vor dem Hintergrund, dass ein Mietvertrag ohne bestimmte Vertragslaufzeit spätestens am dritten Werktag eines Kalendermonats zum Ablauf des übernächsten Monats ordentlich gekündigt werden kann (§ 573c Abs. 1 Satz 1 BGB), könnte sich der Ablauf der *ordentlichen Kündigungsfrist* als Maßstab anbieten. Dies ist der frühestmögliche Zeitpunkt, in dem der Mietvertrag nach den gesetzlichen Regeln des besonderen Schuldrechts ohne besonderen Grund aufgelöst werden kann. Nach diesem Zeitraum ist es jedenfalls vertretbar zu behaupten, die Wohnung sei vermietet und damit in Gebrauch gewesen. Dies verträgt sich freilich nicht mit der Vorgabe des BGH, ein acht Monate lang vermietetes Objekt noch dem Werkvertragsregime zu unterstellen.[512]

Umgekehrt ist die Frist, in der in der Regel *Schönheitsreparaturen* fällig werden, als zu lang entschieden worden.[513] Auf der Basis des Mustermietvertrags sind Schönheitsreparaturen im Allgemeinen erforderlich nach drei Jahren in Küchen, Bädern und Duschen, in den anderen Räumen erst nach fünf bzw. sieben Jahren.[514] Ohne eine Aussage über die Validität solcher Fristen machen zu wollen, ist der Weg bereits durch anderslautende Entscheidungen versperrt.

Wenn es schließlich doch gelingt, einen bestimmten Zeitraum festzumachen oder zumindest andere objektive Kriterien zu bemühen, die neu von gebraucht unterscheiden, stellt sich weiter die Frage, *wo* die Trennlinie verläuft.

Ob es sich tatsächlich um eine neue Sache handelt, wenn das gemeinschaftliche Eigentum bereits seit zwei Jahren von der Eigentümergemeinschaft in Gebrauch genommen wurde, ist zu bezweifeln.[515] Genutzt wurde es allemal, bis zu welchem Grad und wie gleichmäßig Gebrauchserscheinungen verteilt sind, unterliegt aber streng genommen einer (zusätzlichen) Einzelfallbewertung.

Der Zustand der Wohnung bei Vertragsabschluss ist letzten Endes ebenfalls zufällig. Indem nicht der Zeitpunkt des Vertragsabschlusses, sondern der Zustand der Wohnung entscheidend ist, verschiebt sich das Zufälligkeitselement lediglich und tritt in neuer Gestalt auf. Die Begründung mit der Zufälligkeit

512 BGH, Urt. v. 20.2.1986 – VII ZR 318/84, BauR 1986, 345 f.

513 BGH, Urt. v. 25.2.2016 – VII ZR 156/13, NJW 2016, 1575 (1576).

514 Mustermietvertrag 1976 Bund vom 3.2.1976, Beil. BAnz. Nr. 22, § 7 Fn. 1.

515 Dafür: *Brambring*, NJW 1987, 97 (102); dagegen: *F. Schmidt*, in: FS Deckert, S. 443 (467).

kann sich mithin genauso gut gegen den extensiven Anwendungsbereich des Werkvertragsrechts richten.

(3) Fazit zum Kriterium der neu hergestellten Sache

Das undurchsichtige Abgrenzungssystem der Rechtsprechung kreiert massive Rechtsunsicherheit. Im Zweifel werden die Vertragsparteien einen Werkvertrag annehmen, um sich auf der sicheren Seite zu wägen. Festzustellen, ob die Voraussetzungen eines Kaufvertrags gegeben sind, obliegt so allein den Gerichten und ist von den Rechtsanwendern praktisch nicht zu bestimmen. Als Zwischenfazit ist daran anknüpfend festzuhalten, dass die Frage nach der Neuheit oder Gebrauchsdauer nicht allein ausschlaggebend dafür sein kann, zu welchen Leistungen sich eine Vertragspartei verpflichtet.

d) Konsequenzen

Unter Zugrundelegung der Interessenlage der Vertragsparteien sind ihre Willenserklärungen dahingehend auszulegen, dass bereits fertiggestellte Bauwerke keiner weiteren Errichtung durch den Bauträger mehr bedürfen. Konsequenterweise handelt es sich daher um einen Kaufvertrag. War vor der Schuldrechtsreform noch entscheidend, dass die beiden Vertragstypen unterschiedliche Gewährleistungsrechte eröffnen, drängen die verbliebenen Divergenzen nicht mehr auf ein extensives Verständnis der Herstellungspflicht. Wesentlich ist vielmehr der Inhalt der Leistungspflicht ausgehend von der tatsächlichen objektiven Lage zum Vertragszeitpunkt – mag es dabei auch zu zufälligen Zuordnungen kommen. Im Werkvertrag ist nämlich im Vergleich zum Kaufvertrag nicht nur ein Erfolg sondern auch eine Tätigkeit geschuldet. Erfolg ohne Tätigkeit kann sinnvoll nicht mehr vom Kauf abgegrenzt werden.

Deutlich wird dies an dem untauglichen Versuch der Rechtsprechung, mit dem Kriterium der Neuheit die beiden Vertragstypen voneinander zu unterscheiden. In der Praxis hat dieser Ansatz zur Folge, dass die Parteien sich im Zweifel auf die Anwendung des Werkvertragsrechts verlassen müssen. Die Grenze entlang der Fertigstellung in dem Sinne zu ziehen, dass der Bauträger keine weiteren Arbeiten mehr erbringt und die einzige Vertragspflicht in der Eigentumsübertragung liegt, kann im Vergleich dazu besser gehandhabt werden. Entscheidend ist der Zeitpunkt der Beurkundung des Vertrags. Die von den Parteien gewählte Bezeichnung braucht man dagegen nicht zu bemühen.

Folge der Qualifikation als Kaufvertrag ist, dass der Erwerber keine Abnahme schuldet. Ein großer Streitpunkt des Werkvertrags ist damit aus dem Weg geräumt.

3. *Schlussfolgerung zur Vereinheitlichung der Abnahme*

Die Vereinheitlichung der Abnahme durch deren Abschaffung für Nachzüglerverträge scheint ein gangbarer Weg. Dennoch verfehlt auch diese Herangehensweise im Ergebnis den gewünschten Effekt.

So kann die Verjährungsfrist der Nachzügler kaum angepasst werden. § 309 Nr. 8 lit. b) ff) BGB findet auch bei Kaufverträgen über neu hergestellte Sachen Anwendung. Die Frage der Neuheit stellt sich dann nicht bei der Einordnung des Vertragstyps, sondern wenn es um die Wirksamkeit der AGB-Klausel geht. Gleich bleibt die Verjährungsfrist von fünf Jahren, deren Beginn zwar im Kaufrecht meist schon zum Zeitpunkt des Vertragsschlusses feststeht, die sich aber in ihrer Länge nicht ändert. Verjährungsverkürzungen sind ebenso ausgeschlossen wie bei Werkverträgen, da (zumindest anfänglich) der Tatbestand der Lieferung einer neu hergestellten Sache verwirklicht ist. Deshalb kann der Weg über eine abweichende Vertragsqualifikation nichts an den Risiken des Bauträgers ändern und taugt folglich nicht, um eine gerechte Umverteilung zu erzielen. Zieht man außerdem die Möglichkeit in Erwägung, dass bei einem fertiggestellten Bauwerk die Abnahme schon im Vertrag selbst erklärt wird,[516] fallen die Vorteile aus einer abweichenden Vertragsqualifikation bescheiden aus. In einer Gesamtschau kann also die Vertragsqualifikation als Kaufvertrag kein geeignetes Mittel zur Vereinheitlichung der Abnahme sein.

IV. Ergebnis und Konsequenz

Aus den überkommenen Lösungsansätzen formt sich ein Bild, das zahlreiche Unschärfen hinterlässt. Die Rechtsprechung eröffnet trotz Möglichkeiten zur Regelung divergierender Details, um vertraglich für den Bauträger günstigere Abnahmeregelungen zu vereinbaren, keine nennenswerten Spielräume. Das Instrumentarium der Kautelarpraxis zur Vereinheitlichung der Abnahme ist erheblich eingeschränkt. In weiten Teilen werden dem Bestreben einer einheitlichen Abnahme durch vertragliche Regelungen AGB-rechtliche Schranken gesetzt.

In gleichem Maße sind Kollektivabnahmen durch die Gemeinschaft selbst bedenklich. Allein zuständig für die Erklärung über die Abnahme ist der einzelne Erwerber. Die Eigentümergemeinschaft ist nach dem WEG nicht dazu befugt, diese Kompetenz an sich zu ziehen. Mangels Zuständigkeit ist der Beschluss über die Abnahme nicht nur unwirksam, sondern nichtig.

516 So vorgeschlagen im Formularvertrag von *Blank*, Bauträgervertrag, Rn. 514.

Geht man bei den Nachzüglerverträgen von Kaufverträgen aus, bedarf es zwar keiner Abnahme, die Verjährungsproblematik stellt sich für den Bauträger jedoch gleichermaßen. Die Qualifikation als Kaufvertrag ist überzeugend, hilft aber genauso wenig weiter wie die Versuche einer Vereinheitlichung über die Vertragsqualifikation oder Vergemeinschaftung.

In der unwirksamen Abnahme liegt regelmäßig auch keine stillschweigende Erklärung. Folglich treten die Abnahmewirkungen nicht ein, das Projekt verbleibt im Erfüllungsstadium, die Verjährungsfrist hat noch gar nicht begonnen und der Bauträger trägt die Vergütungs- und Leistungsgefahr. Zur Verwirkung kommt es allenfalls in Einzelfällen.[517] Ob Mängelrechte im Erfüllungsstadium verfolgt werden können, ist umstritten.[518]

Unbefriedigend ist die lex lata in erster Linie im Hinblick auf die enormen Rechtsunsicherheiten, die beiden Vertragsparteien nicht zumutbar sind. Die hohe Zahl an obergerichtlichen Entscheidungen zeugt davon, dass die meisten Gestaltungen in diesem Bereich fehleranfällig und damit für beide Seiten bedenklich sind. Die Risiken allein der Sphäre des Bauträgers zuzumessen, greift zu kurz. Das vertragliche Gleichgewicht wird massiv gestört. Versuche einer Vereinheitlichung rufen nicht selten das Bedürfnis nach einer gerichtlichen Klärung hervor und wirken sich aufgrund der Unsicherheiten auch zulasten des Erwerbers aus. Die Abnahme als Dreh- und Angelpunkt des Werkvertragsrechts verträgt sich mit solchen Unwägbarkeiten nicht. Eine sachgerechte Lösung kann dem geltenden Recht mithin nicht entnommen werden. Aus diesen Gründen drängt eine rechtssichere und -klare Regelung der Thematik durch den Gesetzgeber.

D. Regelungskonzepte de lege ferenda

Angesichts der Ergebnisse aus der Untersuchung de lege lata verwundert es nicht, dass sich die Koalition der 19. Legislaturperiode mit dem Thema beschäftigt. Die Koalitionsvereinbarung spricht sich dafür aus, „*die vorhandenen Schutzlücken im Bauträgerrecht durch wirksame Absicherung des Bestellers für den Fall der*

517 Vgl. zur Verwirkung nach zwölf Jahren und nachdem sich die Parteien im achten Jahr nach Objektübergabe wegen der damals offenen Mängel geeinigt hatten: LG München I, Urt. v. 30.7.2013 – 8 O 27875/12, BeckRS 2013, 18700.

518 Dagegen BGH, Urt. v. 19.1.2017 – VII ZR 193/15; *Krause-Allenstein*, in: Kniffka/Jurgeleit, ibr-online-Kommentar Bauvertragsrecht, § 634 Rn. 10 ff.; eingehend *Schlier*, Mängelrechte vor der Abnahme im BGB-Bauvertrag.

Insolvenz und die Abnahme des Gemeinschaftseigentums zu erleichtern".[519] Die zu diesem Zweck eingerichtete Arbeitsgruppe Bauträgervertragsrecht empfiehlt, den Komplex zur Erleichterung der Abnahme zusammen mit einer Absicherung des Bestellers in der Insolvenz zu verknüpfen.[520]

Auch wenn die Kombination zweier Themen, die nicht in direktem Zusammenhang stehen, hier nicht diskutiert werden soll, kommt in dem Vorschlag zum Ausdruck, dass eine neue Regelung die bilateralen Interessen der Vertragsparteien abwägen muss. Betroffen ist das Synallagma des Bauträgervertrags und nicht das Verhältnis der Eigentümergemeinschaft, sodass deren Interessen in diesem Kontext nachrangig sind. Die Schutzrichtung bewegt sich innerhalb der Vertragsparteien.

Vor diesem Hintergrund setzt sich der folgende Beitrag mit unterschiedlichen, das geltende Recht erweiternden, Ansätzen auseinander und prüft diese auf ihre Vorzüge und Schwächen. Regelungskonzepte zu einer Delegation der Abnahme auf Dritte oder die Ersetzung der Abnahme durch die Fertigstellung sind genauso diskussionsbedürftig wie die schon angedeuteten, aber nach geltendem Recht insuffizienten Vorschläge der Vergemeinschaftung oder Verjährungsverkürzung. In einer abschließenden Stellungnahme wird sodann im Rahmen einer umfassenden Abwägung Position bezogen für eine ausgewogene Lösung.

I. Delegation der Abnahme auf Dritte

Als Erstes ist die Möglichkeit der verpflichtenden Delegation auf Dritte vorzustellen. Mit Dritten sind in diesem Kontext solche Personen gemeint, die weder dem Erwerbsverhältnis noch der Wohnungseigentümergemeinschaft angehören. Vornehmlich kann es sich um Sachverständige oder ein Gericht handeln.

Der Vorteil einer gesetzlichen Regelung liegt darin, dass die Abnahme verbindlich für alle Erwerber inklusive der Nachzügler gestaltet werden könnte. Sofern die Mehrheit der Wohnungseigentümer den Sachverständigen auswählt, erscheint es nicht ausgeschlossen, dass die Geltung auf spätere Erwerber ausgeweitet wird. AGB-rechtliche Bedenken der Verjährungsverkürzung[521] stehen in diesem Fall nicht mehr entgegen.

---

519 Koalitionsvertrag zwischen CDU, CSU und SPD vom 12.3.2018, 19. Legislaturperiode, S. 125, Zeilen 5840 ff.

520 Abschlussbericht der Arbeitsgruppe Bauträgervertragsrecht beim BMJV vom 19.6.2019, S. 18 ff.

521 Dazu siehe unten Kap. 3, D., VI.

Dennoch sind Verpflichtungen, die darauf gerichtet sind, Externe mit der Aufgabe der Abnahme zu betrauen, meist weder praktikabel noch interessengerecht. Neben dem offenkundigen Eingriff in die Vertragsfreiheit der Parteien stehen Unwägbarkeiten bei der konkreten Umsetzung entgegen. Die Arbeitsgruppe Bauträgervertragsrecht verwarf in ihrem Ergebnispapier dementsprechend schnell die Idee eines gerichtlichen Verfahrens in Anlehnung an das selbstständige Beweisverfahren (§ 485 ZPO) zur Feststellung der vertragsgemäßen Herstellung und Ersetzung der Abnahme.

Sollte es tatsächlich eines gerichtlichen Eingriffs bedürfen, stehen den Parteien nach derzeitiger Rechtslage genügend Mittel zur Verfügung. Wird die Abnahme verweigert oder bestehen Zweifel daran, kann Klage auf Abnahme des Werks oder auf Feststellung, dass die Abnahmewirkungen eingetreten sind, erhoben werden.[522]

Ebenso impraktikabel ist die verpflichtende Einschaltung eines Sachverständigen. Dafür streitet zwar, dass schon jetzt größtenteils Sachverständige eingeschaltet werden, weil ihnen eine höhere Sachkunde und Beurteilungskompetenz zu den technischen Eigenschaften zukommen mag. Wie aber Einvernehmen in einem frühen Stadium der Gemeinschaft über die Wahl des Sachverständigen erzielt werden soll, ist nicht geklärt. Dessen ungeachtet gestaltet sich die Auswahl schon allein deshalb als schwierig, weil es weder genug Sachverständige gibt, noch die Bereitschaft vorhanden sein wird, sich dem hohen Haftungsrisiko zu stellen.[523]

II. Vergemeinschaftung der Abnahme

Unter Erweiterung der Befugnisse der Gemeinschaft könnte eine Regelung ausgestaltet sein, welche ihr die Befugnis zur Abnahmeerklärung über die im Gemeinschaftseigentum stehende Bausubstanz überträgt.[524] Nach derzeitigem Stand ist die Wohnungseigentümergemeinschaft nicht zur Abnahme des Gemeinschaftseigentums befugt.[525] In Betracht kommt also eine Ausweitung der Beschlusskompetenz im Rechtskreis der Gemeinschaft.

---

522 BGH, Urt. v. 27.2.1996 – X ZR 3/94, BGHZ 132, 96 (98 f.); negative Feststellungklage: BGH, Urt. v. 9.5.2019 – VII ZR 154/18, NZBau 2019, 572; *Werner*, in: Werner/Pastor, Bauprozess, Rn. 1802.

523 Abschlussbericht der Arbeitsgruppe Bauträgervertragsrecht beim BMJV vom 19.6.2019, S. 17; *Hogenschurz*, MDR 2012, 386 (388).

524 Arbeitskreis V – Bauträgerrecht, BauR 2014, 1617 (1630).

525 Siehe Kap. 3, C. II.

1. *Regelungskonzepte*

Die Vergemeinschaftung der Abnahme lässt zwei denkbare Konzepte zu. In Frage kommt eine obligatorische Erklärung der Abnahme durch die Gemeinschaft genauso wie eine fakultative Kompetenz angelehnt an den geborenen und gekorenen Gemeinschaftsbezug aus § 10 Abs. 6 Satz 3 WEG a.F.

a) Obligatorische Beschlusskompetenz

Gegenständlicher Ausgangspunkt der vergemeinschafteten Abnahme ist ein Beschluss über die Einschaltung einer Person, sei es des Verwalters oder eines Gutachters, der anstelle jedes Einzelnen alleine über die Abnahme des Gemeinschaftseigentums entscheidet. Um Manipulationsgefahren zu entgehen, schlägt die Arbeitsgruppe zum Bauträgervertragsrecht einschränkende Voraussetzungen vor. Der Beschluss soll erst ergehen dürfen, wenn ein qualifiziertes Quorum von Miteigentumsanteilen veräußert und durch Auflassungsvormerkung abgesichert ist.[526] Damit wird verhindert, dass sich die Mehrheit der Mitglieder an eine Entscheidung gebunden sieht, die ein kleiner Teil der Wohnungseigentümergemeinschaft getroffen hat. Zusätzlich soll das Objekt fertiggestellt sein und mindestens ein Erwerber muss im Besitz des zum Gemeinschaftseigentum gehörenden Baukörpers sein.[527] Der Vorschlag läuft darauf hinaus, dass sich die Inhaberschaft ändert und der Bauträger damit die Abnahme nicht mehr vom Einzelnen, sondern vorbehaltlich der Erfüllung aller Voraussetzungen nur noch von der Gemeinschaft verlangen kann.[528]

b) Fakultative Beschlusskompetenz

Anstelle die Gemeinschaft ausnahmslos zur Abnahme der im Gemeinschaftseigentum stehenden Bauwerke zu ermächtigen, könnte die Abnahmeverpflichtung fakultativ übertragen werden. In diese Richtung zielt der Vorschlag des Arbeitskreises V des 5. Deutschen Baugerichtstags.[529] Der Arbeitskreis empfiehlt eine Regelung, wonach ein fachlich qualifizierter und neutraler Abnehmender ohne Einflussmöglichkeiten des Bauträgers zu bestimmen ist.[530] Grundvoraussetzung

---

526 Abschlussbericht Arbeitsgruppe Bauträgervertragsrecht beim BMJV vom 19.6.2019, S. 19.

527 Abschlussbericht Arbeitsgruppe Bauträgervertragsrecht beim BMJV vom 19.6.2019, S. 19.

528 So auch erwogen von der Bundesnotarkammer, DNotZ 2016, 561 (566).

529 Offengelassen im Abschlussbericht Arbeitsgruppe Bauträgervertragsrecht beim BMJV vom 19.6.2019, S. 19 f.

530 Arbeitskreis V – Bauträgerrecht, BauR 2014, 1617 (1633).

ist, dass die Gemeinschaft die Abnahmeverpflichtung durch Beschluss zum Verband zieht. Zur Wahrung einer möglichst repräsentativen Willensbildung muss auch hier der Beschluss durch mindestens die Hälfte aller möglichen Erwerber gefasst werden. Die Erwerber sollen einen fachlich qualifizierten und neutralen Abnehmenden ohne Einflussmöglichkeiten des Bauträgers oder ihm nahestehender Personen bestimmen können. Konsequenterweise sollten auch Nachzügler an eine bereits erfolgte Abnahme gebunden werden, besteht anderenfalls schon kein grundlegendes Bedürfnis an einer Änderung.

Im Unterschied zur obligatorischen Beschlusskompetenz ist den Erwerbern nicht die Möglichkeit genommen, selbst die Abnahme zu erklären oder zu verweigern. Ihnen bleibt die Selbstabnahmemöglichkeit erhalten, so wie es im Falle einer Klausel AGB-rechtlich erforderlich wäre. Der Vorschlag zielt also auf eine gekorene Zuständigkeit der Wohnungseigentümergemeinschaft, überlässt es aber den Vertragsparteien im Bedarfsfall auch ohne Mitwirkung der Gemeinschaft eine Abnahme herbeizuführen, wovon gerade kleine Gemeinschaften Gebrauch machen könnten.[531] Im Wesentlichen trägt eine so gestaltete Regelung den Kritikpunkten aus AGB-rechtlicher Sicht Rechnung.

2. Vorzüge

Der Gemeinschaft die Befugnis zuzugestehen, nicht nur Einfluss auf die Gewährleistungsansprüche zu nehmen, sondern auch die Abnahme zu erklären, vereinheitlicht den Abnahmevorgang im weitesten Maße. Dank eines obligatorischen Charakters trägt die Lösung zumindest dem ersten Anschein nach enorm zur Rechtssicherheit bei. Der Gedanke einer fakultativen Beschlusskompetenz greift dagegen in geringerem Maße in die Rechtsstellung des Erwerbers ein. Zu Gunsten der Erwerber sind Mechanismen einzubauen, die für einen angemessenen Ausgleich sorgen.

Allgemein gesprochen vereinfacht die vergemeinschaftete Abnahme das Prozedere der Vertragsabwicklung massiv. Anstelle einer Vielzahl von Abnahmeerklärungen genügt ein Beschluss der Gemeinschaft, an den auch spätere Mitglieder gebunden sind. Statt zahlreicher Besichtigungen und Abnahmeverhandlungen genügt dem Grunde nach ein Termin. Namentlich reduziert sich auch der Zeitrahmen, innerhalb dessen der Bauträger für Mängel am Gemeinschaftseigentum in Anspruch genommen werden kann, auf die gesetzliche

531 Arbeitskreis V – Bauträgerrecht, BauR 2014, 1617 (1631).

Verjährungsfrist von fünf Jahren. Haftungsverlängerungen über Verträge mit Nachzügler-Erwerbern muss der Bauträger nicht mehr befürchten.

Auf Erwerberseite entsteht ein Vorteil vor allen Dingen dann, wenn der Einzelne ohnehin der Unterstützung durch einen Sachverständigen bedarf. Mit der bautechnischen Einschätzung sind viele Erwerber fachlich überfordert. Somit kommt es ihnen zugute, wenn sie sich von Anfang an einem Experten zuwenden, der wohl auch sonst eingeschaltet worden wäre. Damit ist die oben dargestellte Zielrichtung einer vereinheitlichten Abnahme jedenfalls eingeschlagen.

3. Schwächen

a) Konfliktquelle Abnahmereife

Beschlussfassungen der Wohnungseigentümergemeinschaft bieten reichlich Potenzial für Konflikte. In seltenen Fällen treffen die Mitglieder unumwunden eine mehrheitliche Entscheidung. Trägt man die Frage nach der Abnahmereife in die Gemeinschaft, streitet einiges dafür, dass gerade zu ihrer Geburtsstunde Zwiespältigkeit entsteht. Zwischen Fertigstellung und Beauftragung des Abnahmevertreters durch die Wohnungseigentümerversammlung kann dadurch geraume Zeit verstreichen, die eine erhebliche anfängliche Nutzung ohne Abnahme ermöglicht.[532] Angesichts unterschiedlicher Leistungspflichten ist auch nicht klar, wie die Gemeinschaft über die Vertragsgemäßheit abweichenden Bausolls urteilen können soll.[533] Nüchtern betrachtet bringt die obligatorische Beschlusskompetenz ein Streitpotenzial in die Gemeinschaft, das geeignet ist, die Abnahme hinauszuzögern. Damit aber verlaufen die zeitlichen Vorteile aus der vermeintlichen Vereinfachung im Sande.

b) Eingriff in die Position der Erwerber

(1) Grundsätzliche Erwägungen zur Eingriffsqualität

Gegen eine gemeinschaftliche Abnahmekompetenz spricht vor allem der nicht zu rechtfertigende Eingriff in die Position der Erwerber.

Vorangestellt sei die Grundannahme, dass es sich bei der Abnahme nicht nur um eine Hauptpflicht des Auftraggebers handelt, sondern sich daraus auch sein wesentliches Recht ergibt, die ordnungsgemäße Vertragserfüllung selbst zu

---

532 *Pause/Vogel*, in: Kniffka/Jurgeleit, ibr-online-Kommentar Bauvertragsrecht § 650u Rn. 123.

533 Abschlussbericht der Arbeitsgruppe Bauträgervertragsrecht beim BMJV vom 19.6.2019, S. 19.

prüfen.[534] Die Abnahme erlaubt es dem Besteller, den Werkunternehmer zu ordnungsgemäßer Erfüllung der Leistungspflicht anzuspornen. Geschützt ist insbesondere auch das Interesse des Rechtsinhabers, seine Rechte selbst auszuüben und prozessual durchzusetzen.[535] In diesem Sinne dient sie der funktionalen Sicherung des Vertragszwecks und trägt maßgeblich zu einer ausgeglichenen Vertragsabwicklung bei.

Das legitime Ziel der Vergemeinschaftung liegt darin, dem Bauträger aus der Situation einer verlängerten Gewährleistungshaftung ohne Regressmöglichkeiten zu verhelfen. Die Abnahmebefugnis zu diesem Zweck auf die Wohnungseigentümergemeinschaft zu übertragen, kann geeignet sein, obgleich Zweifel daran durchaus berechtigt sind. Wenn die Beschlussfassung innerhalb der Gemeinschaft zu einem Konfliktherd ausartet (siehe oben), ist dem Bauträger nicht geholfen und die Maßnahme zumindest auf Einzelfallebene auch nicht mehr geeignet.

Allerdings ergeben sich Zweifel daran, ob die Vergemeinschaftung angemessen ist. In einer obligatorischen Beschlusskompetenz verwirklicht sich der Entzug von Hauptpflicht und -recht des Bestellers auf eine Art, die besonders einschneidend ist. Jedem einzelnen Erwerber ist das Recht genommen, selbst über die Vertragsgemäßheit des Werks zu befinden. Angesichts der wirtschaftlichen und persönlichen Bedeutung eines Wohnungserwerbs besteht Grund zur Annahme, dass andere Personen als die Erwerber selbst dieses elementare Prüfungsrecht nicht mit derselben Sorgfalt und Motivation wahrnehmen. Dies soll nicht als Kritik an potenziellen Sachverständigen verstanden werden, sondern nur unterstreichen, dass das Engagement dessen, der nicht nur sein gesamtes Eigenkapital in Anspruch nimmt, sondern für eine nicht unwesentliche Zeitspanne auch eine Verschuldung in Kauf nimmt, hinter der Motivation dessen zurückbleibt, der für andere handelt. Die meisten Erwerber kommen zwar nicht umhin, sich von Experten unterstützen zu lassen. An einer sachgerechten und weitgehenden Prüfung ist aber in letzter Konsequenz und nachvollziehbarer Weise vor allem dem Erwerber selbst gelegen.

Als Kompensation könnte man an einen monetären Ausgleich denken, wenngleich die konkrete Umsetzung praktisch nicht überprüfbar und nur

534 BGH, Urt. v. 12.5.2016 – VII ZR 171/15, BGHZ 210, 206 (220); vgl. auch *Kögl*, in: FS Kainz, S. 385 (387); *Messerschmidt*, in: Messerschmidt/Voit, Privates Baurecht, § 640 Rn. 41; *Vogel*, BauR 2010, 1992 (1996); *ders.*, in: FS Merle (2010), S. 375 (376) (378); *ders.*, in: FS Riecke S. 455 (462).

535 BGH, Urt. v. 24.7.2015 – V ZR 167/14, ZfBR 2015, 772 (773).

auf Einzelfallebene relevant ist. Wie viel ist die eigene Entscheidung über die Abnahme wert und wie viel muss dem Gesamtpreis deshalb abgezogen werden, wenn stattdessen die Gemeinschaft bestimmt?

Echte Vorteile verschafft die vergemeinschaftete Abnahme dem einzelnen Erwerber nicht. Unterdessen sind die Hürden für eine gemeinschaftliche Entscheidung problematisch. So richtet schon die Frage nach der Höhe des Quorums an veräußerten Eigentumsanteilen den Blick auf eine Gratwanderung zwischen Repräsentationsgedanken und Verzögerungsgefahren. Der Arbeitskreis des 5. Deutschen Baugerichtstages empfiehlt, dass der Beschluss durch mindestens die Hälfte aller möglichen Erwerber gefasst wird.[536] Unklar ist vor allem, ob sich das Mehrheitsverhältnis auf den Eigentumsanteil oder auf die Anzahl von Mitgliedern bezieht. Die Arbeitsgruppe des BMJV konkretisiert den Begriff auf ein qualifiziertes Quorum von veräußerten Miteigentumsanteilen, die durch Auflassungsvormerkung abgesichert sind.[537] Dadurch könnte jedoch eine Minderheit der Erwerber mit höheren Miteigentumsanteilen die Mehrheit nach Köpfen überstimmen.

Symptomatisch für eine Entscheidung, die an Mehrheitsverhältnisse innerhalb der Gemeinschaft anknüpft, ist, dass sich Mitglieder an die Entscheidung gebunden sehen, die entweder dagegen gestimmt haben oder gar nicht daran beteiligt waren. Über die Abnahmeerklärung durch einen geringen Teil der Gemeinschaftsmitglieder entscheiden zu lassen, trifft verständlicherweise auf den Widerstand Einzelner. Je höher das Quorum, desto länger dauert es aber, bis die Abnahmewirkungen eintreten. Dem Interesse des Bauträgers an einer Abnahme zeitnah zum Fertigstellungszeitpunkt ist damit nur bedingt Genüge getan.

Zuletzt trifft der Vorschlag auf Umsetzungsschwierigkeiten. Die Gemeinschaft soll nur einen neutralen Abnehmenden, der nicht im Lager des Bauträgers steht, wählen können. Schon nach geltendem Recht ist zumindest der Bauträger nicht stimmberechtigt, weil die Abnahme ein Rechtsgeschäft mit ihm betrifft, das sich auf die Verwaltung des gemeinschaftlichen Eigentums bezieht, § 25 Abs. 4 Var. 1 WEG. Für den nicht redlichen Bauträger bietet der Versuch einer unbeeinflussten Auswahlentscheidung zur Bestimmung eines neutralen Vertreters Manipulations- und Missbrauchsmöglichkeiten. In Anbetracht der großen Bedeutung einer Abnahme liegt der Versuch einer Einflussnahme zumindest

536 Arbeitskreis V – Bauträgerrecht, BauR 2014, 1617 (1633).

537 Abschlussbericht der Arbeitsgruppe Bauträgervertragsrecht beim BMJV vom 19.6.2019, S. 19.

nicht ganz fern. Nachdem Mindeststandards für Erwerber in BGB und MaBV aufgebaut wurden,[538] wäre dies ein Rückschritt in Richtung eines Machtgefälles zugunsten des Bauträgers.

Der Unterschied zwischen einer fakultativen und einer obligatorischen Entscheidung durch die Gemeinschaft liegt darin, dass den Erwerbern die Wahl im Hinblick auf die Frage nach der Abgabe ihrer Rechte zukommt.

Dem Eingriffscharakter nimmt diese Variante aber wenig von seiner Intensität. Aus der Wahlmöglichkeit ergibt sich nur ein geringer Unterschied. Richtig ist zwar, dass lediglich ein grundsätzliches Zugriffsermessen besteht. Ob und wann die Wohnungseigentümer von ihrer Beschlusskompetenz Gebrauch machen, ist ihnen überlassen. Bis dahin verbleibt es bei der individuellen Abnahmeverpflichtung durch den einzelnen Erwerber aus seinem jeweiligen Vertrag. Wenn er die Möglichkeit der Selbstabnahme tatsächlich wahrnimmt, gehen die Vorteile der Vergemeinschaftung dahin. Entscheidet sich die Mehrheit für eine gemeinschaftliche Abnahme, sind die Folgen identisch zum obligatorischen Beschluss. Allein in der Option, die Vergemeinschaftung zurückzuziehen bzw. nicht zu übertragen, liegt noch keine angemessene Kompensation.

(2) Keine Möglichkeit zur Einflussnahme durch Nachzügler

Gerade die Bindungswirkung des Nachzüglers stellt den Vorstoß vor eine Zerreißprobe. Zum einen kann beanstandet werden, dass die dem Nachzügler vertraglich geschuldete Leistung im Zeitpunkt der Abnahme noch gar nicht feststehe.[539] Dem ist aber entgegenzusetzen, dass auch eine verfrühte Abnahme vor Abnahmereife rechtlich unbedenklich ist.[540] Dieser Rechtsgedanke kann auch auf eine Erklärung übertragen werden, die abgegeben wird, bevor die diesbezüglichen Leistungspflichten überhaupt entstehen. Dem Besitzelement der Abnahme kann ohnehin keine maßgebliche Bedeutung zugemessen werden.[541]

Zum anderen könnte der Nachzügler für den zufälligen Untergang bereits vor Vertragsschluss haften müssen, was grob interessenwidrig ist.[542] Deshalb muss die Mindestvoraussetzung einer solchen Regelung sein, dass die Abnahmeerklärung durch die Gemeinschaft außerhalb des Verjährungsbeginns keine Folgen für den Nachzügler nach sich zieht.

538 Siehe oben Kap. 1, B, I., II.
539 *Häublein*, in: Bauträgerhaftung, Partner im Gespräch 104, S. 17 (29).
540 OLG München, Urt. v. 13.12.2011 – 9 U 2533/11, NJW 2012, 397 f.
541 Siehe Kap. 3, C. I. 2. b.
542 So auch *Häublein*, in: Bauträgerhaftung, Partner im Gespräch 104, S. 17 (29).

Wesentlich einschneidender ist aber, dass die Anknüpfung an eine frühere Abnahme dem Nachzügler jede Möglichkeit der Mitbestimmung und Einflussnahme nimmt. Im Gegensatz zu den frühen Erwerbern kann er nicht im Geringsten darauf einwirken, ob und wie die Abnahme stattfindet. Der Vorbehalt von Mängeln bleibt nur der Gemeinschaft überlassen. Auf diese Weise wird sein Recht zur Prüfung des Werks nicht nur eingeschränkt, sondern vollends entzogen. Zu diesem Effekt kommt es der Linie der Rechtsprechung folgend unabhängig davon, ob der Nachzügler die Wohneinheit unmittelbar nach Fertigstellung oder drei Jahre danach erwirbt. Nur wenn er den Vertrag zu einem Zeitpunkt abschließt, in dem das Objekt nicht mehr als neu hergestellt gilt, entfällt das Erfordernis der Abnahme. Zu der Frage, wie sich eine Verkürzung der Verjährungsfrist auswirkt, wird unter Kap. 3, D. V. ausführlich Stellung genommen.

c) *Unterschiedliche Vertragspflichten*

Schließlich trifft auch an dieser Stelle die Überlegung zu, dass die vom Bauträger versprochene Leistung gegenüber allen Erwerbern nicht identisch sein muss und es typischerweise auch nicht ist. Es fehlt regelmäßig schon an einem einheitlich zu bewertenden Abnahmegegenstand.

Zudem erfordert der Vorbehalt von Mängelrechten, den die Abnahme notwendig macht, eine genaue Absprache über die geschuldete Beschaffenheit im Einzelnen. Für Mängelansprüche, die sich speziell nach dem eingegangenen Vertragsverhältnis richten, wie Rücktritt und großer Schadensersatz, ist schon seit langem der Individualcharakter anerkannt.[543]

d) *Fazit zu den Schwächen*

Vergemeinschaftungsbestrebungen der Abnahme bergen die Gefahr, neues Konfliktpotenzial in die Wohnungseigentümerversammlungen zu bringen. Abgesehen von den Unannehmlichkeiten für die Betroffenen droht der Abnahmezeitpunkt dadurch weiter verzögert zu werden. Damit können sich die Vorteile aus einem einheitlichen Begehungstermin in ihr Gegenteil kehren.

Problematisch und wohl nicht zu rechtfertigen ist außerdem der Eingriff in die Rechtsposition der Erwerber. In Anbetracht des hohen finanziellen Engagements hat der Einzelne ein ungleich höheres Interesse an einer sachgerechten und umfassenden Prüfung im Verhältnis zu einem Außenstehenden.

543 BGH, Urt. v. 23.2.2006 – VII ZR 84/05, NJW 2006, 2254 (2255 f.); BGH, Urt. v. 12.4.2007 – VII ZR 236/05, BGHZ 172, 42 (49 f.).

Im Besonderen ist davon der Nachzügler betroffen, weil ihm jede Möglichkeit, auf den Vorgang der Ortsbegehung und das Mangelprotokoll Einfluss zu nehmen, genommen ist. Unterschiedliche Anforderungen an das geschuldete Bausoll können in der gemeinschaftlichen Abnahmeerklärung kaum Berücksichtigung finden.

4. *Zwischenergebnis*

Wenn die Wohnungseigentümergemeinschaft nach dem Gesetz zur Abnahme berechtigt oder gar verpflichtet ist, wird die Rechtsposition des Erwerbers enorm eingeschränkt. Der Erwerber sieht sich eines seiner Hauptrechte aus dem Vertrag entzogen, zumal den Eingriff keine tragfähige Rechtfertigung stützt. Eine Gesetzesänderung in diesem Sinne wäre wohl nicht mit der Position des Erwerbers vereinbar und ist daher abzulehnen.

III. Kaufrechtliche Lösung

An dieser Stelle ist noch auf eine gesetzliche Festlegung über die Kaufrechtsqualität fertiggestellter Bauten einzugehen. Nach der hier vertretenen Überlegung bedarf es freilich keiner dahingehenden Änderung. Zur Klarstellung bietet sich eine gesetzliche Regelung durchaus an. Vom Standpunkt der Rechtsprechung wäre die Anwendung des Kaufrechts dagegen nicht interessen- und sachgerecht.

Wie bereits festgestellt, bringt diese Art der Vertragsqualifikation jedoch nicht den gewünschten Erfolg. An der Verjährungsproblematik ändert sich nichts. Eindeutig feststellbar ist dann zwar der Zeitpunkt, in dem die Frist beginnt, jedoch sind die Mängelverjährungsfristen der einzelnen Erwerber, ob der AGB-rechtlichen Grenzen, weiterhin zeitlich nicht in Einklang zu bringen. Die kaufrechtliche Einstufung ist daher kein taugliches Mittel.

IV. Ersetzung der Abnahme durch Fertigstellung

Auf die Abnahme des Gemeinschaftseigentums ganz zu verzichten, geht vornehmlich auf einen Vorschlag von *Leupertz* zurück.[544] An ihrer Stelle empfiehlt er, an die Fertigstellung des Gemeinschaftseigentums mit der Möglichkeit einer Zustandsfeststellung für den Erwerber anzuknüpfen. In diesem Moment sollen die Abnahmewirkungen eintreten.

---

544 Abschlussbericht Arbeitsgruppe Bauträgervertragsrecht beim BMJV vom 19.6.2019, S. 20; *Leupertz*, BauR 2020, 380 m.w.N.

1. Regelungskonzept

Der Vorschlag lässt sich so zusammenfassen,[545] dass die Abnahme entfällt und stattdessen kumulativ der Erwerber das Sondereigentum besitzen muss, das Gemeinschaftseigentum fertiggestellt ist und der Bauträger dem jeweiligen Erwerber die Fertigstellung anzeigt. Sobald der Bauträger den Erwerber über die Fertigstellung informiert hat, erhält dieser die Möglichkeit, innerhalb einer festgelegten Frist eine Zustandsfeststellung nach § 650g Abs. 1 BGB zu verlangen. Nimmt er diese Möglichkeit nicht wahr oder reagiert er nicht innerhalb der Frist, treten die Abnahmewirkungen ein.

Fertiggestellt soll im Sinne des § 640 Abs. 2 BGB ein Werk dann sein, wenn die im Vertrag genannten Leistungen abgearbeitet bzw. erbracht sind und zwar unabhängig davon, ob Mängel vorliegen.[546] Anders als § 3 Abs. 2 Satz 2 Nr. 2 MaBV setzt die Fertigstellung demnach nicht voraus, dass die Leistung abnahmereif ist, also alle wesentlichen Mängel beseitigt sind.[547] Die Gewährleistungszeit beginnt, sobald die Zustandsfeststellung beendet ist.

2. Vorzüge

Der Vorschlag geht weit über das Stadium einer Anregung hinaus, indem konkrete Interessen- und Folgenabwägungen angestellt werden. Überzeugend ist, dass der Zustand des Werks dokumentiert wird. Insbesondere da der Besteller das Werk häufig schon mit fertiggestelltem Sondereigentum in Gebrauch nimmt, begegnet eine Zustandsfeststellung den sonst drohenden Unsicherheiten über die Verantwortungssphäre für Mängel. Im Sinne einer zielorientierten Kooperation auf Sachverhaltsebene dient es den Interessen beider Vertragsparteien, wenn sie den Zustand gemeinsam feststellen.[548] Bestenfalls sparen sie Gutachterkosten und vermeiden Streit über die Mangelhaftigkeit. Wünschenswert wäre es, wenn die Parteien die Zustandsfeststellung nutzen, um Streitpunkte und Problemfälle zu regeln. Von einer einseitigen Zustandsfeststellung (§ 650g Abs. 2 BGB) ist dem Besteller dagegen tunlichst abzuraten.

Einleuchtend ist außerdem, dass es sich beim Gemeinschaftseigentum um eine tatsächliche Einheit handelt, die ohne Aufteilung nach individualvertraglichen

---

545 Zum Ganzen *Leupertz*, BauR 2020, 380 (385 ff.).

546 BT-Drs. 18/8486, S. 49.

547 BGH, Urt. v. 30.4.1998 – VII ZR 47/97, NJW 1998, 2967 (2968); *Marcks*, MaBV, § 3 Rn. 42; eingehend *Joussen*, BauR 2018, 328 (332 ff.).

548 *Tschäpe/Werner*, ZfBR 2017, 419 (422).

Bindungen insgesamt entgegengenommen und gebilligt wird. Es gibt keinen Teil des Mehrparteiengebäudes, der örtlich als nordwestliche Außenfassade gesondert beurteilt und abgenommen werden müsste.[549]

Die Zustandsfeststellung nimmt der Abnahmesituation außerdem solche Verzögerungen, die auf Differenzen über die Wesentlichkeit eines Mangels und der Abnahmereife basieren.

3. *Schwächen*

Anders als es nach der gesetzlichen Begründung zu § 650g BGB beabsichtigt war,[550] tritt die Zustandsfeststellung nach dieser Lösung als Abnahmesurrogat auf. Sie dient nicht lediglich als Dokumentation über den Zustand des Werks und als Gefahrtragungsregel, sondern zieht Abnahmewirkungen nach sich. Daraus entstehen Friktionen mit den gesetzlichen Abnahmeregelungen.

a) Systematische Inkohärenz

In der Tat sind die Wirkungen der Zustandsfeststellung nach § 650g BGB nicht so weitreichend wie bei der Abnahme. Vergleichbar mit dem Arsenal an Abnahmefolgen ist lediglich die Gefahrtragungserleichterung nach Abs. 3. Die Beweislast geht dabei jedoch nicht vollständig auf den Besteller über.[551] Nach Abs. 3 wird vermutet, dass ein offenkundiger Mangel, der in der Zustandsfeststellung nicht angegeben ist, vom Besteller zu vertreten ist, außer wenn er naturgemäß nicht vom Besteller verursacht worden sein konnte. Der Unternehmer ist für diesen Fall von der Gefahr der Verschlechterung des Werks befreit. Konkret handelt es sich dabei um eine Modifizierung der Gefahrtragungsregelung des § 644 Abs. 1 BGB.[552] Die Abnahme wird dadurch nicht entbehrlich. Daher ist es systematisch und nach dem Willen des Gesetzgebers nicht überzeugend, die Abschaffung der (Teil-) Abnahme mit dem Surrogat der Zustandsfeststellung zu verbinden.

Dieses Ergebnis steht auch mit der Systematik des neuen Bauvertragsrechts nicht im Einklang. Da die Zustandsfeststellung die Abnahme nicht ersetzt, führt sie auch nicht zum Übergang in das Nacherfüllungsstadium. Einer Abnahmefiktion kann der Besteller nach neuem Recht durch Angabe mindestens eines

---

549 *Leupertz*, BauR 2020, 380 (382).

550 BT-Drs. 18/8486, S. 59.

551 So auch *Joussen*, BauR 2018, 328 (345); *Kniffka/Retzlaff*, BauR 2017, 1747 (1824); *Tschäpe/Werner*, ZfBR 2017, 419 (424); eingehend zur Zustandsfeststellung siehe unter Kap. 5.

552 *Joussen*, BauR 2018, 328 (345).

Mangels – ob berechtigt oder nicht – entgehen, § 640 Abs. 2 BGB. Der passive Besteller ist nach dem Willen des Gesetzgebers nicht schutzwürdig, wer sich hingegen auf Mängel beruft, muss lediglich mit abgemilderten Folgen rechnen. Das Gesetz nimmt es in Kauf, dass unterschiedliche Vorstellungen der Parteien vom Zustand und von der Mangelhaftigkeit des Werks in der „gemeinsamen" Zustandsfeststellung Niederschlag finden.[553] Dazu besteht aber nur deshalb Anlass, weil die Folgen der Feststellung beschränkt und dem Besteller daher selbst bei einer mangelbehafteten Leistung zumutbar sind. Die Abnahmewirkungen schon mit einer Zustandsfeststellung eintreten zu lassen, geht über dieses Verständnis hinaus und ist daher systematisch inkonsequent.

Dagegen erinnert *Leupertz* daran, dass es sich um seltene Ausnahmen handeln wird, wenn trotz Gebrauchs- und Funktionstauglichkeit ein wesentlicher Mangel des Gemeinschaftseigentums vorliegt.[554] In Anbetracht der geringen Anforderungen an die Fertigstellung, kann dem jedoch nicht zugestimmt werden. Die Gebrauchs- und Funktionstauglichkeit ist gerade nicht zwingendermaßen geschuldet, wenn es ausreicht, dass alle vertraglich geschuldeten Arbeiten erbracht sind.

b) Entgegenstehendes Wesen der Abnahme

Könnte man solche Einwände womöglich noch unter Hinweis auf die besonderen Umstände beim Wohnungserwerb übergehen, ist die einseitige Festlegung durch den Bauträger eine wesentlich größere Hürde. Die Funktion der Abnahme, wonach der Besteller ein im Wesentlichen vertragsgemäß errichtetes Werk billigt, geht dadurch unter. Die Abnahmewirkungen treten vielmehr ein, ohne dass es einer Mitwirkung des Erwerbers bedarf. Auch ein tatsächlich gerade nicht abnahmereifer Zustand ist geeignet, die Abnahmewirkungen herbeizuführen. Dazu kommt es selbst dann, wenn sich beide Parteien treffen, aber nicht einigen können. Verweigert der Besteller in dieser Situation die Unterschrift, läuft es auf eine einseitige Zustandsfeststellung durch den Bauträger hinaus. Mit anderen Worten entsteht eine Fiktion der gemeinsamen Zustandsfeststellung,[555] die sich zu Lasten des Bestellers auswirkt. Folglich muss sich der Erwerber den Beginn der Verjährungsfrist auch dann entgegenhalten lassen, wenn der Bauträger das Werk nicht (im Wesentlichen) mangelfrei errichtet hat.

553 BT-Drs. 18/8486, S. 61.

554 *Leupertz*, BauR 2020, 380 (386).

555 *Tschäpe/Werner*, ZfBR 2017, 419 (423).

c) Bruch in der Leistungskette

Indem der Zeitpunkt des Eintritts der Abnahmewirkungen verschoben wird, laufen die Werkverträge mit den bauausführenden Unternehmen nicht mehr parallel. Im Vergleich zu den anderen Werkverträgen würden unterschiedliche Voraussetzungen für Teile der Bauleistung gelten.[556] Der Bauträger könnte die Abnahme gegenüber den Erwerbern herbeiführen, dem von ihm beauftragten Werkunternehmer aber unter Verweis auf Mängel die Abnahme verweigern. Dadurch käme er in den Genuss der vollständigen Vergütung, ohne dazu verpflichtet zu sein, seine eigenen Verbindlichkeiten einzuhalten. Die Durchgriffsfälligkeit der Vergütung in § 641 Abs. 2 Satz 1 Nr. 2 BGB hilft den Unternehmern nicht weiter, weil die Abnahme gerade nicht erfolgt ist. Insofern wäre möglicherweise an eine analoge Anwendung oder gar Anpassung der Norm zu denken, um den Bruch in der Leistungskette zu vermeiden.

d) Keine Lösung für Haftungsverlängerung

Schließlich deutet der Ideenschöpfer selbst an, dass der Lauf der Verjährungsfristen weiterhin individuell beginnt, da eine der Voraussetzungen die Inbesitznahme des Sondereigentums ist. Zum Ausgleich schlägt er vor, ein Quorum zu implementieren, sodass der Zeitpunkt der Zustandsfeststellung für Nachzügler bindend wird.[557] Solch ein Quorum steht freilich nicht mit der Abschaffung der Abnahme in Zusammenhang, sondern kann unabhängig davon geregelt werden.[558] In der Fertigstellunganzeige liegt daher nicht die Lösung für das Problem der Haftungsverlängerung.

Gegen ein Quorum wird im Übrigen angeführt, dass es dem Bauträger möglich wäre, durch gezielte Fertigstellungsmitteilungen an Erwerber, die sich zuvor als wenig beanstandungsfreudig erwiesen haben, Einfluss auf das Erreichen des Quorums zu nehmen.[559]

4. Zwischenergebnis

Der Vorschlag, die Abnahme durch eine Fertigstellungsanzeige zu ersetzen, stößt auf Bedenken. Der Eintritt der Abnahmewirkungen in dieser Situation ist nicht systemgerecht. Zweck der Zustandsfeststellung ist die Dokumentation der

---

556 *Karczewski*, NZBau 2020, 349 (351).
557 *Leupertz*, BauR 2020, 380 (387).
558 Vgl. auch *Karczewski*, NZBau 2020, 349 (352).
559 Vgl. auch *Karczewski*, NZBau 2020, 349 (352).

Mängel. Ihre Folge ist eine Gefahrtragungsmodifikation. Weitergehende Wirkungen stehen nicht im Einklang mit dem Regelungsregime des neuen Werkrechts. Selbst eine Abnahmefiktion, die unstreitig alle Abnahmewirkungen nach sich zieht, ist nur dann zu befürchten, wenn der Besteller keine Mängel moniert. Verweigert er die Abnahme unter Angabe mindestens eines Mangels, darf er die Erklärung über die Vertragsgemäßheit verweigern. Eine Zustandsfeststellung mit Abnahmefolgen zu versehen ist nicht kohärent mit dieser bestellerfreundlichen Entscheidung des Gesetzgebers.

V. Verkürzung der Verjährungsfrist für Nachzügler

In Betracht kommt außerdem, die fünfjährige Verjährungsfrist für Nachzügler zu verkürzen oder aber eine solche Verkürzung durch formularvertragliche Regelung zumindest zuzulassen.[560] Ziel dieses Vorschlags ist es, die Verjährungsfristen der Ersterwerber und der Nachzügler zu synchronisieren und das Risiko des Bauträgers aufgrund einer zeitversetzten Inanspruchnahme zu beseitigen.

1. Regelungskonzept

a) Neuregelung im AGB-Recht

Mit einer kürzeren Verjährungsfrist hat es folgende Bewandtnis: In Abweichung von § 309 Nr. 8 lit. b) ff) BGB könnte es für zulässig erklärt werden, dass die Verjährungsfrist für Mängel am Gemeinschaftseigentum der Nachzügler-Erwerber vor Vertragsabschluss beginnt und damit mittelbar kürzer ausfällt. Referenzrahmen sollten die Fristen der Ersterwerber sein. Dadurch steht fest, dass die Nachzügler keine kürzeren Fristen als die Ersterwerber befürchten müssen.

Sinnvoll wäre deshalb ein Ergebnis, bei dem die Fristen im weitestgehenden Gleichlauf nebeneinanderstehen. Konkret bietet sich dafür an, § 309 mit einer Ausnahme zu versehen, damit die Anpassung der Fristen im Bauträgervertrag zulässig ist.

b) Abnahmequorum als Anknüpfungspunkt

Offen ist, an welchen Zeitpunkt der Beginn der Verjährungsfrist anknüpft. Im Mittelpunkt der Diskussion stehen die Momente der Ingebrauchnahme

560 *Häublein*, in: Bauträgerhaftung, Partner im Gespräch 104, S. 17 (29).

des Gemeinschaftseigentums, der Fertigstellung oder der Abnahme durch ein Quorum von Bestellern.[561]

Allein in der Ingebrauchnahme liegt häufig gerade keine Erklärung über die Billigung des Werkes. Lässt man den Gebrauch genügen, beginnt die Verjährung zu einem Zeitpunkt, in dem nicht einmal der erste Erwerber das Gemeinschaftseigentum abgenommen hat oder das gemeinschaftliche Eigentum noch gar nicht fertiggestellt ist. Aufgrund dessen taugt der Gebrauchszeitpunkt nicht als Referenz.

Der Fristbeginn kann außerdem von der Fertigstellung abhängig gemacht werden. Auch hier bestehen jedoch Bedenken wegen einer möglichen Überbeschleunigung. Denn wie oben bereits dargestellt, greift der Einwand,[562] wonach die Mängelansprüche verjähren könnten, bevor der Bauträger seine Leistung mangelfrei erbringt. Wenn es auf die Fertigstellung ankommt, kann der Bauträger den Beginn der Verjährungsfrist einseitig bestimmen. Dann beginnt die Verjährungsfrist unter Umständen schon dann, wenn das Werk noch nicht mangelfrei errichtet ist.

Soll das Konzept zur Verjährungsverkürzung mit Erfolg umgesetzt werden, bedarf es eines Anknüpfungspunktes, der sich an den Abnahmen durch die früheren Erwerber orientiert. Dafür spricht schon die praktische Erwägung, dass die Wahrscheinlichkeit gravierender Mängel nach mehrheitlicher Prüfung geringer ist. Im Übrigen stellt eine solche Vorgehensweise sicher, dass der Beginn der Verjährung nicht verfrüht angesetzt wird. Sachgerecht ist daher eine Anknüpfung an vorherige Abnahmen, wobei dahinstehen kann, wie hoch das Quorum genau sein muss.

Ein vergleichbares, wenn auch vom Ausgangspunkt her anderes, Konzept schlägt der 8. Deutsche Baugerichtstag vor. Dabei geht der Arbeitskreis XII jedoch von der Weichenstellung aus, dass die Abnahme des Gemeinschaftseigentums das Ergebnis eines Willensbildungsprozesses in der Wohnungseigentümergemeinschaft sein soll.[563] Gleich ist dem hier vorgeschlagenen Regelungskonzept, dass eine „Richtigkeitskontrolle“ anhand eines Quorums angenommen wird. Während diese Kontrolle nach den Erwägungen zum Baugerichtstag die

561 Abschlussbericht Arbeitsgruppe Bauträgervertragsrecht beim BMJV vom 19.6.2019, S. 23 ff.

562 Siehe oben Kap. 3, D. IV. 3.

563 8. Deutscher Baugerichtstag, Arbeitskreis XII – Bauträgerrecht, abrufbar unter: https://www.baugerichtstag.de/wp-content/uploads/2021/03/BauR_2021_Thesenheft.pdf, S. 32, zuletzt aufgerufen am 24.09.2021.

gemeinschaftliche Abnahme erlaubt, soll sie hier lediglich als Legitimation für die Verkürzung der Verjährungsfrist dienen.

2. *Vorzüge*

Das so ausgerichtete Konzept dient der Vereinheitlichung des Fristenablaufs und der Rechtssicherheit. Der Vorteil auf Bauträgerseite liegt darin, dass sich die Problematik der Haftungsverlängerung auf einen abgrenzbaren Zeitraum beschränkt. Die Wohnungseigentümergemeinschaft kann nach geltendem Recht die unverjährten Mängelrechte an sich ziehen. Dadurch haftet der Bauträger weit über fünf Jahre hinaus für Mängel am Gemeinschaftseigentum. Indem der Nachzügler seine Rechte im gleichen Zeitraum geltend machen kann wie jeder andere Erwerber, droht dem Bauträger keine Inanspruchnahme, nachdem seine eigenen Regressansprüche verjährt sind. In dieser Hinsicht setzt der Lösungsvorschlag unmittelbar an der Wurzel des Problems an.

Auf Seiten der Erwerber ist zunächst positiv hervorzuheben, dass in deren Abnahmeposition nicht eingegriffen wird. Über die Abnahme entscheidet weiterhin jeder einzelne Erwerber selbst. Für die Ersterwerber ergeben sich keine Abweichungen von der jetzigen Rechtslage, weil die Abnahme des Gemeinschaftseigentums erforderlich bleibt.

Zwar ist der Nachzügler benachteiligt, weil seine Frist kürzer ausfällt. Allerdings ist er mit der Anknüpfung an die Abnahmen anderer Erwerber hinreichend geschützt. Behalten sich die ersten Erwerber die Geltendmachung von Mängeln vor und verschweigt der Bauträger diese dem Nachzügler gegenüber arglistig, gilt die regelmäßige Verjährungsfrist (§§ 438 Abs. 3, 634a Abs. 3 BGB). Sind zum Zeitpunkt des Vertragsschlusses schon diverse Mängel bekannt, die der Bauträger mitzuteilen verpflichtet ist, kann der Nachzügler einen monetären Ausgleich verlangen. Im Übrigen bleibt sein mit der Hauptpflicht der Abnahme korrespondierendes Recht erhalten, die Leistung selbst zu prüfen und über ihre Vertragsgemäßheit zu befinden.

Vor allen Dingen liegt der Vorteil dieses Vorschlags darin, dass sich das Konzept für eine kontrollierte Verjährungsverkürzung mit gradueller Intensität ausspricht. Auf diese Weise treten außerdem keine unerwünschten Nebenwirkungen wie der verfrühte Übergang der Vergütungs- und Leistungsgefahr auf.

3. *Schwächen*

a) *Eingriff in die Position der Nachzügler*

Die Verjährungslösung gereicht zum Nachteil des Nachzüglers. Die Verkürzung der Verjährungsfrist stellt ihn offenkundig schlechter. Abweichend von dem Fall eines Eingriffs durch den Beschluss der Wohnungseigentümergemeinschaft bleibt ihm aber das Recht, selbst zu entscheiden, ob das Werk ordnungsgemäß errichtet wurde. Genau genommen ändert sich nichts an dem Vorgang der Abnahme und dem Eintritt ihrer Wirkungen. Das entscheidende Manko liegt in der eingeschränkten Länge der Rückgriffsmöglichkeit bei Mängeln.

b) *Vereinbarkeit mit Verbraucherrichtlinie*

Der fakultativen Verjährungsverkürzung könnte außerdem die Verbraucherrichtlinie entgegenstehen. Ziel der Verbraucherrichtlinie ist es, der Verwendung missbräuchlicher Klauseln in Verbraucherverträgen ein Ende zu setzen.[564] Kritisch ist daher, ob eine Gesetzesänderung, die eine verjährungsverkürzende Klausel erlaubt, einer gemeinschaftsrechtlichen Prüfung standhält.

(1) *Verhältnis zu nationalem AGB-Recht*

Mit der Einfügung des § 310 Abs. 3 BGB (§ 24a AGBG a.F.) sowie des Art. 29a EGBGB (§ 12 AGBG a.F.) wurde die Richtlinie in deutsches Recht umgewandelt.[565] Darüber hinaus strahlt der europäische Verbraucherschutz in das nationale AGB-Recht dadurch aus, dass Geltungsbereich und Maßstab der Inhaltskontrolle des § 307 BGB seit Inkrafttreten der Klauselrichtlinie am 1.1.1995 vom Unionsrecht überlagert werden.[566] In § 310 Abs. 3 BGB kommt daher eine strukturelle Grobanpassung des positiven Rechts an die Richtlinie zum Ausdruck, während die inhaltliche Anpassung in der Anwendung der §§ 307–309 BGB von den Gerichten zu leisten ist.[567] Entsprechend der Lehre vom sog. „Vorrang des Unionsrechts“ bleibt dieses auch gegenüber nationalen Umsetzungsgesetzen die letztmaßgebliche Rechtsquelle.[568]

---

564 Richtlinie 93/13/EWG des Rates vom 5.4.1993 über mißbräuchliche Klauseln in Verbraucherverträgen, ABl. Nr. L 95/29 (31).

565 Gesetz zur Änderung des AGBG vom 19.7.1996, BGBl. I 1996, S. 1013.

566 *Wendland*, in: Staudinger, BGB (2019), § 307 Rn. 61.

567 *Wendland*, in: Staudinger, BGB (2019), § 307 Rn. 61.

568 EuGH, Urt. v. 13.11.1990 – C-106/89, BeckRS 2004, 74075 (*Marleasing*).

(2) *Anwendungsbereich*

Vom Anwendungsbereich umfasst sind Vorschriften, die eine bestimmte Regelung vertragsrechtlich zulassen, aber nicht selbst treffen.[569] Anders als eine verpflichtende Verjährungsverkürzung könnte die reine Möglichkeit derselben die Rechte des Verbrauchers unangemessen beeinträchtigen. Der Anwendungsbereich der Richtlinie ist auf Klauseln beschränkt. Bindende Rechtsvorschriften unterfallen nach Art. 1 Abs. 2 nicht der Kontrolle. Mit bindenden Rechtsvorschriften ist nach allgemeiner Auffassung dispositives Gesetzesrecht gemeint.[570] Bezugsgegenstand der Richtlinie ist der Verbrauchervertrag, zu dem auch der hier in Rede stehende Bauträgervertrag zählt.

(3) *Zulässigkeit einer graduellen Fristverkürzung*

Bei der Vereinbarung über die Einschränkung der Erwerberrechte könnte es sich um eine missbräuchliche Klausel im Sinne des Art. 3 Abs. 1, 3 i.V.m. Anhang Nr. 1 lit. b) und q) der Richtlinie 93/13/EWG handeln. Vertragsklauseln sind danach als missbräuchlich anzusehen, wenn sie entgegen dem Gebot von Treu und Glauben zum Nachteil des Verbrauchers ein erhebliches und ungerechtfertigtes Missverhältnis der vertraglichen Rechte und Pflichten verursachen. Im Anhang der Richtlinie ist beispielhaft die Konstellation als missbräuchlich erklärt worden, in der die Ansprüche des Verbrauchers gegenüber dem Gewerbetreibenden ausgeschlossen oder ungebührlich eingeschränkt werden für den Fall, dass der Gewerbetreibende eine der vertraglichen Verpflichtungen nicht oder mangelhaft erfüllt (lit. b).

Der Wortlaut differenziert zwischen zwei Arten der Restriktion. Nur der vollständige Ausschluss von Ansprüchen des Verbrauchers in den genannten Fällen verstößt ohne Ausnahme gegen den Tatbestand des Nr. 1 lit. b). Einschränkungen sind zulässig, soweit diese nicht ungebührlich sind.

Ausgehend von der Formulierung der Missbrauchskontrolle sowie den Erwägungen zum Anwendungsbereich setzt die Richtlinie voraus, dass dem Verbraucher nach nationalem Recht vertragliche Ansprüche zustehen. Die Richtlinie schützt daher den sich aus dem nationalen Recht ergebenden Bestand von Ansprüchen, gibt den Mitgliedstaaten aber nicht auf, solche zu schaffen.[571] Hier besteht der Referenzrahmen aus den Mängelrechten des Nachzügler-Erwerbers

---

569 *Pfeiffer*, in: Wolf/Lindacher/Pfeiffer, AGB-Recht, 7. Teil, Art. 1 Rn. 22.
570 *Pfeiffer*, in: Wolf/Lindacher/Pfeiffer, AGB-Recht, 7. Teil, Art. 1 Rn. 22.
571 *Pfeiffer*, in: Wolf/Lindacher/Pfeiffer, AGB-Recht, 7. Teil, Anh. RL Rn. 6.

nach § 634 BGB in Bezug auf das Gemeinschaftseigentum, die im Fall des Erwerbs neuen Wohnraums nach AGB-Recht nicht erleichtert werden dürfen.

Von einem *völligen Ausschluss* ist auszugehen, wenn für eine bestimmte Art der Vertragsverletzung unter keinen Umständen in irgendeiner Art und Weise gehaftet wird.[572] Darauf zielt der hier formulierte Vorschlag nicht ab. Die Rede ist nicht davon, die Mängelrechte des Nachzüglers gänzlich zu streichen. In Betracht kommt eine missbräuchliche Klausel deshalb nur dann, wenn die *Einschränkung* von vertraglichen Rechten des Verbrauchers gegenüber dem Gewerbetreibenden *ungebührlich* ist.

Verbraucherrechte sind eingeschränkt, wenn Ansprüche der Höhe nach begrenzt oder von bestimmten restriktiven Voraussetzungen abhängig gemacht werden.[573] Als ungebührlich sind insbesondere solche Klauseln anzusehen, die eine erhebliche und nicht durch einen besonderen Rechtfertigungsgrund legitimierte Abweichung gegenüber der gesetzlichen Ausgangslage vorsehen.[574]

Am Charakter einer erheblichen Abweichung bestehen schon Zweifel. Schließlich greift eine Verjährungsverkürzung in die bestehende Lage eher mild ein. Schon nach jetzigem Recht können die Vertragsparteien die Verkürzung vereinbaren. Unklar ist nur, ab welchem Zeitpunkt. Zwischen zwei und drei Jahren nach Fertigstellung nehmen die Entscheidungen der Rechtsprechung noch eine neue Sache an. Danach ist es den Parteien unbenommen, die Verjährungsfrist zu verkürzen. Mehr noch dürfen sie dann sogar einen vollständigen Haftungsausschluss vereinbaren. Ab diesem Moment weicht die Maßnahme von der bestehenden Rechtslage gar nicht ab.

Für die Zeitspanne davor sind die Verbraucherrechte zwar eingeschränkt, der Eingriff ist aber gerechtfertigt. Der deutsche Gesetzgeber hat im Handel mit gebrauchten Gütern als besonderen Rechtfertigungsgrund ausreichen lassen, dass ein gesteigertes Sachmängelrisiko besteht, und erlaubt es den Parteien deshalb in diesem Fall eine Verjährungsverkürzung zu vereinbaren. Folglich ist der Richtlinie kein Totalverbot für jegliche Einschränkung zu entnehmen.[575] Beim Erwerb neuen Wohnraums zwei Jahre nach Nutzung des Gemeinschaftseigentums besteht Grund zur Annahme einer ähnlichen Rechtfertigungsschiene. Immerhin benutzen die Bewohner insbesondere die werthaltigen Bestandteile wie Heizkessel, Fahrstühle, Tiefgaragen, Wasserleitungsrohre, Lüftungsrohre,

572 *Pfeiffer*, in: Wolf/Lindacher/Pfeiffer, AGB-Recht, 7. Teil, Anh. RL Rn. 12.
573 *Pfeiffer*, in: Wolf/Lindacher/Pfeiffer, AGB-Recht, 7. Teil, Anh. Rn. 26.
574 *Pfeiffer*, in: Wolf/Lindacher/Pfeiffer, AGB-Recht, 7. Teil, Anh. Rn. 26.
575 *Wurmnest*, in: MüKo, BGB, § 309 Rn. 11, § 308 Rn. 11.

elektrische Leitungen sowie den Schornstein. Aber auch die unbewohnte Wohnung erfährt schon allein durch den Zeitablauf unter Umständen einen Wertverlust. Fehlende Lüftung oder direkte und regelmäßige Sonneneinstrahlung sowie Wasserrohre, die nicht durchgespült werden und in denen sich Kalk ablagert, können nach längerem Nichtgebrauch Schäden anrichten und das Sachmängelrisiko steigern.

Der gesamte Wohnkomplex als solcher besteht aus vielen Einzelteilen, die nach unterschiedlichen Zeiträumen Abnutzungserscheinungen aufweisen. Dies wirkt sich insgesamt in einem einheitlich gesteigerten Sachmängelrisiko aus, das im Unterschied zu einem Neubau steht. Je länger das Gemeinschaftseigentum in Gebrauch ist, desto höher steigt das Sachmängelrisiko und damit das Gewicht des Rechtfertigungsgrundes. Kurze Zeit nach Erreichen des Quorums wirkt sich die Verkürzung kaum aus, zwei bis drei Jahre danach weicht der Eingriff von der gesetzlichen Lage nicht mehr ab.

Wenn nur noch der genaue Zeitpunkt in Frage steht, andererseits die Einschränkung selbst erlaubt ist, darf zumindest an die Rechtfertigung kein strenger Maßstab angelegt werden. Der Zeitablauf selbst rechtfertigt insofern eine kontrollierte Einschränkung der vertraglichen Rechte. Zusammenfassend ist festzuhalten, dass die Verbraucherrichtlinie einer graduellen Verjährungsverkürzung nicht entgegensteht.

(4) Keine Änderung der Beweislastverteilung

Außerdem missbräuchlich ist es, wenn dem Verbraucher die Beweislast auferlegt wird, die nach dem geltenden Recht eine andere Vertragspartei trägt (lit. q). Damit sind solche Klauseln gemeint, die darauf abzielen oder zur Folge haben, dass dem Verbraucher die Möglichkeit, Rechtsbehelfe bei Gericht einzulegen oder sonstige Beschwerdemittel zu ergreifen, genommen oder erschwert wird, und zwar insbesondere durch eine geänderte Beweislastverteilung. Im Grundsatz ähnelt die Formulierung dem Klauselverbot in § 309 Nr. 12 BGB.[576] Maßstab zur Feststellung einer Beweislastverschiebung ist wie bei der gerade erfolgten Prüfung das anwendbare Recht. Dabei umfasst das Merkmal der Beweislast schon begrifflich all diejenigen Fälle, in denen eine Änderung der Beweislast durch eine Änderung des materiell-rechtlichen Verhältnisses bewirkt wird.[577] Hintergrund der Klausel ist der Schutz der prozessualen Rechtsstellung des Verbrauchers.[578]

---

576 Zu den Unterschieden im Detail *Wurmnest*, in: MüKo, BGB, § 309 Nr. 12 Rn. 3.
577 *Pfeiffer*, in: Wolf/Lindacher/Pfeiffer, AGB-Recht, 7. Teil, Anh. Rn. 165.
578 *Pfeiffer*, in: Wolf/Lindacher/Pfeiffer, AGB-Recht, 7. Teil, Anh. Rn. 140.

In einem ersten Schritt gilt es zu prüfen, wie die Beweislastverteilung ausfällt, wenn sie dem dispositiven Recht zugrunde gelegt wird. Bis zur Abnahme liegt die Beweislast beim Werkunternehmer. Danach geht sie auf den Besteller über.

Vergleicht man in einem zweiten Schritt, welche Änderungen eine Verjährungsverkürzung für die Beweislastverteilung mit sich bringt, fallen keine nennenswerten Unterschiede ins Gewicht. Denn anders als die Bindung an eine bereits erfolgte Abnahme, ändert sich mit der hier vorgeschlagenen Vorgehensweise lediglich der zeitliche Rahmen für die Geltendmachung von Mängelrechten. Die Folgen der Abnahme bleiben unberührt und daher auch die Bestimmung zur Umkehr der Beweislast.

Aus diesem Grund wirkt sich die Verjährungsverkürzung nicht nachteilig auf die Beweislastverteilung aus. Die Verbraucherrichtlinie steht einer solchen Bestimmung auch unter diesem Aspekt nicht entgegen.

c) Fazit zu den Schwächen

In einer Zusammenschau fokussieren sich die Schwächen dieses Vorschlags auf die Schlechterstellung des Nachzüglers. Das Bedürfnis nach Rechtssicherheit und Risikominimierung wird zu seinen Lasten erfüllt. Hindernisse aus der Verbraucherrichtlinie 93/13/EWG dürften zu überwinden sein.

Gleichwohl sei an dieser Stelle darauf hingewiesen, dass ein Verstoß gegen die erörterten Kriterien im Anhang der Richtlinie nicht zwingend zur Unwirksamkeit der Klausel führt. Der Anhang der Richtlinie ist nicht verbindlich, sodass die Missbräuchlichkeit einer streitigen Klausel nicht ohne Weiteres und allein anhand des Anhangs ermittelt werden darf.[579] Vielmehr stellen die Merkmale im Anhang eine wesentliche Grundlage dar, auf die das Gericht seine Beurteilung der Missbräuchlichkeit der Klausel setzen darf.[580]

4. Zwischenergebnis

Festzuhalten bleibt damit, dass die Verjährungsverkürzung ein gangbarer Weg scheint, sich der Abnahmefrage zu nähern. Auf den ersten Blick ist das Antasten der Verjährungsfrist ein besonders scharfes Schwert. Zieht man aber den Vergleich zur jetzigen Rechtslage, fällt auf, dass die graduelle Eröffnung einer Verkürzungsoption den Wertungen des AGB-Rechts entsprechen dürfte.

---

579 EuGH, Urt. v. 26.4.2012 – C-472/10, EuZW 2012, 786 (787); vgl. auch EuGH, Urt. v. 30.5.2013 – C-488/11, NJW 2013, 2579 (2582).

580 EuGH, Urt. v. 26.4.2012 – C-472/10, EuZW 2012, 786 (787); vgl. auch EuGH, Urt. v. 30.5.2013 – C-488/11, NJW 2013, 2579 (2582).

VI. Abschließende Abwägung und Stellungnahme

Nachdem die einzelnen Lösungsansätze für sich genommen betrachtet wurden, ist eine abschließende Bewertung mithilfe einer vergleichsweisen Untersuchung anzustellen. Ausschlaggebend für eine abschließende Bewertung ist, welche Variante einen angemessenen Ausgleich erlaubt, um die individuelle Rechtsposition der Wohnungseigentümer nicht über Gebühr zu beeinträchtigen.

Der erste Vorschlag, wonach ein Sachverständiger oder ein Gericht zur Abnahme des Gemeinschaftseigentums verpflichtet sein soll, ist ohne Umschweife zu verwerfen. Es stimmt, dass sich der Besteller sinnvollerweise und in der praktischen Umsetzung sehr häufig der Unterstützung eines Sachverständigen bedient. Jedoch steht diesem ohne Kenntnis der teilweise divergierenden Vertragsunterlagen der Erwerber nicht zu, über mehr als technische Begebenheiten zu entscheiden. Im Übrigen stellt sich das praktische Problem, dass es nicht genug Sachverständige geben wird, die einen solchen Auftrag und das hohe Haftungsrisiko annehmen. Möglichkeiten der Anrufung eines Gerichts im Zusammenhang mit der Abnahme bestehen schon jetzt. Diese sind aber auf Einzelfälle zu beschränken. Es kann nicht die Aufgabe des Richters sein, eine vertraglich geschuldete Erklärung zu ersetzen.

Im Vergleich dazu stößt die Möglichkeit einer Beschlusskompetenz der Wohnungseigentümergemeinschaft auf mehr Sympathie. Zutreffend nimmt dieser Ansatz auf das Hauptproblem der divergierenden Verjährungsfristen Bezug. Überdies wird dem praktischen Interesse des Bauträgers, den Schwierigkeiten einer Koordinierung von Terminen zur gemeinsamen Begehung des Vertragsobjekts mit einer Vielzahl von Erwerbern zu entgehen, entsprochen.

Der Eingriff in die Privatautonomie und als deren Ausfluss das Recht des Erwerbers, selbst über die Vertragsgemäßheit zu entscheiden, ist jedoch nicht gerechtfertigt. Die Maßnahme eignet sich, zumindest in der Theorie und vorbehaltlich diverser Konflikte innerhalb der Gemeinschaft, um die Risiken des Bauträgers zu eliminieren. Allerdings ist der Weg angesichts der Beeinträchtigungen für die Erwerber nicht legitim. Dem Erwerber wird die Möglichkeit genommen, einen seinem Interesse entsprechenden Einfluss auf das Abnahmeprozedere zu nehmen. Mit Blick auf die verfassungsrechtlich garantierte Privatautonomie, Art. 2 Abs. 1 GG, sowie die Eigentumsgarantie, welche auch schuldrechtliche Ansprüche umfasst, ist Zurückhaltung geboten. Auch die Abnahme impliziert ein solches Recht, sich selbst von der Vertragsgemäßheit der Leistung durch Prüfung zu überzeugen. Insbesondere die Interessen des Nachzüglers werden in einer Weise beschnitten, die sich nicht allein mit den Unannehmlichkeiten für den Bauträger rechtfertigen lässt. Vorteile erlangt der Nachzügler dadurch keine.

Über den Weg einer kaufrechtlichen Einschätzung des Nachzüglervertrags sind keine nennenswerten Lockerungen im Hinblick auf die Risiken des Bauträgers ersichtlich. Aus diesem Grund ist diese Option – obgleich sie nach der hier vertretenen Auffassung dogmatisch konsequent ist – nicht zu empfehlen.

In der Ersetzung der Abnahme durch eine Fertigstellung liegt ein durchdachtes und innovatives Ansinnen. Es bestehen jedoch Zweifel an der systematisch korrekten Umsetzung. Die Abnahmewirkungen ohne Mitwirkung des Erwerbers eintreten zu lassen, stößt auf erhebliche Bedenken.

Überzeugend ist daher nur der Ansatz der Verjährungsverkürzung für Nachzügler. Die Nachteile des Nachzüglers werden hinnehmbar sein, weil sie der derzeitigen Rechtslage sehr nahekommen, dabei aber gleichzeitig für Rechtssicherheit und -klarheit sorgen. Dafür spricht vor allem die Tatsache, dass das Gemeinschaftseigentum im Verlauf der Nutzung seinen Charakter als neu hergestellte Sache allmählich verliert. Die verkürzte Verjährungsfrist ist auch deshalb angemessen, weil nach zwei Jahren möglicherweise schon an Mangelbeseitigungsmaßnahmen gearbeitet wird. Darüber hinaus kann der Nachzügler in der Situation, dass verschiedentlich Mängel bei Vertragsabschluss zutage getreten sind, eine preisliche Kompensation aushandeln.

Schließlich bedarf es ausgehend von einer allgemeinen Risikoverteilung keiner Überbewertung der Bauträgerinteressen. Die Charakteristiken des Bauträgervertrags bergen für den Erwerber Gefahren, die zwar ungeachtet der Abnahmesituation bestehen, im Gesamtablauf des Vertragsverhältnisses aber Niederschlag finden. Von Bedeutung ist insbesondere das Verwendungsrisiko, welches im Laufe der Zeit durch Änderungen in der Erwerbssituation und der familiären Lage steigt.

Im Ergebnis stellt der Weg der Verjährungsverkürzung im Verhältnis zu den anderen Vorschlägen das mildeste Mittel dar, um die Ziele der Vereinheitlichung zu erreichen. Aus diesem Grund ist dieser Ansicht der Vorzug zu gewähren.

E. Fazit

In Ansehung der systemimmanenten Risiken für den Bauträger durch eine Einzelabnahme des Gemeinschaftseigentums ist eine einheitliche Abnahme geboten. Auf der Grundlage des geltenden Rechts fehlt es aber an einer anwendungstauglichen und rechtssicheren Gestaltung. Die Reformbestrebungen sind deshalb zu begrüßen.

Angemessen ausgeglichen sind die Interessen des Bauträgers und des Erwerbers am ehesten durch die Verkürzung der Verjährungsfrist in Nachzüglerfällen. Den Interessen aller Beteiligten wird dadurch Rechnung getragen, dass die

Abnahme weiterhin individualvertraglich gehandhabt wird. Die Implementierung einer Verjährungsverkürzung bedeutet indes kein Zwangsregime, sondern steht den Mitgliedern der Gemeinschaft als zusätzliche Gestaltungsoption zur Verfügung.

F. Zusammenfassung Kapitel 3

1. Aus dem Grundsatz der Einzelabnahme kommt es zu einer faktischen Verlängerung der Gewährleistungsverantwortung für den Bauträger. Solange einem Erwerber ein unverjährter Mangelanspruch zusteht, kann die Gemeinschaft vom Bauträger verlangen, die gesamte Bausubstanz des Gemeinschaftseigentums in einen ordnungsgemäßen Zustand zu versetzen. Dadurch verlängert sich die Gewährleistungsfrist zu Lasten des Bauträgers um den Zeitraum zwischen der ersten und der letzten Abnahme. In dieser verlängerten Haftungsphase kann der Bauträger in der Regel nicht mehr auf Gewährleistungsansprüche gegen die von ihm beauftragten Bauunternehmer zurückgreifen.
2. Vorschläge der Vereinheitlichung der Abnahme zielen darauf ab, die Befugnisse des Einzelnen einzuschränken und den Grundsatz der Einzelabnahme dadurch aufzulockern. Dazu werden im Kern drei verschiedene Argumentationslinien erwogen: die Vereinheitlichung durch Vertragsgestaltung, durch Vergemeinschaftung oder durch Vertragsqualifikation.
3. De lege lata lässt sich eine Erleichterung der Abnahme des Gemeinschaftseigentums nicht rechtssicher erreichen. Bemühungen in der Beurkundungspraxis des Bauträgervertrags sind meist AGB-rechtlich bedenklich. Insbesondere sind Vertretungsklauseln sowie die Bestimmung über eine vertragliche Bindung an eine frühere Abnahme in vielen Fällen unwirksam.
4. Die Wohnungseigentümergemeinschaft darf die Abnahme nicht selbst erklären, weil es ihr an der erforderlichen Wahrnehmungsbefugnis fehlt. Dem individualvertraglichen Charakter der Abnahme entsprechend darf nur der einzelne Erwerber darüber entscheiden. Für Nachzüglerverträge über fertiggestellten Wohnraum ist die Qualifizierung als Kaufvertrag zwar dogmatisch korrekt und sachgerecht. Allerdings bringt dies nicht den erwünschten Erfolg, da die Vertragsqualifizierung nichts an der Verjährungsfrist ändert. Angesichts der dadurch entstehenden Rechtsunsicherheit sind Erwägungen zu Lösungsvorschlägen de lege ferenda opportun.

5. Lässt man eine gesetzliche Regelung zur Abnahmekompetenz der Wohnungseigentümergemeinschaft zu, wäre der Eingriff in die Rechtsposition des Erwerbers nicht zumutbar.
6. Die Abnahme des Gemeinschaftseigentums darf auch nicht durch eine Zustandsfeststellung ersetzt werden. Die Systematik und der in der Baurechtsreform zum Ausdruck gekommene Wille des Gesetzgebers sprechen gegen dahingehende Vorschläge.
7. Überzeugend ist daher allein, den Vertragsparteien die Verjährungsverkürzung im Nachzüglervertrag zu erlauben. Auf diese Art wird der derzeitigen Rechtslage mit dem Unterschied entsprochen, dass eine graduelle und kontrollierte Anpassung der Verjährungsfrist erlaubt wird. Die Verjährungsverkürzung ist das vergleichsweise mildeste Mittel zur Vereinheitlichung.
8. Die vereinheitlichte Abnahme bedeutet eine Verkürzung der Verjährungsfrist für Nachzügler-Erwerber. An dem Grundsatz der Einzelabnahme ist festzuhalten. Der Erwerber bleibt letztlich allein befugt, die Abnahme – gegebenenfalls unter Zuhilfenahme von Sachverständigen – zu erklären.

Kapitel 4: Die Fiktion der (Teil-) Abnahme von Wohnungseigentum

Nachdem die Parameter für den Gegenstand der Abnahme beim Erwerb neuen Wohnraums sowie den dazu befugten Personenkreis geklärt sind, liegt der Schwerpunkt der folgenden Betrachtung auf einer Abnahmeform, die von der Zustimmung des Bestellers unabhängig ist. In Widerspruch zu ihrer eigentlichen Billigungsfunktion gibt es Konstellationen, in denen die Abnahmewirkungen unter Einhaltung der gesetzlichen Voraussetzungen eintreten, ohne dass es einer Erklärung des Verpflichteten bedarf. Mittelbar bringt der die Abnahme verlangende Unternehmer durch diese Fiktion eine zeitliche Komponente in den Abnahmevorgang. Maßgeblicher Zeitpunkt für den Eintritt der Abnahmewirkungen ist dann nicht der Zugang der Abnahmeerklärung,[581] sondern der Fristablauf.

Im Zuge der Baurechtsreform erfuhr die Abnahmefiktion gemäß § 640 Abs. 2 BGB ebenfalls eine Überarbeitung. In neuem Licht erscheinen deshalb im Zusammenhang mit dem Wohnungserwerb vor allem Aspekte der Teilabnahme und der vertraglichen Änderungsmöglichkeiten.

A. Geltungsbereich und Regelungsziel

Die Abnahme markiert den Übergang vom Erfüllungs- in das Nacherfüllungsstadium. An dem Eintritt ihrer Folgen ist vor allem der Werkunternehmer interessiert, weil zu seinen Gunsten unter anderem die Leistungs- und Vergütungsgefahr sowie die Beweislast für Mangelhaftigkeit auf den Besteller übergehen und die Vergütung fällig wird. Sofern das Werk nicht mit wesentlichen Mängeln behaftet ist, steht dem Unternehmer ein Anspruch auf Abnahme zu.

Trotz Abnahmereife kommt es zu Situationen, in denen der Besteller nicht gewillt ist, seiner Abnahmepflicht nachzukommen. Da es sich bei der Abnahme letztlich um eine einseitige Erklärung des Bestellers handelt, bleibt der Unternehmer vor dem erklärten Willen des Bestellers in einem Schwebezustand mit wesentlichen Folgen. Zeitliche Verzögerungen im Abnahmeprozedere – unabhängig davon, ob sie berechtigt sind oder nicht – bergen für den Werkunternehmer die Gefahr wirtschaftlicher Einbußen und sind daher aus seiner Sicht

---

581 *Busche*, in: MüKo, BGB, § 640 Rn. 53.

möglichst zu vermeiden. In einem Gerichtsprozess über die Frage der Wesentlichkeit erhält der Unternehmer zum einen keine Vergütung und zum anderen trifft ihn die Beweislast, dass kein wesentlicher Mangel vorliegt.[582] Bevor er sich um eine gerichtliche Klärung bemüht, kann er auf das Mittel der Abnahmefiktion zurückgreifen.

Das Gesetz stellt bei abnahmefähigen und fertiggestellten Werken die unterlassene Abnahme trotz Fristsetzung der rechtsgeschäftlichen Abnahme gleich. Die entsprechenden Wirkungen treten dann unter bestimmten Voraussetzungen kraft Gesetzes ein.[583] Relevant wird die Fiktion daher immer dann, wenn der Besteller die Abnahme des Werks nicht erklärt oder diese verweigert. Mithin ist die Abnahmefiktion ein wichtiges Instrument des Unternehmers für ein ausgewogenes Vertragsverhältnis.[584] Im Bauträgervertrag gilt die neue Vorschrift, soweit Herstellung und Umbau des Bauwerks betroffen sind, § 650 Abs. 1 Satz 2 BGB.

B. Grundzüge der Abnahmefiktion in der Reformentwicklung

Im Zuge der Reform des Bauvertragsrechts haben sich die Voraussetzungen für den Eintritt der Fiktion bei im Wesentlichen gleichbleibenden Folgen geändert.

I. Bisherige Rechtslage

Erstmals regelte der Gesetzgeber die Abnahmefiktion durch das Gesetz zur Beschleunigung fälliger Zahlungen vom 30.3.2000.[585] Damit fügte er dem § 640 Abs. 1 Satz 3 BGB einen Passus hinzu, wonach es der Abnahme gleichsteht, wenn der Besteller das Werk nicht innerhalb einer ihm vom Unternehmer bestimmten angemessenen Frist abnimmt, obwohl er dazu verpflichtet ist. Der Zweck einer solchen Regelung lag darin, das Abnahmeverfahren zu beschleunigen, um dem Unternehmer zügig Rechtsklarheit zu schaffen.[586] Grundvoraussetzung für die Fiktion war ein abnahmereif hergestelltes Werk.[587] Daher trat die Abnahmefiktion nach erfolglosem Fristablauf immer dann ein, wenn das Werk frei von

582 *Breitling*, NZBau 2017, 393.
583 BT-Drs. 14/2752, S. 12.
584 *Tschäpe/Werner*, ZfBR 2017, 419 (421).
585 BGBl. I 2000, S. 330; BT-Drs. 14/2752, S. 12.
586 BT-Drs. 18/8486, S. 48.
587 *Voit*, in: BeckOK BGB, § 640 Rn. 31.

wesentlichen Mängeln war. An dieser Anforderung wurde bemängelt, dass auf Bestellerseite ein erhebliches Missbrauchspotenzial bestand: Dem Besteller war es möglich, die Abnahme zu verweigern, ohne konkrete Mängel zu benennen.[588] Vor allem konnte er die Abnahme vorsorglich verweigern und sich auf einen erst nach Ablauf der Frist entdeckten Mangel berufen, um den Eintritt der Abnahmefiktion zu verhindern.[589] Uneinigkeiten resultierten in der Vergangenheit häufig aus der Frage, ob ein Mangel oder die Gesamtheit von Mängeln wesentlich ist. Ob der Besteller die Abnahme zu Recht wegen eines wesentlichen Mangels verweigerte, war daher häufig von Gerichten zu klären.[590]

II. Neue Regelung

Zu den überarbeiteten Vorschriften des Werkvertragsrechts zählt die Regelung der Abnahmefiktion in § 640 Abs. 2 BGB unter Streichung der bisherigen Vorschrift in § 640 Abs. 1 Satz 3 BGB a.F. Nun gilt das Werk als abgenommen, wenn der Unternehmer dem Besteller nach Fertigstellung des Werks eine angemessene Frist zur Abnahme gesetzt hat und der Besteller die Abnahme nicht innerhalb dieser Frist unter Angabe mindestens eines Mangels verweigert. Besonderheiten sind für den Vertrag mit einem Verbraucher vorgesehen. Zur Abnahmefiktion kommt es in diesem Fall dann, wenn der Unternehmer den Verbraucher zusammen mit der Aufforderung zur Abnahme auf die Folgen einer nicht erklärten oder ohne Angabe von Mängeln verweigerten Abnahme in Textform hingewiesen hat. Im Einzelnen sind folgende Schritte bis zum gesetzlichen Eintritt der Abnahmefolgen zu beachten:

1. Fertigstellung

Erste Prämisse einer Abnahmefiktion ist die Fertigstellung des Werks. Darunter versteht der Gesetzgeber, dass das Werk nach den vertraglichen Vereinbarungen als „fertig“ anzusehen ist, also die im Vertrag genannten oder nachträglich Vertragsbestandteil gewordenen Leistungen abgearbeitet bzw. erbracht sind.[591] Untergeordnete Restleistungen stehen nicht entgegen.[592] Sinn der Regelung soll

---

588 *Bachem/Bürger*, NJW 2018, 118 (119).

589 *Koeble*, in: Kniffka/Koeble/Jurgeleit/Sacher, Kompendium des Baurechts, 3. Teil Rn. 64; *Martius*, in: Reithmann/Terbrack, Kauf vom Bauträger, C. Rn. 130 f.

590 BT-Drs. 18/8486, S. 48; *Busche*, in: MüKo, BGB, § 640 Rn. 26; *Scheuch*, NJW 2018, 2513.

591 BT-Drs. 18/8486, S. 48 f.

592 *Voit*, in: BeckOK BGB, § 640 Rn. 33; a.A. *Joussen*, BauR 2018, 328 (333).

sein, dass ein zu frühes Andienen durch den Unternehmer verhindert wird.[593] Fertiggestellt ist ein Werk im Unterschied zur bisherigen Gesetzeslage unabhängig davon, ob die Leistung mit wesentlichen Mängeln behaftet ist oder nicht.[594] Im Bauträgervertrag drängt sich ein Vergleich zur wortgleichen Formulierung in § 3 Abs. 2 MaBV auf. Dort ist jedoch die vollständige Fertigstellung gemeint, von der erst ab Abnahmereife ausgegangen wird.[595] Mit dem Erfordernis der Fertigstellung in § 640 Abs. 2 BGB bleibt der Gesetzgeber hinter dem Erfordernis der Abnahmereife zurück.[596] Der Begriff ist auch nicht mit der im Wesentlichen mangelfreien Fertigstellung gleichzusetzen.[597]

Dem steht die Pflicht des Werkunternehmers, im Rahmen der Abnahme Mängel zu offenbaren, nicht zwangsläufig entgegen. Richtigerweise handelt er zwar arglistig, wenn er in Kenntnis von Mängeln den Besteller bei der Abnahme nicht darauf hinweist.[598] Allerdings kann nicht angenommen werden, dass dem Unternehmer alle Mängel bekannt sind und er den Besteller dennoch zur Abnahme auffordert.[599] Aus der Rechtsprechung zum arglistigen Verschweigen von Mängeln bei der Abnahmeaufforderung ist vielmehr darauf zu schließen, dass § 640 Abs. 2 BGB keine Anwendung findet, wenn das Abnahmeverlangen des Unternehmers ungerechtfertigt ist und er daher rechtsmissbräuchlich handelt.[600] Ausreichend ist dafür, dass dieser in nachvollziehbarer Weise davon ausgehen konnte, seine Arbeiten abgeschlossen zu haben.[601]

2. *Abnahmeaufforderung mit angemessener Fristsetzung*

Hat der Unternehmer sein Werk fertiggestellt, muss er den Besteller zunächst auffordern, die Abnahme zu erklären.[602] Mit der Aufforderung hat er gleichzeitig

---

593 BT-Drs. 18/8486, S. 49.

594 BT-Drs. 18/8486, S. 48 f.

595 BGH, Urt. v. 30.4.1998 – VII ZR 47/97, NJW 1998, 2967 (2968); *Marcks*, MaBV, § 3 Rn. 42; a.A. *Karczewski*, NZBau 2018, 328 (332), der auch in der MaBV die Abarbeitung der geschuldeten Bauleistung ausreichen lässt.

596 *Breitling*, NZBau 2017, 393; *Peters*, in: Staudinger, BGB (2019), § 640 Rn. 34b.

597 So aber *Joussen*, BauR 2018, 328 (332 ff.).

598 BGH, Urt. v. 8.3.2012 – VII ZR 16/10, NZBau 2012, 359 (360).

599 So unter Hinweis auf eine eingehende Prüfpflicht des Auftragnehmers: *Koeble*, in: Kniffka/Koeble/Jurgeleit/Sacher, Kompendium des Baurechts, 3. Teil Rn. 68.

600 So auch *Hummel*, in: Leupertz/Preussner/Sienz, Bauvertragsrecht, § 640 Rn. 27; *Pause/Vogel*, in: Kniffka/Jurgeleit, ibr-online-Kommentar Bauvertragsrecht, § 640 Rn. 71.

601 *Kniffka*, BauR 2017, 1747, (1769); *Peters*, in: Staudinger, BGB (2019), § 640 Rn. 34b.

602 *Retzlaff*, in: Palandt, BGB, § 640 Rn. 15.

eine Frist zu setzen, innerhalb derer der Besteller die Abnahme zu erklären oder unter Hinweis auf einen Mangel zu verweigern hat. Die Fristsetzung wird nicht dadurch entbehrlich, dass der Besteller vorher angekündigt hat, die Abnahme ohnehin zu verweigern.[603]

Die Frist muss angemessen sein. Davon ist auszugehen, wenn der Besteller in der Lage ist, das Werk nach seiner konkreten Beschaffenheit unter gewöhnlichen Verhältnissen in angemessenem Umfang zu prüfen und fristgerecht abzunehmen.[604] Für Bauwerke wird in Anlehnung an § 12 Abs. 5 VOB/B ein Zeitrahmen von zwölf Tagen[605] bzw. ein bis zwei Wochen[606] vorgeschlagen. Eine zu kurz bemessene Frist setzt eine angemessene in Lauf.[607]

3. *Aktive Mitwirkung des Bestellers*

Zu den bedeutenden Unterschieden im Vergleich zur vorherigen Rechtslage gehört das Konzept der aktiven Mitwirkung. Der Besteller kann der Abnahmefiktion entgehen, wenn er die Abnahme unter Angabe eines Mangels verweigert. Danach sind zwei Szenarien zu unterschieden. Im ersten Fall zeigt der Besteller nach Aufforderung und angemessener Fristsetzung keine Reaktion oder reagiert nicht rechtzeitig. Dann gilt die Abnahme als erfolgt und zwar unabhängig davon, ob ein Mangel vorliegt oder nicht. Alternativ ist denkbar, dass der Besteller innerhalb der Frist das hergestellte Werk bemängelt, sodass die Abnahme nicht fingiert wird. Die Frage nach der Mangelhaftigkeit spielt auch in diesem Fall keine Rolle. Mit Einführung einer aktiven Mitwirkungspflicht hat sich der Gesetzgeber für eine bislang unbekannte Wertung entschieden: Ob der Mangel tatsächlich vorliegt, ist für die Abnahmefiktion nicht entscheidend.[608] Hinter der Neuregelung steht der Zweck, die Parteien zu einem Austausch über die Gründe der Abnahmeverweigerung anzuregen.[609] Daher kommt es weniger

603 *Joussen*, BauR 2018, 328 (332).

604 *Busche*, in: MüKo, BGB, § 640 Rn. 28; *Retzlaff*, in: Palandt, BGB, § 640 Rn. 15.

605 *Busche*, in: MüKo, BGB, § 640 Rn. 28; *Messerschmidt*, in: Messerschmidt/Voit, Privates Baurecht, Teil. I. Rn. 43; *Peters*, in: Staudinger, BGB (2019), § 640 Rn. 34b; *Retzlaff*, in: Palandt, BGB, § 640 Rn. 15.

606 *Voit*, in: BeckOK BGB, § 640 Rn. 34.

607 *Pause*, Bauträgerkauf, Rn. 582; *Peters*, in: Staudinger, BGB (2019), § 640 Rn. 34b; *Voit*, in: BeckOK BGB, § 640 Rn. 34.

608 BT-Drs. 18/8486, S. 48 f.; *Breitling*, NZBau 2017, 393; *Karczewski*, NZBau 2018, 328 (334); *Voit*, in: BeckOK BGB, § 640 Rn. 35; a.A. *Tschäpe*, ZfBR 2018, 736 f.

609 BT-Drs. 18/8486, S. 48 f.

auf die Tatsache an, ob tatsächlich ein Mangel besteht, als vielmehr darauf, dass die Vertragspartner eine einvernehmliche Lösung finden.

Unerheblich ist auch, ob es sich um einen wesentlichen Mangel handelt oder nicht.[610] Eine solche Unterscheidung lässt sich im Einzelnen nicht einfach eruieren und bleibt deshalb nicht selten einem Prozess vorbehalten. Allerdings kann es missbräuchlich sein, wenn der Besteller nur offensichtlich nicht bestehende oder eindeutig unwesentliche Mängel moniert.[611]

Entscheidend – und insofern unterscheidet sich die Vorschrift zur früheren Rechtslage – ist, dass der Besteller Gründe für die Verweigerung angibt und zu diesem Zweck zumindest einen Mangel benennt.[612] Die Fiktion tritt dementsprechend nur dann nicht ein, wenn ein ausdrücklich zum Ausdruck gekommener Wille entgegensteht. Die Geltendmachung von weiteren Mängeln seitens des Bestellers ist damit in keiner Weise präkludiert.[613]

Umstritten ist, ob es der Mitwirkungspflicht genügt, wenn der Besteller vor Fristsetzung Mängel geltend macht.[614] Unter Berücksichtigung der Zielsetzung einer einvernehmlichen Lösung[615] spricht das Fristerfordernis dafür, den Besteller zu einer (nochmaligen) eingehenden Prüfung der Sach- und Rechtslage sowie seiner vorgebrachten Einwände zu animieren.[616] Auf diese Weise wird dem Besteller Gelegenheit zur Besinnung gegeben, damit die Abnahmefiktion nicht vorschnell ausgeschlossen wird.

Damit ist festzuhalten, dass die Möglichkeit der Mängelangabe nicht allein den Ausschluss der Abnahmefiktion bedingt, sondern als Kooperationsangebot des Bestellers an den Unternehmer ausgestaltet ist.

---

610 BT-Drs. 18/8486, S. 48; *Bachem/Bürger*, NJW 2018, 118 (120); *Joussen*, BauR 2018, 328 (336); *Oppler*, in: Ingenstau/Korbion, VOB/B, § 12 Rn. 28; *Peters*, in: Staudinger, BGB (2019), § 640 Rn. 34b; *Tschäpe*, ZfBR 2018, 736; *Tschäpe/Werner*, ZfBR 2017, 419 (421); a.A. *Breitling*, NZBau 2017, 393 (394); differenzierend für Mängel, die ohne vernünftige Zweifel unwesentlich sind: *Retzlaff*, in: Palandt, BGB, § 640 Rn. 16; *Voit*, in: BeckOK BGB, § 640 Rn. 35.

611 BT-Drs. 18/8486, S. 48.

612 *Messerschmidt*, in: Messerschmidt/Voit, Privates Baurecht, § 640 Rn. 194, 199.

613 *Bachem/Bürger*, NJW 2018, 118 (121); *Messerschmidt*, in: Messerschmidt/Voit, Privates Baurecht, § 640 Rn. 199.

614 *Busche*, in: MüKo, BGB, § 640 Rn. 30; *Retzlaff*, in: Palandt, BGB, § 640 Rn. 15; *Scheuch*, NJW 2018, 2513 (2516).

615 BT-Drs. 18/8486, S. 49.

616 *Busche*, in: MüKo, BGB, § 640 Rn. 30; *Kögl*, in: BeckOGK, § 640 Rn. 156; *Scheuch*, NJW 2018, 2513 (2516).

4. *Verbraucherbelehrung*

Zum Schutz des Verbrauchers sieht § 640 Abs. 2 BGB eine Hinweispflicht vor. Ihm muss vor Augen geführt werden, welche Folgen seine Passivität oder eine ohne Angabe von Mängeln verweigerte Abnahme haben.[617] Nach dem ausdrücklichen Gesetzeswortlaut muss die Belehrung zusammen mit der Aufforderung zur Abnahme und in Textform (§ 126b BGB) ergehen. Hinweise im Vertrag selbst reichen nicht aus.[618]

5. *Rechtsfolge*

Die Fiktion der Abnahme bedingt dem Grunde nach dieselben Rechtsfolgen wie die rechtsgeschäftliche Abnahme. Der einzige Unterschied liegt darin, dass § 640 Abs. 3 BGB nur auf § 640 Abs. 1 Satz 1 BGB verweist. Deshalb muss der Besteller sich bei Ablauf der angemessenen Frist zur Abnahme keine Mängel vorbehalten.[619]

III. Zwischenergebnis zu den Abweichungen

Ausgehend von den skizzierten Änderungen sind die Voraussetzungen, unter denen es zur Abnahmefiktion kommt, mit der Gesetzesreform zum Teil verschärft worden. Beachtlich ist, dass die Abnahmefiktion auch dann eintreten kann, wenn das Werk wesentliche Mängel enthält. Vom Besteller wird neuerdings verlangt, die Mängel, auf die er seine Abnahmeverweigerung stützt, zu benennen. Unverändert beruht die Abnahmefiktion auf einem fruchtlosen Fristablauf, der die sonst erforderliche Abnahmeerklärung ersetzt.

C. Realisierung im Bauträgervertrag

Die geänderten Voraussetzungen eröffnen Fragen dazu, wie die Umsetzung im Bauträgervertrag zu bewerkstelligen ist. Der folgende Beitrag möchte einerseits das Bewusstsein dafür schärfen, ob und wenn ja unter welchen Umständen Anpassungen angebracht sind, und andererseits herausarbeiten, inwiefern die Parteien abweichende Regelungen im Bauträgervertrag treffen können.

---

617 BT-Drs. 18/8486, S. 49.

618 *Voit*, in: BeckOK BGB, § 640 Rn. 37.

619 Kritisch, im Ergebnis aber auch wie hier *Martius*, in: Reithmann/Terbrack, Kauf vom Bauträger, C. Rn. 134 ff.

I. Ausrichtung der Fertigstellung in Anlehnung an die MaBV

Klärungsbedürftig sind zunächst Widersprüche zu den Vorschriften der MaBV. Wie oben dargestellt, knüpft die Fertigstellung in § 640 Abs. 2 BGB nicht an die Abnahmereife an, sondern lässt genügen, dass die vereinbarten Leistungen abgearbeitet sind. Anders verhält es sich mit der Fälligkeit der letzten Rate im Sinne von § 3 Abs. 2 Satz 2 Nr. 2 Spiegelstrich 12 MaBV, die eine vollständige Fertigstellung und damit die Freiheit von wesentlichen Mängeln voraussetzt.[620] Daraus folgt, dass die Abnahmefiktion auch dann eintreten kann, wenn die letzte Rate noch nicht fällig ist. Der Erwerber muss dann die vollständige Vergütung zahlen, obwohl die letzte Rate nach der MaBV noch nicht geschuldet ist. Zur Vermeidung dieser Folge wird vertreten, dass die Abnahmefiktion im Bauträgervertrag eine fertiggestellte und abnahmereife Leistung erfordert.[621]

Dafür könnte die Ausrichtung der MaBV an den Interessen des Erwerbers sprechen. Wenn der Bauträger Abschlagszahlungen verlangt, muss er sich zwingend an die in der MaBV festgelegten Höhen richten. Er darf die Vermögenswerte des Erwerbers erst nach Abschluss bestimmter Bauabschnitte entgegennehmen.[622] Dadurch ist der Erwerber vor einem Vermögensverfall des Bauträgers geschützt. Gleichzeitig ist mit § 4 Abs. 1 Nr. 2 MaBV sichergestellt, dass der Bauträger diese Vermögenswerte nur zur Vorbereitung und Durchführung des Bauvorhabens verwendet, auf das sich der Auftrag bezieht.

Kritisch ist in diesem Zusammenhang vor allem, dass die Abnahme auch dann fingiert wird, wenn der Wohnanlage ein wesentlicher Mangel anhaftet. Die Funktion der MaBV, dem Besteller einen Mindestschutz zu gewährleisten,[623] wird unterlaufen, wenn der Unternehmer ohne vollständige Fertigstellung des Werks die gesamte Vergütung verlangen darf.

Gleichwohl sprechen gewichtige Gründe gegen einen Gleichlauf mit der gewerberechtlichen Verordnung. Zunächst wendet sich der in der Gesetzesbegründung zum Ausdruck gekommene Wille des Gesetzgebers gegen eine

---

620 BGH, Urt. v. 30.4.1998 – VII ZR 47/97, NJW 1998, 2967 (2968); *Marcks*, MaBV, § 3 Rn. 42; a.A. *Karczewski*, NZBau 2018, 328 (332), der auch in der MaBV die Abarbeitung der geschuldeten Bauleistung ausreichen lässt.

621 So noch *Pause*, in: Dammert/Lenkeit/Oberhauser/Pause/Stretz, Das neue Bauvertragsrecht, § 6 Rn. 32 f.; *ders.*, Bauträgerkauf, Rn. 382a; a.A. *ders./Vogel*, in: Kniffka/Jurgeleit, ibr-online-Kommentar Bauvertragsrecht, § 650u Rn. 105.

622 *Marcks*, MaBV, § 3 Rn. 2.

623 *Blank*, Bauträgervertrag, Rn. 13 f.; *Koeble*, in: Kniffka/Koeble/Jurgeleit/Sacher, Kompendium des Baurechts, 10. Teil Rn. 629.

Anlehnung an die MaBV. Die Unterschiede in der Begrifflichkeit waren bekannt und wurden bewusst in Abgrenzung zur MaBV gewählt.[624]

Vor allem verstößt ein in MaBV und § 640 Abs. 2 BGB identischer Fertigstellungsbegriff gegen die Zielsetzung der Neuregelung. Der Abnahmevorgang soll von dem immerwährenden Streit darüber, inwieweit ein großer Mangel oder eine Vielzahl kleinerer Mängel wesentlich sind, entlastet werden. Es gibt keinen Grund dafür, dieses Konfliktpotenzial im Bauträgervertrag aufleben zu lassen.

Im Übrigen ist angesichts der geringen Anforderungen an den Erwerber, um die Fiktion abzuwehren, hinreichend sichergestellt, dass ein mangelbehaftetes Werk nicht ohne Weiteres die Abnahmewirkungen bedingt. Der Besteller kann die fiktive Abnahme jederzeit durch die Angabe von Mängeln verhindern.[625] Kein Erwerber muss die vollständige Vergütung für ein mangelbehaftetes Werk verrichten. Es liegt in seiner Hand, nicht nur die Fälligkeit der Fertigstellungsrate, sondern auch die der Gesamtvergütung zu verhindern, indem er aktiv mindestens einen Mangel benennt.

Ein Gleichlauf von MaBV und BGB ist damit nicht aufgrund von gewichtigen Interessen des Erwerbers zwingend geboten.

II. Umsetzung der Teilabnahmefiktion

Charakteristisch für den Bauträgervertrag sind Teilabnahmen, deren Inhalt sich häufig an der eigentumsrechtlichen Zuordnung orientiert.[626] Die Abnahmefiktion lässt die Durchführung der Teilabnahme in neuem Licht erscheinen. Die Problemfelder umfassen die Merkmale der Fertigstellung und Mängelangabe ebenso wie die Zuordnung als gemeinschaftlich zu erfüllende Pflicht.

1. Bedeutung der Fertigstellung in Teilabnahmekonstellationen

Mit dem Erfordernis der Fertigstellung stehen Teilabnahmen auf den ersten Blick im Widerspruch. Solange nicht jede vertraglich genannte Leistung erbracht bzw. abgearbeitet ist, kommt die Abnahmefiktion nicht in Betracht.

Teilabnahmen beschränken sich aber auf einen Teil der Gesamtleistung, sodass das Fertigstellungsmerkmal an dem abgegrenzten Bereich zu messen ist. Ist die zugrundeliegende Teilleistung fertiggestellt und nennt der Erwerber nach Fristsetzung keinen Mangel in einem der Teilbereiche, kann diesbezüglich die

---

624 Vgl. BT-Drs. 18/8486, S. 49.

625 BT-Drs. 18/8486, S. 48 f.

626 Siehe Kap. 2.

Abnahme fingiert werden.[627] Dem steht die Formulierung des Gesetzes nicht entgegen.[628] Der Gesetzgeber bildet in § 640 Abs. 2 BGB den Regelfall ab.[629] Genauso verhält es sich mit allen übrigen abnahmebezogenen Regelungen, wo stets die Gesamtabnahme als Vorbild dient. Dennoch ist die Existenz der Teilabnahme gesetzlich intendiert. Gegenständlich auf den jeweiligen Leistungsteil beschränkt ist dann auch die Teilabnahmefiktion.

Einer analogen Anwendung bedarf es daher nicht.[630] Die Teilabnahme entspringt dem Willen der Vertragsparteien als konsequente Fortführung der Abnahme. Die Pflicht dazu folgt zwar aus dem Gesetz, der Abnahmegegenstand ist aber Produkt der Parteienabrede. Änderungen in der Form, dass der Abnahmegegenstand auf einen Teil reduziert wird, stehen den Parteien offen. An der Abnahmepflicht ändert sich dadurch jedoch nichts, sodass auch gesetzliche Analogien an dieser Stelle fehl am Platz sind.

2. *Erweiterte Hinweispflicht des Bauträgers*

Ausdruck der Zielvorgabe, den Verbraucherschutz bei Bau- und Dienstleistungen für Bauherren und Immobilieneigentümer insbesondere im Bauvertragsrecht auszubauen,[631] ist die Einschränkung in § 640 Abs. 2 Satz 2 BGB. Danach tritt die Abnahmefiktion bei einem Verbraucher als Besteller nur ein, wenn der Unternehmer den Besteller zusammen mit der Aufforderung zur Abnahme auf die Folgen einer nicht erklärten oder ohne Angabe von Mängeln verweigerten Abnahme in Textform hingewiesen hat.

In Teilabnahmekonstellationen klärt der Bauträger dann hinreichend über die Folgen auf, wenn er einer möglichen Falschzuordnung entgegenwirkt. Den Erwerber trifft die Gefahr, sich bei einer Teilabnahme auf einen Mangel zu berufen, der die abzunehmende Bausubstanz nicht betrifft. Denkbar ist zum Beispiel, dass er die Abnahme des im Sondereigentum stehenden Baukörpers unter Angabe eines Mangels verweigert, der ausschließlich dem Gemeinschaftseigentum zuzuordnen ist. Nur wenn ein Mangel am Gemeinschaftseigentum auf das Sondereigentum durchschlägt, ist sein Irrtum unschädlich.[632]

---

627 *Busche*, in: MüKo, BGB, § 640 Rn. 27; *Karczewski*, NZBau 2018, 328 (334); *Kniffka*, BauR 2017, 1747 (1770); *Voit*, in: BeckOK BGB, § 640 Rn. 35.

628 A.A. *Joussen*, BauR 2018, 328 (335); *Tschäpe/Werner*, ZfBR 2017, 419 (421); ablehnend auch *Basty*, Bauträgervertrag, Rn. 1060 und Rn. 1010.

629 *Kniffka*, BauR 2017, 1747 (1770).

630 A.A. *Joussen*, BauR 2018, 328 (335).

631 BT-Drs. 18/8486, S. 24.

632 *Karczewski*, in: Leupertz/Preussner/Sienz, Bauvertragsrecht, § 650u Rn. 86.

In Verträgen über neuen Wohnraum kann daher vom Bauträger erwartet werden, dass er den Erwerber auf das modifizierte Verständnis der Fertigstellungspflicht in der Teilabnahmesituation hinweist. Außerdem muss er klarstellen, dass die Abnahmefiktion in Teilbereichen eintreten kann, und seinen Vertragspartner darauf aufmerksam machen, welcher Teilbereich von dessen Angabe betroffen ist.[633] Nur so wird dem Erwerber deutlich vor Augen geführt, welche Folgen seine Passivität hat und auf welchen Teilbereich sich die Abnahmewirkungen beziehen können.

3. *Schlussfolgerung*

Eine Teilabnahmefiktion ist nicht nur denkbar, sondern auch konsequent. Wenn die Parteien eine Teilabnahme vereinbaren, steht der diesem Bereich zugrundeliegende Teil der Abnahmefiktion offen. An den Voraussetzungen für den Eintritt der Fiktion ändert sich grundsätzlich nichts. Da der Erwerber in Bauträgerkonstellationen regelmäßig als Verbraucher handelt, sind allerdings der Situation geschuldete erweiterte Hinweise durch den Bauträger zu erteilen.

III. Mängelangabe im Bauträgerobjekt

Nach dem neuen gesetzgeberischen Konzept ist der Erwerber gehalten, die Gründe für seine Verweigerung zu nennen. Er muss darlegen, welche Mängel seine Entscheidung beeinflussen. Die Details sind noch ungeklärt. Im Vertragsverhältnis über neuen Wohnraum zieht die Hinweispflicht die Frage nach sich, ob der Erwerber angeben muss, welcher Bausubstanz der Mangel zuzuordnen ist. Vor dem Hintergrund, dass Bauträger mit den Erwerbern in aller Regel Teilabnahmen vereinbaren, könnte eine genaue Verortung zum Gemeinschafts- oder Sondereigentum erforderlich sein.

1. *Mängelangabe im gemeinschaftlichen Kontext*

Wie zur Abnahmeerklärung eingehend erörtert, stellt sich auch bei der Mängelangabe die Frage nach der Zuständigkeit. An dieser Stelle geht es aber nicht nur darum, ob die Rechte des Erwerbers verkürzt werden, sondern es steht auch zur Debatte, ob die Mängelangabe entbehrlich ist, wenn andere Wohnungseigentümer den Mangel gerügt haben.

633 *Voit*, in: BeckOK BGB, § 640 Rn. 35.

a) Kein Bedarf für gemeinschaftliches Vorgehen

Konträr zu den Überlegungen bezüglich der vereinheitlichten Abnahme steht der Vergemeinschaftung der Mängelrüge nicht nur kein Interesse des Erwerbers entgegen, sondern es kommt ihm auch gelegen, wenn ein anderer Erwerber Mängel angibt, auf die sich die übrigen berufen können. Wenn die Beanstandung gemeinschaftlich geltend zu machen oder zu erfüllen ist, könnte die Wohnungseigentümergemeinschaft für alle Eigentümer verbindlich die Mängel beanstanden. Anders als die Abnahmewirkungen begünstigt die Abnahmeverweigerung nicht den Bauträger, sondern dient als Druckmittel der Erwerber. Regt der Erwerber den Bauträger durch seine Angaben zur Mängelbeseitigung an, verfolgt er damit außerdem das Interesse der Wohnungseigentümergemeinschaft an einer mangelfreien Herstellung des Wohneigentums.

Für eine gemeinschaftliche Angelegenheit fehlt es jedoch an dem Bedürfnis nach einer einheitlichen Mittelverwendung. Ähnlich wie die Abnahmeerklärung stellt auch die Mängelangabe das Vertragsverhältnis nicht vor Herausforderungen, die ein gemeinschaftliches Einschreiten erforderlich machen. Der Vergleich zu den Ansprüchen, die der (früheren) gekorenen oder geborenen Ausübungsbefugnis unterliegen, zeigt, dass die Mittel aus der Rechtsdurchsetzung der Gemeinschaft zufließen sollen. Dementsprechend hieß es schon in der Gesetzesbegründung bei der Reform des WEG im Jahr 2007, dass der Gemeinschaftsbezug eine mit dem Anspruch geltend gemachte Leistung erfordert, die allen Wohnungseigentümern gemeinsam zusteht.[634] Verweigert der Erwerber die Abnahme, steht die Mittelverteilung noch nicht in Frage. Die Angabe von Mängeln zur Verhinderung der Abnahmefiktion erfordert kein gemeinschaftliches Vorgehen. Selbst die untere Schwelle des Zugriffsermessens ist mangels gemeinsamer Empfangszuständigkeit[635] nicht erreicht, sodass weder eine geborene noch eine gekorene Befugnis der Gemeinschaft anzunehmen ist. Der Verband muss in die auf die Mängelrüge folgende Kooperationsmaßnahme nicht miteingebunden werden.

b) Zurechnung der Mängelangabe anderer Erwerber

Als weniger einschneidende Maßnahme kommt allenfalls in Betracht, dass sich ein Erwerber auf die Mängelangabe eines anderen berufen kann. Nützlich wäre dieses Vorgehen für den Erwerber dann, wenn seine Frist zur Mitwirkung

634 Gesetz zur Änderung des Wohnungseigentumsgesetzes und anderer Gesetze vom 26.3.2007, BT-Drs. 16/887, S. 61.

635 BGH, Urt. v. 17.12.2010 – V ZR 125/10, NJW 2010, 1351.

abgelaufen ist und er im Nachgang von Mängeln erfährt. In diesem Fall hätte er ein naheliegendes Interesse daran, das Vorgehen des vorigen Abnahmeverweigerers zu übernehmen.

Ohne eine darauf gerichtete Abrede unter der Betroffenen reicht es nicht aus, wenn nur ein Erwerber die Abnahmefiktion durch Angabe eines Mangels verhindert und sich die übrigen Erwerber nach Ablauf der Frist darauf berufen.[636] Selbst wenn die Wohnungseigentümer im Voraus eine Vereinbarung darüber schließen, dass jeder im Namen der anderen Mängel in Bezug auf das Gemeinschaftseigentum benennen darf, besteht die Gefahr, dass die Frist nicht für alle gleichzeitig beginnt und manche Mängelangabe in einem anderen Rechtsverhältnis verfrüht erfolgt. Handelt der Erwerber nicht ausdrücklich im Namen eines anderen, bestehen wohl keine sonstigen Anhaltspunkte für die Offenkundigkeit. Zudem ist nicht jedem Erwerber daran gelegen, wegen eines profanen Mangels die Abnahme zu verweigern, um sich danach mit dem Bauträger auseinandersetzen zu müssen.

Empfehlenswert ist es für die Gemeinschaft, sich zumindest gegenseitig in Kenntnis zu setzen, soweit ein Mangel vorliegt, was wohl ohnehin schon dem allgemeinen Kooperationsinteresse entsprechen wird.

c) Zwischenergebnis

Die Wohnungseigentümergemeinschaft ist weder berechtigt, die Mängelangabe nach dem Gesetz für die Erwerber zu erklären, noch darf sie diese Aufgabe durch einen Mehrheitsbeschluss an sich ziehen. Zwischen den Eigentümern sind Vereinbarungen denkbar und unter gewissen Einschränkungen empfehlenswert, die darauf abzielen, sich gegenseitig zu informieren. Die Mängelangabe eines anderen Mitglieds der Eigentümergemeinschaft ist nicht ohne weiteres für die anderen zurechenbar.

2. Abdingbarkeit in AGB

Der Bauträgervertrag über Wohnraum erfüllt – wie bereits erörtert – in der Regel die Voraussetzungen eines Verbrauchervertrags im Sinne des § 310 Abs. 3 BGB.[637] Legt der Bauträger dem Besteller die Vertragsurkunde vor, was ebenfalls der Praxis entsprechen wird, stellt sich die Frage nach der AGB-rechtlichen

636 *Karczewski*, NZBau 2018, 328 (334); *ders.*, in: Leupertz/Preussner/Sienz, Bauvertragsrecht, § 650u Rn. 84.
637 Siehe Kap. 2, B., III., 2. a).

Wirksamkeit der Klauseln. Regelungsziel des Bauträgers wird dabei sein, dem Besteller die nach dem Gesetz unschwer überbrückbaren Voraussetzungen einer Abnahmeverweigerung zu erschweren. Im Folgenden sind seine Möglichkeiten einer Gestaltung in AGB zu bewerten.

a) Dispositivität der Vorschrift

Im Vorfeld einer AGB-Prüfung ist festzuhalten, dass die Geltung der Abnahmefiktion den Parteien zur Disposition steht. Wie schon zu § 640 Abs. 1 Satz 3 BGB a.F. vertreten,[638] handelt es sich auch bei der reformierten Vorschrift um eine abdingbare Norm.[639] Nach neuem Recht wird diese Auffassung vor allem durch den Vergleich zur ausdrücklichen Erklärung über die Unabdingbarkeit mancher Vorschriften in § 650o BGB gestützt. Davon ausgehend steht es den Parteien grundsätzlich frei, die Regelung zu modifizieren. Die Pflicht des Werkunternehmers, den Verbraucher textlich auf die Wirkungen einer fingierten Abnahme hinzuweisen, ist dagegen unabdingbar, § 650o BGB, und eröffnet daher keinen Gestaltungsspielraum.

b) Anforderungen an Mängelangabe als überraschende Klauseln

Wenn der Bauträger entgegen dem neuen Gesetzeswortlaut die Angabe mindestens eines Mangels vertraglich modifiziert, handelt es sich dabei nicht in jedem Fall um eine überraschende Klausel nach § 305c Abs. 1 BGB. Gemäß dieser Vorschrift werden AGB-Klauseln nicht Vertragsbestandteil, wenn sie nach den Umständen, insbesondere nach dem äußeren Erscheinungsbild des Vertrags, so ungewöhnlich sind, dass der Vertragspartner des Verwenders mit ihnen nicht zu rechnen braucht.

Die Norm beruht auf der Überlegung, dass der Kunde die AGB trotz Möglichkeit nicht immer zur Kenntnis nimmt oder ihre Tragweite ohne entsprechende Rechts- und Geschäftskunde nicht einzuordnen vermag.[640] Durch das Verbot überraschender Klauseln soll der Kunde in jedem Fall, mag er die AGB gelesen haben oder nicht, darauf vertrauen dürfen, dass sich die Regelungen im Großen und Ganzen im Rahmen dessen halten, was nach den Umständen bei Abschluss des Vertrags erwartet werden kann.[641] Gehen AGB über diese Grenze hinaus,

---

638 *Kiesel*, NJW 2000, 1673 (1678).

639 *Bachem/Bürger*, NJW 2018, 118 (120); *Messerschmidt*, in: Messerschmidt/Voit, Privates Baurecht, § 640 Rn. 206; *Retzlaff*, in: Palandt, BGB, § 640 Rn. 19.

640 *Basedow*, in: MüKo, BGB, § 305c Rn. 1; *Stoffels*, AGB-Recht, Rn. 324.

641 BT-Drs. 7/3919, S. 19; vgl. BGH, Urt. v. 8.10.1975 – VIII ZR 81/74, NJW 1977, 195 (196 f.).

werden sie nicht in den Vertrag einbezogen.[642] Folglich handelt es sich bei § 305c Abs. 1 BGB um eine negative gesetzliche Einbeziehungskontrolle.[643]

(1) Abgrenzung zur Inhaltskontrolle

Der Anwendungsbereich überschneidet sich mit dem der Inhaltskontrolle und wird in den meisten Fällen zu denselben Ergebnissen kommen.[644] Dass der Kunde von einer Klausel überrascht wird, ohne gleichzeitig unangemessen benachteiligt zu sein, kommt selten vor. Genauso wohnt AGB-Klauseln, die den Kunden unangemessen benachteiligen, häufig auch ein Element der Überraschung inne.[645] Trotzdem sind Überschneidungen nicht zwingend.[646] Daher soll auch hier eine Abgrenzung versucht werden.

(2) Objektiv ungewöhnlich und subjektiv überraschend

Es muss sich nach den Gesamtumständen um eine objektiv ungewöhnliche Klausel handeln, die in subjektiver Hinsicht für den Vertragspartner des Verwenders überraschend ist.[647] Die Ungewöhnlichkeit kann sich aus dem Leitbild des Vertrags[648] oder einer erheblichen Abweichung vom dispositiven Recht[649] ergeben. In subjektiver Hinsicht kommt es auf einen Überrumpelungs- oder Übertölpelungseffekt an.[650] Anhand von drei Beispielen sind die Eckpfeiler der Überraschungskontrolle herauszuarbeiten.

---

642 *Grüneberg*, in: Palandt, BGB, § 305c Rn. 2.

643 *Grüneberg*, in: Palandt, BGB, § 305c Rn. 2; *Stoffels*, AGB-Recht, Rn. 329; *Ulmer/Schäfer*, in: Ulmer/Brandner/Hensen, AGB-Recht, § 305c Rn. 4.

644 *Basedow*, in: MüKo, BGB, § 305c Rn. 5; *Mäsch*, in: Staudinger, BGB (2019), § 305c Rn. 11 bezeichnet die Überraschungs- und Inhaltskontrolle als weitgehend deckungsgleich.

645 *Basedow*, in: MüKo, BGB, § 305c Rn. 4; *Mäsch*, in: Staudinger, BGB (2019), § 305c Rn. 22.

646 Ein Verstoß gegen § 3 AGBG (jetzt § 305c BGB) bejahend, gegen § 9 AGBG (jetzt § 307 BGB) verneinend: BGH, Urt. v. 7.3.1996 – IX 43/95, NJW 1996, 1470 (1472 f.); *Stoffels*, AGB-Recht, Rn. 330.

647 BGH, Urt. v. 26.2.2013 – XI ZR 417/77, NJW 2013, 1803 (1804 f.); *Grüneberg*, in: Palandt, BGB § 305c Rn. 3 f.

648 BGH, Urt. v. 22.12.1992 – VI ZR 341/91, BGHZ 121, 107 (113).

649 Vgl. BGH, Urt. v. 19.2.1992 – VIII ZR 65/91, NJW 1992, 1236 (1237).

650 BGH, Urt. v. 10.11.1989 – V ZR 201/88, BGHZ 109, 197 (202 f.); BGH, Urt. v. 19.5.2004 – IV ZR 29/03, NJW-RR 2004, 1397 (1398); BGH, Urt. v. 30.9.2009 – IV ZR 47/09, NJW 2010, 294 (295); *H. Schmidt*, in: BeckOK BGB, § 305c Rn. 18; *Stoffels*, AGB-Recht, Rn. 334.

In Anknüpfung an die frühere Gesetzeslage ist eine Klausel denkbar, die den Eintritt der Abnahmefiktion davon abhängig macht, dass ein wesentlicher Mangel benannt wird. Der Inhalt der Klausel müsste nach dem konkreten Vertragstyp nicht üblich sein.[651] Dafür müssen Regelungen enthalten sein, die von den Erwartungen des Vertragspartners deutlich abweichen und mit denen er nach den Umständen vernünftigerweise nicht zu rechnen brauchte.[652] Angesichts von zeitintensiven Bauabläufen ist durchaus denkbar, dass dem Erwerber das Erfordernis der Wesentlichkeit nicht neu ist. Schließlich gilt für Verträge, die vor dem 1.1.2018 geschlossen wurden, noch die alte Rechtslage. Somit könnte allein in der Fortentwicklung der Abnahmefiktion ein Grund dafür liegen, dass die Forderung, einen wesentlichen Mangel anzugeben, nicht ungewöhnlich ist. Allerdings schließt der typischerweise zu erwartende Kundenkreis in der Regel nur einen Vertrag über eine neue Immobilie ab und ist mit den Abnahmevoraussetzungen – erst recht mit der geänderten Rechtslage – nicht vertraut.

Gegen eine deutliche Abweichung von dem Charakter des Bauträgervertrags spricht, dass der Besteller die Leistung verweigern darf, wenn das Werk nicht abnahmereif ist. Da die Abnahme im Ganzen und losgelöst von der Fiktion unter Angabe von wesentlichen Mängeln verweigert werden kann, ist der Inhalt einer Klausel nicht ungewöhnlich. Das wesentliche Gepräge des Vertrags, das der Durchschnittskunde regelmäßig erwarten darf, wird nicht angetastet.

Anders verhält es sich mit dem Erfordernis, zur Verweigerung der Abnahme eine Mindestanzahl von Mängeln zu benennen. Die für den Vertragstyp charakteristischen Grundzüge sind und waren nie davon geprägt, dass eine bestimmte Anzahl von Beschwerdepunkten erreicht werden muss, um den Eintritt der Fiktion zu verhindern. Daher gibt es keine Anhaltspunkte dafür, dass der Durchschnittserwerber die Forderung als üblich betrachtet. Auch die notarielle Beurkundung nimmt einer Klausel nicht zwangsläufig ihren überraschenden Charakter.[653] Die Berufung auf Einbeziehungsmängel und überraschende Klauseln wird dem Kunden lediglich erschwert.[654] Der Umstand der Wesentlichkeit wäre zumindest erläuterungsbedürftig.

---

651 *Ulmer/Schäfer*, in: Ulmer/Brandner/Hensen, AGB-Recht, § 305c Rn. 14.

652 BGH, Urt. v. 19.5.2004 – IV ZR 29/03, NJW-RR 2004, 1397 (1398); BGH, Urt. v. 30.9.2009 – IV ZR 47/09, NJW 2010, 294 (295).

653 BGH, Urt. v. 8.6.1979 – V ZR 191/76, BGHZ 75, 15 (20 ff.); BGH, Urt. v. 24.10.2000 – XI ZR 273/99, NJW-RR 2001, 1420 (1422).

654 *Ulmer*, in: Ulmer/Brandner/Hensen, AGB-Recht, § 305 Rn. 69.

In der konkreten Vertragssituation könnte der Überraschungscharakter allerdings dann entfallen, wenn die Klausel drucktechnisch hervorgehoben wird oder der Bauträger bei Vertragsabschluss mündlich auf die ungewöhnliche Klausel hinweist, sodass erwartet werden kann, der Gegner werde von ihr Kenntnis nehmen.[655]

Das Gleiche wird wohl für eine Klausel gelten, die von dem Besteller einen förmlichen Nachweis des Mangels wie insbesondere durch ein Gutachten abverlangt. Der Bauträger könnte den Erwerber auffordern, die dem Abnahmeverlangen entgegenstehenden Mängel durch Fotodokumentation oder gutachterliche Beschreibung zu belegen.[656] Im Hinblick auf die Anforderungen aus der Symptom-Rechtsprechung zur genauen Verortung des Mangels wäre eine solche Klausel jedenfalls ungewöhnlich. Danach ist der Erwerber nicht gehalten, die Mängelursache im Einzelnen zu benennen.[657] Er muss den Mangel so bezeichnen, dass er von Seiten des Unternehmers nachvollzogen und verortet werden kann.[658] Es genügt, dass er den Zustand der Sache so schildert, wie er sich ihm als bautechnischem Laien darstellt.[659] Auf welche Weise er seiner Obliegenheit nachkommt, steht zu seiner Disposition und kann im Einzelfall auch eine fotografische Dokumentation notwendig machen. In anderen Fällen dürften andere Methoden wie die genaue Bezeichnung der Lokalität ausreichen. Gleichwohl kann dem Überraschungseffekt auch hier durch einen ausdrücklichen Hinweis entgegengewirkt werden.

(3) Zwischenergebnis

Der Anwendungsbereich der Überraschungskontrolle ist angesichts formaler Hervorhebungsmöglichkeiten eingeschränkt. Überdies ist der Vorfilter restriktiv zu handhaben, weil verbleibende Zweifel an der Angemessenheit der Klauseln über eine Inhaltskontrolle, insbesondere nach § 307 Abs. 2 BGB, aufzulösen sind. Vor diesem Hintergrund können Klauseln, die eine Mindestanzahl von Mängeln oder formale Nachweisanforderungen statuieren, im Einzelfall überraschend

---

655 Vgl. BGH, Urt. v. 10.11.1989 – V ZR 201/88, BGHZ 109, 197 (202 f.); BGH, Urt. v. 22.12.1992 – VI ZR 341/91, BGHZ 121, 107 (113); zur mündlichen Erläuterung BGH, Urt. v. 4.10.1995 – XI ZR 215/94, BGHZ 131, 55 (59 f.); *Mäsch*, in: Staudinger, BGB (2019), § 305c Rn. 57; *Stoffels*, AGB-Recht, Rn. 337.

656 Siehe Beispiel bei *Tschäpe*, ZfBR 736 (738).

657 BGH, Urt. v. 28.10.1999 – VII ZR 115/97, NZBau 2000, 73 (74).

658 *Messerschmidt*, in: Messerschmidt/Voit, Privates Baurecht, § 640 Rn. 199.

659 *Koeble*, in: Kniffka/Koeble/Jurgeleit/Sacher, Kompendium des Baurechts, 14. Teil Rn. 113.

sein. Fordert der Verwender dagegen, dass der Kunde einen wesentlichen Mangel benennt, ist der Inhalt der Klausel noch nicht so ungewöhnlich, dass er von den Erwartungen eines Durchschnittskunden abweicht.

c) Klauselverbote, §§ 308 f. BGB

Einschränkungen können darüber hinaus aus den Klauselverboten nach §§ 308 f. BGB resultieren. Erklärungsfiktionen, die an ein Verhalten des Vertragspartners des Verwenders anknüpfen, sind grundsätzlich unwirksam, § 308 Nr. 5 BGB. Ausnahmen gelten, wenn dem Vertragspartner eine angemessene Frist zur Abgabe der Erklärung eingeräumt ist oder der Verwender sich verpflichtet, den Vertragspartner auf die vorgesehene Bedeutung seines Verhaltens besonders hinzuweisen. Da es sich bei der Abnahme um ein Rechtsgeschäft handelt, sind Abnahmefiktionen im Gegensatz zu Annahmefiktionen (§ 363 BGB) von dem Anwendungsbereich umfasst.[660]

Unwirksam wäre außerdem eine Klausel, wonach der Verwender die Beweislast zum Nachteil seines Vertragspartners ändert. Davon sind insbesondere Bestimmungen betroffen, die den anderen Vertragsteil bestimmte Tatsachen bestätigen lässt, § 309 Nr. 12 lit. b BGB. Indem die Abnahme fingiert wird, ändert sich mittelbar auch die Beweislast zulasten des Erwerbers. Der Systematik der AGB-Kontrolle ist allerdings zu entnehmen, dass Fälle einer mittelbaren Beweislastverschiebung im Zuge einer Erklärungsfiktion vorrangig über § 308 Nr. 5 BGB gelöst werden.[661] Erklärungen von materiell-rechtlicher Bedeutung fallen unter § 308 Nr. 5 BGB, während Tatsachenfiktionen und Tatsachenbestätigungen von § 309 Nr. 12 lit. b BGB erfasst sind.[662] In Betracht kommt folglich nur ein Verstoß gegen § 308 Nr. 5 BGB. Vertraglich könnten die Parteien die Gesetzesnorm so modifizieren, dass die Fiktion nach dem Gebrauch der Wohnung über eine bestimmte Zeit eintritt.

Fiktionsauslösend kann nicht nur das Unterlassen vertraglich spezifizierter Mitwirkungshandlungen sein, sondern auch ein positives Tun[663]. In dem Gebrauch der Wohnung während einer bestimmten Zeitspanne kann beispielsweise die Vornahme einer bestimmten Handlung des Verwenders liegen.[664]

---

660 BGH, Urt. v. 10.11.1983 – VII ZR 373/82, NJW 1984, 725 (726).

661 *Coester-Waltjen*, in: Staudinger, BGB (2019), § 309 Nr. 12 Rn. 2.

662 *Grüneberg*, in: Palandt, BGB, § 308 Rn. 28; *Stoffels*, AGB-Recht, Rn. 648; kritisch *Coester-Waltjen*, in: Staudinger, BGB (2019), § 308 Nr. 5 Rn. 7.

663 *Wurmnest*, in: MüKo, BGB, § 308 Nr. 5 Rn. 4.

664 BGH, Urt. v. 10.11.1983 – VII ZR 373/82, NJW 1984, 725 (726).

Die Klausel ist wirksam, wenn kumulativ die Mindestvoraussetzungen des § 308 Nr. 5a) und b) BGB erfüllt sind. Dem Vertragspartner muss zunächst eine angemessene Frist zur Abgabe einer ausdrücklichen Erklärung eingeräumt werden. In diesem Zusammenhang wird vertreten, dass die Inhaltskontrolle eine doppelte Fristsetzung fordert, da bereits nach § 640 Abs. 2 BGB dem Besteller eine Frist zur Prüfung des Vertragsgegenstands gewährt werden muss.[665] Dem kam nicht gefolgt werden. Nach dem Willen der Parteien liegt es nahe, dass die gesetzliche Abnahmefiktion durch die vertragliche Regelung abbedungen werden soll, weil es dem Besteller ein Leichtes ist, den Fiktionseintritt auszuschließen. Dem Verwender kommt es gerade darauf an, sich von der für ihn nachteiligen Regelung zu lösen und an deren Stelle eine andere zu treffen. Daher findet § 640 Abs. 2 BGB nicht zusätzlich Anwendung, sondern wird durch die Parteienabrede wohl ersetzt. Damit ist einer doppelten Fristsetzung der Boden entzogen.

Weiterhin muss die Klausel die Verpflichtung enthalten, den Vertragspartner bei Beginn der Frist auf die vorgesehene Bedeutung seines Verhaltens besonders hinzuweisen.

Unter Berücksichtigung dieser Voraussetzungen ist denkbar, dass sich die Parteien auf eine von dem Gesetz abweichende Bestimmung zulässigerweise einigen.

d) Abweichung von wesentlichen Grundgedanken des Gesetzes

Kritischer zu bewerten ist, ob eine Vereinbarung über eine Abnahmefiktion mit den wesentlichen Grundgedanken der gesetzlichen Regelung, von der abgewichen wird, in Einklang zu bringen ist, § 307 Abs. 2 Nr. 1 BGB.[666] Die Rechtsprechung entwickelte den Grundsatz, dass den Vorschriften des dispositiven Rechts bei der Inhaltskontrolle von AGB ein aus der Natur der Sache sich ergebendes Gerechtigkeitsgebot und mithin eine Leitbildfunktion zukommt.[667] Ausgehend

665 So *Bachem/Bürger*, NJW 2018, 118 (120).

666 Dafür *Bachem/Bürger*, NJW 2018, 118 (121); *Messerschmidt*, in: Messerschmidt/Voit, Privates Baurecht, § 640 Rn. 206; zweifelnd am Leitbildcharakter *Pause/Vogel*, in: Kniffka/Jurgeleit, ibr-online-Kommentar Bauvertragsrecht, § 640 Rn. 83; ablehnend *Joussen*, BauR 2018, 328 (341).

667 Vgl. BGH, Urt. v. 17.2.1964 – II ZR 98/62, BGHZ 41, 151 (154); BGH, Urt. v. 21.12.1983 – VIII ZR 195/82, BGHZ 89, 206 (210 f.).

von dem gesetzlichen Leitbild ist eine Klausel dann unwirksam, wenn dem Verwender kein berechtigtes Interesse an der Abweichung zukommt.[668]

Eingangs gilt es, herauszuarbeiten, ob der Abnahmefiktion Leitbildcharakter beigemessen werden kann und wie sich diese Eigenschaft in der Neufassung äußert. Im Anschluss sind berechtigte Interessen des Bauträgers an einer Abweichung zu bewerten.

(1) Vertragstypabhängige Prägung des Leitbildes

Dispositive gesetzliche Regelungen zeigen zumeist im Lichte der Gerechtigkeitsidee nicht den einzig denkbaren Interessenausgleich auf und beschränken sich insofern auf einen Modellcharakter.[669] Zum Leitbild werden sie erhoben, wenn sie eine vom Gesetz als gerecht vorgegebene Ausgleichsstruktur vermitteln, die einen Gerechtigkeitskern zum Ausdruck bringt.[670] Der Gerechtigkeitsgehalt der gesetzlichen Regelung dient als Richtschnur.[671]

Vor diesem allgemeingültigen Hintergrund formt sich im Einzelnen ein Leitbild, das im Ausgangspunkt an den Vertragstypen des BGB Maß nimmt. Der Bauträgervertrag verweist als typengemischter Vertrag auf zwei Hauptleistungen, die beide in separaten Regelungsregimen verortet sind. Im Übrigen ist das normative Gerüst, an das sich die Bauträgerleistung anlehnt, ein anderes als im klassischen Werkvertrag. Der Bauträgervertrag bedarf einer notariellen Beurkundung, knüpft zum Teil an das Kaufrecht an und wird durch die Regelungen der MaBV eingeschränkt.[672] Insofern weicht der Vertrag gezwungenermaßen von dem klassischen Werkvertrag ab. Für das Leitbild folgt daraus, dass die typischen Eigenarten der Hauptleistung für die Beurteilung der Klauseln maßgebend sind.[673] Festzuhalten ist damit, dass nicht das allgemeine Werkvertragsrecht allein, sondern die Vertragsnatur des Bauträgervertrags den Leitbildcharakter der Abnahmefiktion ausmacht.

---

668 Vgl. BGH, Urt. v. 17.2.1964 – II ZR 98/62, BGHZ 41, 151 (154); BGH, Urt. v. 21.12.1983 – VIII ZR 195/82, BGHZ 89, 206 (210 f.).

669 *Wendland*, in: Staudinger, BGB (2019), § 307 Rn. 230.

670 *Wendland*, in: Staudinger, BGB (2019), § 307 Rn. 230; *Wurmnest*, in: MüKo, BGB, § 307 Rn. 68.

671 BT-Drs. 7/5422, S. 6.

672 Siehe dazu im Einzelnen unter Kap. 1, B.

673 So zum Bauvertrag im Verhältnis zum Werkvertrag *Voit*, in: FS Ganten, S. 261, 263 ff.; vgl. auch *Wendland*, in: Staudinger, BGB (2019), § 307 Rn. 269.

(2) Wesentliche Grundgedanken der Abnahmefiktion im Bauträgervertrag

(a) Allgemeine Ausführungen zum Leitbildcharakter

Folgt man dem Gedanken, dass der Bauträgervertrag ein eigenes, gesondertes Leitbild der AGB-Kontrolle konstatiert, stellt sich die Frage, wie die Abnahmefiktion in diesem Zusammenhang zu bewerten ist. Die Rechtsprechung grenzt dazu Regelungen, die zu den wesentlichen Grundgedanken eines angemessenen Interessenausgleichs gehören, insbesondere weil sie wichtige Schutz- und Ordnungsfunktionen erfüllen, von solchen ab, die lediglich Zweckmäßigkeitserwägungen verfolgen.[674] Die Literatur unterscheidet dagegen danach, ob die Regelung, von der abgewichen werden soll, die Interessen des Vertragspartners schützen soll.[675]

Entscheidend wird das Ziel der Vorschrift sein, das schon mit der Einführung durch das Gesetz zur Beschleunigung fälliger Zahlungen im Jahr 2000[676] zum Ausdruck kommt. Neben den Abschlagszahlungen diente auch die Abnahmefiktion dazu, die dürftige Zahlungsmoral zu verbessern und dazu beizutragen, dass der Unternehmer zügiger an seine fälligen Forderungen kommt. In erster Linie nutzt die Vorschrift daher dem Unternehmer. Gleichzeitig setzt sie die Fiktionswirkung unter Voraussetzungen, die zum Schutz der Rechtssphäre des Bestellers gedacht sind, sodass die Norm selbst einen Gerechtigkeitskern enthält. Die durchgeführte Abwägung fungiert als Richtschnur, die großzügige Abweichungen nicht erlaubt.

Im Folgenden sind daher einige, nicht als abschließend zu verstehende, Konstellationen zu bewerten, die sich aus der Sicht des Bauträgers einiger Beliebtheit erfreuen könnten, sodass die Eckpfeiler der Klauselkontrolle deutlich werden. Abweichungen von der gesetzlichen Ausgangslage sind vornehmlich zu Lasten des Erwerbers denkbar. Auf seine eigenen Rechte wird der Bauträger, der die vorformulierten Vertragsbedingungen typischerweise dem Erwerber vorlegt, in Klauseln nicht verzichten wollen. Aus diesem Grund sind verschärfte Anforderungen an die Fertigstellung zwar möglicherweise zulässig, kommen in der Vertragspraxis aber nicht zum Einsatz.

674 BGH, Urt. v. 9.5.1996 – III ZR 209/95, NJW-RR 1996, 1009; BGH, Urt. v. 5.11.1999 – III ZR 95/97, BGHZ 140, 25 (28); BGH, Urt. v. 18.4.2019 – III ZR 191/18, NJW-RR 2019, 1072 (1075).

675 *Pfeiffer*, in: Wolf/Lindacher/Pfeiffer, AGB-Recht, § 307 Rn. 115.

676 BGBl. I 2000, S. 330.

(b) Abbedingung der Fertigstellung

Der Bauträger könnte die gesetzliche Regelung durch eine Klausel alternieren, wonach der Erwerber nach Aufforderung die Abnahme innerhalb einer bestimmten Frist zu erklären hat, ohne dass es auf die Fertigstellung des Werks ankommt. Nach der Gesetzesbegründung soll diese neu eingefügte Voraussetzung ein zu frühes Andienen unterbinden und damit einen missbräuchlichen Einsatz des Instruments der fiktiven Abnahme insbesondere auch gegenüber Verbrauchern verhindern.[677] Sie ist damit nicht nur Teil der Ausgleichsstruktur, sondern kann zu den Mindestvoraussetzungen gezählt werden, die den inneren Gerechtigkeitskern betreffen, sodass jede Abweichung von vornherein unangemessen benachteiligend und nicht durch Interessen des Verwenders zu rechtfertigen ist.

(c) Benennung wesentlicher Mängel

Fraglich ist, wie sich die Modalitäten der Mängelangabe in dem Abwägungsgefüge der Schutz- und Ordnungsfunktion verhalten. Der Rüge eines – auch unwesentlichen – Mangels stehen im Wesentlichen zwei Überlegungen gegenüber. Einerseits liegt der Neufassung die Vorstellung zugrunde, dass es dem Besteller erschwert werden soll, die Abnahme zu verweigern. Im Gegensatz zur früheren Lage darf er sich nicht damit begnügen, in einem gerichtlichen Verfahren Mängel feststellen zu lassen. Man kann daher vertreten, dass es dem Besteller erschwert werden sollte, sich den Wirkungen der Abnahme zu entziehen.[678]

Andererseits liegt das die Abnahmefiktion umfassende Ziel darin, das Abnahmeverfahren insgesamt zu beschleunigen.[679] Ob dem in der Praxis tatsächlich gerecht wird, ist zumindest zweifelhaft in Anbetracht der geringen Anforderungen an die Benennung eines Mangels und damit an die Verweigerung der Abnahme. Insofern lässt sich auch dafür argumentieren, dass der Wegfall der Unterscheidung zwischen wesentlichen und unwesentlichen Mängeln für das gesetzliche Leitbild nicht prägend ist.[680]

Dem muss allerdings schon im Hinblick auf den klaren Vermerk in der Gesetzesbegründung widersprochen werden. Die Aufhebung einer Wesentlichkeitsprüfung ist den Gesetzesmaterialien deutlich zu entnehmen („*Im Gegensatz zur*

677 BT-Drs. 18/8486, S. 49.

678 *Bachem/Bürger*, NJW 2018, 118 (121).

679 BT-Drs. 18/8486, S. 48.

680 So *Tschäpe*, ZfBR 2018, 736 (738).

derzeitigen Rechtslage führt ein Schweigen oder Nichtbenennen von Mängeln auch dann zur fiktiven Abnahme, wenn wesentliche Mängel vorhanden sind").[681]

Außerdem muss der Abnahmeprozess nicht notwendigerweise dadurch beschleunigt werden, dass die Abnahme möglichst kurze Zeit nach Fertigstellung fingiert wird. Zeitökonomische Erwägungen sollen vielmehr dadurch verfolgt werden, dass sich die Parteien mit ihren Ansichten auseinandersetzen und gemeinsam eine Lösung finden, ohne auf zeitraubende und kostenintensive Gerichtsprozesse zurückgreifen zu müssen. Beschleunigung meint in diesem Zusammenhang nicht zwingend die Herabsetzung der Anforderungen an die Abnahmefiktion. Die Novellierung ist als Anreiz gedacht, über einen Kommunikationsvorgang zwischen den Vertragsparteien zu einer schnelleren Lösung beizutragen. Die Frage nach der Wesentlichkeit hat den Fokus der eigentlichen Unstimmigkeiten häufig verschoben und das Verhältnis der Parteien eher belastet als zu gewinnbringenden Ergebnissen geführt. Daher liegt gerade in der Aufhebung dieser Differenzierung der eigentliche Mehrwert der Neuregelung. Eventuelle Schwierigkeiten in der praktischen Umsetzung dürfen nicht davon ablenken, dass der eigentliche Regelungszweck sich in dem Verzicht auf die Wesentlichkeit des Mangels als Ausprägung des Beschleunigungsziels verwirklicht.

Allerdings macht die Abweichung von wesentlichen Grundgedanken des Gesetzes die Klausel nicht per se unwirksam. Als zweite und abschließende Wertungsstation muss die Abweichung auch im Lichte einer Gesamtinteressenabwägung ungerechtfertigt sein.[682] Besondere Interessen des Verwenders könnten den Verstoß legitimieren.

Im Bauträgervertrag könnte der Verwender angesichts seiner Mehrfachbelastung in besonderem Maße an einer vom Gesetz abweichenden Abnahmefiktion in AGB interessiert sein. In Bezug auf dasselbe Bauobjekt können, insbesondere was die Bausubstanz im Gemeinschaftseigentum anbelangt, nicht nur umfangreiche, sondern auch zahlreiche Konflikte über den Zustand des Werks entstehen. Obwohl es im Wesentlichen um das gleiche Bauwerk geht, muss sich der Bauträger unter Umständen mit einer Vielzahl von Abnahmeverweigerungen gleichzeitig beschäftigen.

Dem Abweichungsinteresse des Bauträgers, dem zumindest bei oberflächlicher Betrachtung abgeholfen ist, steht jedoch keine adäquate Kompensation für den Besteller gegenüber. Der AGB-Verwender müsste im Großen und Ganzen

---

681 BT-Drs. 18/8486, S. 48.

682 *Wendland*, in: Staudinger, BGB (2019), § 307 Rn. 256.

einen Weg zu einer gleichwertigen Lasten- und Risikoverteilung einschlagen, ohne hierbei die gesetzliche Interessenbewertung grundsätzlich zu verschieben.[683] Soll der Besteller wesentliche Mängel rügen, um die Fiktion zu verhindern, wirkt die Abweichung vom Gesetzeswortlaut aus zwei Gründen besonders belastend. Erstens ist nicht ausgeschlossen, dass es den Erwerber in manchen Fällen davor abschreckt, die Abnahme zu verweigern, wenn er dafür beurteilen muss, ob ein Mangel wesentlich ist.

Zweitens trägt der Besteller dann das Risiko einer falschen Zuordnung des Mangels als wesentlich oder nicht.[684] Es liegt an ihm sich mit den Kriterien auseinanderzusetzen und einzuschätzen, ob die Schwelle überschritten ist. Wenn er sich irrt, treten die Abnahmewirkungen entweder rückwirkend doch ein oder die erforderliche Prüfung hält ihn davon ab, von seinem Recht der Abnahmeverweigerung Gebrauch zu machen.

Mithin kann der Bauträger keine Belange für sich beanspruchen, die eine Abweichung vom gesetzlichen Leitbild legitimieren.

(d) Benennung mehrerer Mängel

Neben Anforderungen an die Mangelqualität könnte der Bauträger auch verlangen, dass der Erwerber die Abnahmeverweigerung an die Benennung einer Mindestanzahl von Mängeln koppelt. Gesetzlich darf der Besteller unter Angabe mindestens eines Mangels die Abnahme verweigern. Der Bauträger könnte in einer Vertragsklausel aufnehmen, dass der Erwerber eine größere Anzahl von Mängeln angeben muss.

Der ausdrückliche Hinweis auf eine Mindestanzahl war dem früheren Recht fremd. Eine echte Mindestangabe soll auch die neue Formulierung nicht enthalten. Weniger als einen Mangel zu benennen liefe darauf hinaus, gar keine Angaben zu machen. Darauf wollte der Gesetzgeber auch gar nicht hinaus. Hintergrund war vielmehr, dass der Regierungsentwurf die Verweigerung zunächst von der „Angabe von Mängeln" abhängig gemacht hatte.[685] Daraufhin schlug der 6. Ausschuss vor, mit der Änderung deutlicher zum Ausdruck zu bringen, dass die Angabe eines Mangels für den Nichteintritt der Fiktion ausreicht.[686] In der

683 *Wendland*, in: Staudinger, BGB (2019), § 307 Rn. 254; *Pfeiffer*, in: Wolf/Lindacher/Pfeiffer, AGB-Recht, § 307 Rn. 126; *Stoffels*, AGB-Recht, Rn. 520.

684 *Voit*, in: BeckOK BGB, § 640 Rn. 36a.

685 Beschlussempfehlung und Bericht des Ausschusses für Recht und Verbraucherschutz, BT-Drs. 18/11437, S. 12.

686 Beschlussempfehlung und Bericht des Ausschusses für Recht und Verbraucherschutz, BT-Drs. 18/11437, S. 40.

Gesetz gewordenen Fassung spiegelt sich diese Sichtweise wider. Adressat der vermeintlichen „Mindestangabe“ ist folglich nicht der Bauunternehmer, dem es offenstehen soll, die Anzahl zu erhöhen, sondern der Besteller, dem es freisteht, nur einen Mangel zu benennen.

Auf diese Art ausgelegt, lässt der von § 307 Abs. 2 Nr. 1 BGB geforderte Rechtslagenvergleich eine Abweichung von der gesetzlichen Regelung offenbar werden. Im Unterschied zum Wesentlichkeitskriterium bietet die Anzahl der Mängel ein klar abgrenzbares Kriterium, das nicht von sich aus geeignet ist, neuen Streitstoff in das Vertragsverhältnis zu tragen. Die Differenzierung zwischen wesentlichen und unwesentlichen Mängeln gestaltet sich schwieriger als das formale Abzählen der monierten Eigenschaften. Insofern steht die Benennung einer Vielzahl von Mängeln nicht konträr zur Zeitersparnis. Ferner wird der Kommunikationsvorgang, wie er laut der Gesetzesbegründung beabsichtigt ist, unabhängig davon angeregt, ob der Besteller einen oder mehrere Mängel benennen muss. Es verwundert daher nicht, wenn teilweise vertreten wird, die Anzahl der Mängel, die der Erwerber innerhalb einer angemessenen Frist benennen muss, soll von der Größe des Bauvorhabens abhängen.[687]

In der Wertungsinstanz überwiegen allerdings im Ergebnis die Interessen der Erwerber. Die Abweichung mutet dem Besteller im Verhältnis zur gesetzlichen Regelung wesentlich mehr Begründungsaufwand zu. Streitpotenzial birgt die Frage danach, welche Anzahl angemessen ist. Dies müsste für jedes Vertragsverhältnis je nach Umfang und Komplexität des Projekts gesondert festgelegt werden und wäre häufig von den Gerichten zu klären, was wiederum im Widerspruch zu dem Gesetzesanliegen steht. Schließlich darf sich die Möglichkeit einer klausulierten Erhöhung der Mindestanzahl nicht als Freifahrtschein dafür erweisen, den Erwerber durch überzogene Anforderungen von der Abnahmeverweigerung abzuhalten, die ihm gesetzlich zusteht.

Die durch die fragliche AGB-Klausel geschaffene Rechtslage wäre unvereinbar mit dem Leitbild des § 640 Abs. 2 BGB.

(e) Förmlicher Nachweis der Mängel

Zuletzt soll eine Klausel untersucht werden, die sich mit den Formalien der Mängelangabe beschäftigt. Wenn die formlose Angabe von Mängeln zu den wesentlichen Grundgedanken der Abnahmefiktion gehört, könnte eine solche Klausel unwirksam sein.

---

687 Vgl. *Tschäpe*, ZfBR 2018, 736 (737).

Das Gesetz hält sich zu etwaigen Formerfordernissen im weitesten Sinne bedeckt. Die Mängelangabe soll vom Besteller mit geringem Aufwand erfolgen können. In Erweiterung der Symptom-Rechtsprechung könnte der formfreien Mängelrüge wohl ein Leitbildstatus zuerkannt werden. Wenn es genügt, dass der Besteller den Mangel anhand einer Beschreibung dessen äußeren Erscheinungsbildes am Bauwerk verortet,[688] liegt es im Verantwortungsbereich des Bestellers, wie er dieser Obliegenheit nachkommt. Es genügt, dass er den Zustand der Sache so schildert, wie er sich ihm als bautechnischem Laien darstellt.[689] Die verpflichtende Einschaltung eines Gutachters in diesem Stadium wäre mit den generischen Anforderungen an eine Beschreibung der Mängelsymptome nicht zu vereinbaren. Selbst in einem späteren Prozess gelten ausgehend von der Symptom-Theorie reduzierte Anforderungen an die Substantiierung. Insofern liegt es nahe, der formfreien Mängelangabe Leitbildcharakter zuzugestehen.

Darüber hinaus trifft eine formalisierte Mängelangabe auf kein schutzwürdiges Interesse des Bauträgers. Anders als die Angabe einer Mehrzahl von Mängeln ist eine besondere Dokumentationsform nicht durch die Eigenheit beim Erwerb neuen Wohnraums gerechtfertigt. Allein die Größe des Bauprojekts macht es für ihn nicht per se schwieriger, die Bauanomalie zu lokalisieren. Wie der Erwerber den angezeigten Mangel beschreibt, bleibt ihm überlassen. Wichtig ist lediglich, dass es dem Bauträger ermöglicht wird, die Symptome zu verorten, um deren Ursache ausfindig zu machen.

Zumindest die Eigenschaft der Erwerber als Verbraucher hindert überzogene formale Anforderungen an die Mängelanzeige. Der Verbraucherschutz ist ein besonderes Anliegen der Reform. Wenn der Verbraucher schon vor den Rechtsfolgen in Textform gewarnt werden muss (§ 640 Abs. 2 Satz 2 BGB), spricht dies für ein Schutzniveau, das Hürden restriktiv gegenübersteht. Die Mängelbenennung von formalen Erfordernissen abhängig zu machen, ist insofern überzogen, als dem kein nennenswerter Vorteil für den Bauträger gegenübersteht. Formale Anforderungen an die Mängelangabe verstoßen gegen das Leitbild des § 640 Abs. 2 BGB und sind daher jedenfalls in Verbraucherkonstellationen unwirksam.

---

688 Beispiele zur Symptom-Rechtsprechung: BGH, Urt. v. 6.10.1988 – VII ZR 227/87, NJW-RR 1989, 148 (149); BGH, Urt. v. 28.10.1999 – VII ZR 115/97, NZBau 2000, 73 (74).

689 *Koeble*, in: Kniffka/Koeble/Jurgeleit/Sacher, Kompendium des Baurechts, 14. Teil Rn. 113.

(3) *Zwischenergebnis*

Wie schon zu § 640 Abs. 1 Satz 3 BGB a.F. vertreten,[690] hat auch die neue Gestaltung der Abnahmefiktion Leitbildcharakter für AGB-Kontrollen in Bauträgerverträgen.[691] Den Möglichkeiten des Bauträgers, die Abnahmeverweigerung durch den Erwerber in AGB zu erschweren, sind daher enge Grenzen gesetzt. Wenn der Bauträger sich Klauseln bedient, welche es dem Besteller aufgeben, wesentliche Mängel oder eine bestimmte Anzahl zur Ausschaltung der Abnahmefiktion zu benennen, ist diese Abrede unwirksam. Ebenso verhält es sich mit dem klauselhaften Erfordernis eines förmlichen Nachweises bei der Mängelangabe. Solche Abreden verschieben die gesetzliche Interessenwertung grundsätzlich und verstoßen daher gegen den Leitgedanken des § 307 Abs. 2 Satz 1 BGB, ohne sich auf berechtigte Interessen des Verwenders stützen zu können.

3. *Schlussfolgerung*

Im Verhältnis zwischen den Mitgliedern der Wohnungseigentümergemeinschaft fordert die Angabe von Mängeln kein besonderes oder gar gemeinschaftliches Vorgehen. Die Mitteilung durch ein Mitglied wirkt sich nicht ohne Weiteres für ein anderes, das unter Umständen sogar die Frist versäumt hat, aus. Eine Abstimmung zwischen den Eigentümern kann aber lohnenswert sein.

In allgemeinen Vertragsbedingungen, die im Bauträgersektor über Wohnraum weit verbreitet sind, stoßen Erweiterungen der aktiven Mitwirkungspflicht des Erwerbers auf Bedenken. § 640 Abs. 2 BGB ist zwar dispositiv, jede Abweichung ist aber insbesondere an dem Leitbildcharakter, den die Norm ausstrahlt, zu messen.

IV. Verhältnis zur VOB/B

Neben dem BGB befasst sich auch die VOB/B mit der Abnahmefiktion. In der Vergabe- und Vertragsordnung wird die Abnahmefiktion danach unterschieden, ob sie auf eine Fertigstellungsanzeige des Auftragnehmers (§ 12 Abs. 5 Nr. 1 VOB/B) oder die Benutzung durch den Auftraggeber (§ 12 Abs. 5 Nr. 2 VOB/B) erfolgt. Beide Fälle ziehen genauso wie die Abnahmefiktion im BGB den Eintritt

690 *Kniffka*, ZfBR 2000, 227 (231); *Merl/Hummel*, in: Kleine-Möller/Merl, Handbuch des privaten Baurechts, § 14 Rn. 70.

691 Ebenso *Bachem/Bürger*, NJW 2018, 118 (121); *Messerschmidt*, in: Messerschmidt/Voit, Privates Baurecht, § 640 Rn. 206; a.A. *Joussen*, BauR 2018, 328 (342).

der Abnahmefolgen nach sich. Es drängt sich deshalb die Frage auf, wie das Konkurrenzverhältnis zwischen den Normen aufzulösen ist.

1. Eingeschränkter Geltungsumfang der VOB/B im Bauträgervertrag

Zu dem Geltungsumfang der VOB/B im Bauträgervertrag wurde schon Stellung genommen.[692] Auf die Konstellation, dass der Erwerber und im Sinne der VOB/B Auftragnehmer keine Bauherrenstellung innehat, ist das Regelwerk nicht ausgerichtet. Daher läuft die Einbeziehung der VOB/B im Bauträgervertrag regelmäßig ins Leere.

2. Kein Ausschluss der BGB-Abnahmefiktion

Dessen ungeachtet vereinbaren viele Vertragsparteien in der Praxis die Geltung der VOB/B im Bauträgervertrag. Nicht jede Vorschrift findet dabei ihr Pendant im Erwerbervertrag. Anders verhält es sich mit der Abnahmefiktion, die im allgemeinen Werkvertragsrecht verankert ist. Derweil erweckt die ähnliche Regelungsmaterie der beiden Vorschriften Zweifel daran, ob § 640 Abs. 2 BGB auch in einem VOB/B-Vertrag Geltung erlangt. Die Einbeziehung des § 12 VOB/B könnte implizieren, dass die entsprechende BGB-Norm ausgeschlossen ist.

Zur alten Fassung wurde herrschend vertreten, dass die VOB/B kein abgeschlossenes Regelungssystem zur Abnahme aufstellt, welches die BGB-Vorschriften ausschließt.[693] Die Auffassung, wonach es sich bei der Abnahmefiktion in § 12 Abs. 5 VOB/B um eine abschließende Regelung handele,[694] hat sich nicht durchgesetzt. Hintergrund war die Anknüpfung der alten Fassung im BGB an ein pflichtwidriges Verhalten des Bestellers. Die Abnahmefiktion trat ein, wenn er die Abnahme trotz Abnahmereife und Fristsetzung verweigerte. § 12 Abs. 5 VOB/B setzt keine pflichtwidrige Nichtabnahme voraus. Somit unterschieden sich die Anwendungsbereiche der beiden Regelungsmechanismen.[695] Die Einbeziehung der VOB/B in den Vertrag erweiterte im Ergebnis lediglich die Möglichkeiten der Abnahmefiktion.

692 Siehe unter Kap. 2, B., II., 1., c), (2).

693 *Havers*, in: Kapellmann/Messerschmidt, VOB/B, § 12 Rn. 10; *Kniffka*, BauR 2017, 1747 (1771); *Koenen*, in: BeckOK VOB/B, § 12 Rn. 67.4; *Motzke*, NZBau 2000, 489 (495); *Oppler*, in: Ingenstau/Korbion, VOB/B, § 12 Rn. 23; a.A. *Kiesel*, NJW 2000, 1673 (1680).

694 So *Kiesel*, NJW 2000, 1673 (1680).

695 *Bröcker*, in: Ganten/Jansen/Voit, VOB/B, Vorbem. § 12 Rn. 12.

Nunmehr hängt die Abnahmefiktion nicht von pflichtwidrigem Verhalten ab. Es bleibt aber dabei, dass die beiden Vorschriften unterschiedliche Sachverhalte zum Gegenstand haben.[696] Die BGB-Fiktion setzt ein Abnahmebegehren voraus, während die VOB/B im Gegenteil fordert, dass schon keine Abnahme verlangt wurde.[697] Deswegen schließt ein VOB/B-Vertrag auch nach geltender Rechtslage die Abnahmefiktion aus dem BGB nicht aus.

3. *Eckpunkte einer AGB-Prüfung*

Dies vorangestellt gibt die Neuregelung Anlass zur Prüfung, ob die Einbeziehung der Abnahmefiktion nach VOB/B AGB-rechtlich zulässig wäre. Im Unterschied zu § 640 Abs. 2 BGB erklärt die VOB/B die Leistung mit Ablauf von zwölf Werktagen ab Fertigstellungsanzeige als abgenommen. Die Abnahme gilt schon nach sechs Werktagen als erfolgt, wenn der Auftraggeber die Leistung oder einen Teil davon in Benutzung nimmt. Beide Alternativen setzen voraus, dass der Auftragnehmer keine Abnahme verlangt.

Da die VOB/B im Bauträgervertrag keine umfassende Privilegierung genießt, sind ihre Vorschriften der Inhaltskontrolle offen. In Betracht kommt insbesondere ein Verstoß gegen das Klauselverbot zu fingierten Erklärungen.

§ 12 Abs. 5 VOB/B fordert in beiden Alternativen, dass der Auftragnehmer keine Abnahme verlangt. Eine den Kautelen des § 308 Nr. 5 BGB entsprechende Fiktion setzt aber voraus, dass der Verwender auf den Eintritt der Fiktion hinweist. In den AGB selbst muss festgehalten sein, dass er seine Vertragspartner bei Beginn der Frist auf die Folgen des Fristablaufs aufmerksam macht, und der Verwender muss diese Verpflichtung bei Fristbeginn auch erfüllen.[698] Der Bekanntheitsgrad der VOB/B befreit den Verwender nicht von seiner Hinweisobliegenheit.[699]

---

696 *Havers*, in: Kapellmann/Messerschmidt, VOB/B, § 12 Rn. 6.

697 *Bröcker*, in: Ganten/Jansen/Voit, VOB/B, Vorbem. § 12 Rn. 12; *Havers*, in: Kapellmann/Messerschmidt, VOB/B, § 12 Rn. 6; *Joussen*, BauR 2018, 328 (341); *Motzke*, NZBau 2000, 489 (495); *Pause/Vogel*, in: Kniffka/Jurgeleit, ibr-online-Kommentar Bauvertragsrecht, § 640 Rn. 101.

698 Vgl. BGH, Urt. v. 28.1.2014 – XI ZR 424/12, BGHZ 200, 121 (129 f.); *Coester-Waltjen*, in: Staudinger, BGB (2019), § 308 Nr. 5 Rn. 14.

699 *Coester-Waltjen*, in: Staudinger, BGB (2019), § 308 Nr. 5 Rn. 14.

Damit sind die Anforderungen der Abnahmefiktion in der VOB/B nicht zu vereinbaren.[700] Die dortige Fiktion setzte gerade keinen entsprechenden Hinweis voraus, sondern lässt die bloße Fertigstellungsanzeige genügen. Bei Beginn der Frist wäre der Bauträger nicht dazu verpflichtet, auf die Folgen des Fristablaufs hinzuweisen.

Im Übrigen kann sich die Frist von zwölf oder sechs Werktagen im Einzelfall als unangemessen kurz herausstellen. Vor allem komplexe und umfangreiche Wohnanlagen nehmen oftmals zwölf Tage oder mehr zur Prüfung in Anspruch.

Der neue § 640 Abs. 2 BGB formt außerdem ein gesetzliches Leitbild, das eine unbillige Abweichung davon untersagt. Dem wird die VOB/B-Fiktion nicht gerecht. Die gesetzliche Wertung knüpft die Abnahmefiktion an ein darauf gerichtetes Verlangen an. Die Fiktionen der VOB/B treten demgegenüber bei einem Verhalten ein, das mit dem Abnahmebewusstsein nicht unmittelbar in Verbindung steht.[701] Gerade darauf, dem Besteller seine Prüfmöglichkeit und Abnahmepflicht in das Bewusstsein zu rufen, kommt es der Leitnorm an. Damit ist die an ein Verhalten anknüpfende Ingebrauchnahmefiktion nicht vereinbar. In der Klausel kommt außerdem nicht zum Ausdruck, dass eine Fertigstellungsanzeige oder die Benutzung keine fiktive Abnahme auslösen, wenn das Werk nicht fertiggestellt ist.[702] Das Erfordernis eines fertiggestellten Werks schützt den Erwerber vor missbräuchlichen, da verfrühten, Abnahmeverlangen und gewährleistet gleichzeitig seine Möglichkeit einer umfassenden Prüfung auf die Einhaltung der vertraglichen Pflichten. Die evidente Schlechterstellung des Erwerbers kann auch nicht durch schutzwürdige Interessen des Bauträgers gerechtfertigt werden, wenn man bedenkt, dass zu seinen Gunsten die Abnahme selbst dann der Fiktion unterliegt, wenn das Werk mängelbehaftet ist.

4. *Schlussfolgerung*

Ist die VOB/B in einen Bauträgervertrag einbezogen, obwohl ihr Charakter sich nicht mit der Konstellation im Wohnungsbau deckt und einige ihrer bedeutendsten Mechanismen keine Anwendung finden, ist das Verhältnis der jeweiligen Abnahmefiktionen problematisch. Die Einbeziehung des § 12 VOB/B impliziert nicht, dass die entsprechende BGB-Norm ausgeschlossen ist. Nach neuer wie

700 Vgl. zur Unwirksamkeit einer vertraglichen Regelung, nach der eine Abnahme fingiert wird: BGH, Urt. v. 27.7.2006 – VII ZR 276/05, BGHZ 169, 1 (14); *Oppler*, in: Ingenstau/Korbion, VOB/B, § 12 Abs. 5 Rn. 7.

701 *Kniffka*, BauR 2017, 1747 (1771).

702 *Kniffka*, BauR 2017, 1747 (1771).

alter Rechtsprechung nimmt die Vertragsordnung in Bezug auf die Abnahmefiktion keinen abschließenden Charakter für sich in Anspruch. Als vorformulierte Klausel hat § 12 Abs. 2 VOB/B in Anbetracht des Klauselverbots aus § 308 BGB und den wesentlichen Grundgedanken der gesetzlichen Regelung jedoch keinen Bestand.

V. Konkludentes Verhalten als fiktive Abnahme

Passives Verhalten kann nicht nur den Eintritt einer Abnahmefiktion bedingen, sondern unter Umständen auch als stillschweigende Billigung des Werks verstanden werden. An Bedeutung könnte diese Abnahmeform in Zukunft vor allem im Fall einer gescheiterten fiktiven Abnahme mit Verbraucherbeteiligung gewinnen. Ob daneben noch Raum besteht für Klauseln zur Fiktion der Abnahme ab Gebrauch, scheint fraglich.

1. Konkludente Abnahme beim Wohnungserwerb

Beim Erwerb von Wohnungseigentum liegt ein die konkludente Abnahme begründendes schlüssiges Verhalten typischerweise in der Ingebrauchnahme der Wohnung.[703] Dazu kommt es insbesondere dann, wenn die ausdrückliche Abnahme vergessen wurde oder aus anderen Gründen unterbleibt, weil der Bauträger zum Beispiel nach Abnahmeverweigerung Mängel behebt und danach kein weiterer Abnahmetermin stattfindet.[704]

Mit dem Einzug in die Wohnung erklärt der Erwerber nicht per se die Abnahme des Gemeinschaftseigentums.[705] Zum einen kann das gemeinschaftliche Eigentum noch gar nicht fertiggestellt sein, was schon denklogisch einem konkludent zum Ausdruck kommenden Abnahmewillen entgegensteht.[706] Zum anderen hatte der Erwerber unter Umständen noch gar keine Möglichkeit, das gesamte Objekt zu begehen und zu prüfen. Welcher Prüfungszeitraum angemessen ist, richtet sich nach Art und Umfang des konkreten Werks.[707] Bei größeren Wohnungseigentumsanlagen mit umfassendem gemeinschaftlichem Eigentum kann von einer konkludenten Abnahme erst nach einem längeren Zeitraum ausgegangen werden.[708]

---

703 OLG Düsseldorf, Urt. v. 11.6.1992 - 5 231/91, IBR 1992, 443.

704 *Martius*, in: Reithmann/Terbrack, Kauf vom Bauträger, C. Rn. 123.

705 OLG Koblenz, Urt. v. 29.5.2008 - 6 U 1042/07, IBR 2009, 34.

706 *Häublein*, DNotZ 2002, 608 (609).

707 BGH, Urt. v. 20.9.1984 - VII ZR 377/83, NJW 1985, 731 (732).

708 *Häublein*, DNotZ 2002, 608 (609).

Nachdem das gemeinschaftliche Eigentum fertiggestellt ist, kann das Verhalten des Erwerbers jedenfalls dann nicht als Abnahme verstanden werden, wenn er vor dem Einzug wesentliche Mängel rügt, die ihn auch zur Verweigerung der Abnahme berechtigt hätten.[709]

2. *Unzulässigkeit der vereinbarten Fiktion aufgrund stillschweigenden Verhaltens*

Weit verbreitet war bislang auch der Versuch, konkludentes Verhalten des Erwerbers mit einer Fiktionswirkung zu versehen. An konkludentes Verhalten anknüpfende Fiktionsregeln im Vertrag sind in den Grenzen des § 308 Nr. 5 BGB kaum denkbar und verstoßen im Übrigen auch nach neuem Recht gegen das gesetzliche Leitbild. Insofern statuiert die Novellierung als wesentliche Grundgedanken die Aufforderung zur Abnahme durch den Unternehmer sowie die Möglichkeit des Bestellers, die Fiktion durch eine Mangelrüge aufzuhalten (siehe oben). Darüber hinaus kommt es für die Anwendung der Klausel nicht auf die konkrete Situation an. Entsprechend der kundenfeindlichsten Auslegung kann die Klausel zur Anwendung kommen, wenn der Besteller gezwungen war, die Wohnung zu beziehen, oder keine Gelegenheit hatte, das Werk ausreichend auszuprobieren.[710] Die Abnahme wird außerdem interessenwidrig vorgezogen, wenn die Erwerber zwar einziehen, unmittelbar nach Bezug aber zahlreiche Mängel rügen und damit zum Ausdruck bringen, dass sie das Werk nicht als vertragsgemäß ansehen.[711] Klauseln, die die Ingebrauchnahme als Abnahme fingieren, sind daher in der Regel unwirksam.

3. *Konkludente Abnahme nach fehlender Verbraucherbelehrung*

Künftig könnte ein klassischer Anwendungsfall für die konkludente Abnahme im Falle einer gescheiterten Fiktion in Verbraucherkonstellationen liegen. Vergisst der Unternehmer die Belehrung mit der Aufforderung zur Abnahme zu verbinden oder ist die Belehrung aus anderen Gründen unwirksam, weil zum Beispiel mündlich erteilt, ist der Eintritt der Abnahmefiktion ausgeschlossen. Wenn der Erwerber auf die Abnahmeaufforderung nicht reagiert hat, muss er demnach keine nachteiligen Folgen befürchten. Anders wäre es, wenn man der zwischenzeitlichen Nutzung der errichteten Wohnanlage zwar keine fiktive,

709 BGH, Urt. v. 20.12.2000 – VII ZR 310/99, BGHZ 146, 250 (262).

710 Vgl. *Voit*, in: BeckOK, § 640 Rn. 12.

711 OLG Koblenz, Urt. v. 19.10.2016 – 5 U 458/16, BeckRS 2016, 18737.

wohl aber eine konkludente Abnahme entnimmt. In der rügelosen und dauerhaften Bewohnung könnte im Einklang mit der Rechtsprechung vor der Baurechtsreform nach etwa zwei Monaten bereits von einer Billigung des Werks ausgegangen werden.

Im Hinblick auf die Hinweispflicht gegenüber dem Verbraucher stößt dies jedoch auf Bedenken. Der Gesetzgeber will den Verbraucher darüber belehrt wissen, dass passives Verhalten Rechtsfolgen nach sich ziehen kann. Dem Verbraucher könnte es schwer zu vermitteln sein, dass sein unmittelbares Schweigen auf das Abnahmeverlangen aufgrund der fehlenden Belehrung zwar nicht zur Abnahme führt, sein Schweigen während der Nutzung des Hauses aber sehr wohl als Abnahme gewertet wird.[712]

Dem ist nicht beizupflichten. Die Hinweispflicht über die Hintertür einer konkludenten Erklärung zu umgehen scheint zwar bedenklich. Allerdings ist der dogmatische Ausgangspunkt verschieden, wenn einerseits der Erklärungsinhalt der Abnahme – wenn auch konkludent erteilt – erfüllt ist und andererseits das Gesetz die Erklärung ersetzt. Auch schlüssiges Verhalten ist nach dem objektiven Empfängerhorizont auszulegen, sodass es ausreicht, wenn der Erklärende bei Anwendung der im Verkehr erforderlichen Sorgfalt hätte erkennen und vermeiden können, dass seine Äußerung nach Treu und Glauben sowie der Verkehrssitte vom Empfänger als Willenserklärung verstanden werden durfte und auch tatsächlich so verstanden wurde.[713] Besonders unterscheidet sich die Situation aber durch den veranschlagten Zeitraum. Da dieser situationsabhängig und bauvorhabenbezogen divergiert, muss dem Verbraucher für den Fall einer unterlassenen Belehrung auch ein ausreichend langer Prüfungszeitraum gewährt werden, der den Umständen entsprechend genug Zeit für den Gebrauch lässt.

Schließlich unterscheidet sich die geschilderte Situation von derjenigen, in der die Rechtsprechung das Verhalten im Anschluss an eine unwirksame Klausel nicht als Billigung der Vertragsleistung versteht.[714] Hierbei geht der Erwerber gerade nicht davon aus, dass die Abnahme schon erfolgt sei. Aus diesem Grund lässt sich dem Verhalten des Verbrauchers eine konkludente Billigung entnehmen.

Empfehlenswert ist diese Vorgehensweise sicher nicht, weil sie den Bauträger im Unklaren darüber lässt, wann genug Zeit verstrichen ist, um die Annahme zu rechtfertigen, dass der Erwerber das angebotene Werk billigt. Insbesondere

---

712 *Breitling*, NZBau 2017, 393 (395).

713 BGH, Urt. v. 2.11.1989 – IX ZR 197/88, BGHZ 109, 171 (177).

714 Siehe oben unter Kap. 3, C., I., 4.

können die Parteien keinen klaren Beginn der Verjährungsfrist festmachen. Sinnvoller wäre es daher für den Bauträger, die Frist für die Abnahmefiktion nochmal unter Nachholung der Belehrung zu setzen.

4. *Schlussfolgerung*

Damit lässt sich festhalten, dass neben der neuen Abnahmefiktion durchaus Raum bleibt für Konstellationen, in denen das tatsächliche Verhalten noch dazu die Ingebrauchnahme eine stillschweigende Billigung der Leistung rechtfertigt. An der Rechtsprechung zur konkludenten Abnahme beim Wohnungserwerb unter Differenzierung zwischen Gemeinschafts- und Sondereigentum ist festzuhalten. Vertraglich vereinbarte Fiktionen in Anknüpfung an ein konkludentes Verhalten sind in diesem Zusammenhang unzulässig. Der Annahme einer Billigung durch den Erwerber steht es nicht entgegen, wenn der Bauträger zuvor keine wirksame Verbraucherbelehrung ausspricht. In der Folge sind vielmehr die Anforderungen an den Prüfungszeitraum anzupassen, um die Möglichkeit einer umfassenden Prüfung zu gewährleisten.

VI. Fazit

Abnahmefiktionen sind dem Bauträgervertrag genauso zugänglich wie dem herkömmlichen Werkvertrag. Es bedarf keiner gesonderten Ausrichtung der einzelnen Tatbestandsmerkmale. Wichtig ist, dass der Bauträger vor der Teilabnahme von Sonder- und Gemeinschaftseigentum seiner erweiterten Hinweispflicht nachkommt. Dafür muss er den Erwerber zunächst darauf aufmerksam machen, dass die Fiktionsfolgen sich auf den abzunehmenden Teil beziehen. Daneben muss er den Erwerber im Falle der Falschzuordnung über diesen Umstand in Kenntnis setzen.

Aus der Rechtsstellung als Wohnungseigentümer muss der Betroffene keine Neuerungen befürchten, weil der gesamte Prozess um die Abnahmefiktion rein individualrechtlich zu behandeln ist. Naheliegend ist, dass es Bestrebungen geben wird, von den vielfach als gering verstandenen Anforderungen an den Ausschluss der Fiktion Abstand zu nehmen und alternative Klauseln zu verwenden. Die Gestaltungsmacht ist jedoch, ob der Leitbildfunktion des § 640 Abs. 2 BGB, restriktiv zu handhaben. Einer Geltung der VOB/B-Fiktion ist daher der Boden entzogen. Nach einer versäumten oder unwirksamen Belehrung des Verbrauchers über die Folgen einer nicht erklärten oder ohne Angabe von Mängeln verweigerten Abnahme kann sich der Bauträger dann auf eine konkludente Abnahme berufen, wenn die allgemeinen Voraussetzungen gegeben sind und ein den Umständen entsprechend langer Zeitraum vergangen ist.

Inwiefern der Abnahmefiktion angesichts der geringen Anforderungen an ihre Ausschaltung durch den Besteller eine Bedeutung zukommen wird, bleibt abzuwarten.[715] Der Fiktionsmechanismus darf jedenfalls nicht überinterpretiert werden als Mittel, um die Abnahmewirkungen möglichst frühzeitig eintreten zu lassen. Dies würde den Interessen des Bestellers an einer vertragsgemäßen Leistung nicht gerecht werden. Vielmehr ist die Abnahmefiktion als Möglichkeit eines Kooperationsangebots von Seiten des Bestellers aufzufassen, um sich im Anschluss gemeinsam über die Mangelbeseitigung zu beraten.

VII. Zusammenfassung Kapitel 4

1. Zu den bedeutenden Änderungen der Abnahmefiktion gehören deren Anknüpfung an die Fertigstellung des Werks sowie die Passivität des Bestellers. Die Unterscheidung nach wesentlichen und unwesentlichen Mängeln wurde aufgehoben.
2. Die aktive Mitwirkungsobliegenheit des Bestellers ist in der Abnahmefiktion als Kooperationsangebot und nicht als Affront an den Unternehmer zu verstehen.
3. Wenn die Parteien eine Teilabnahme vereinbaren, steht dieser Bereich der Abnahmefiktion offen. Da der Erwerber in Bauträgerkonstellationen regelmäßig als Verbraucher handelt, sind allerdings der Situation geschuldete erweiterte Hinweise durch den Bauträger zu erteilen.
4. Angesichts der geringen Anforderungen an den Ausschluss der Fiktion liegt es nahe, dass Bauträger sich mit vorformulierten Abweichungen zu behelfen versuchen. Allerdings sind Änderungen in AGB an dem gesetzlichen Leitbild in § 640 Abs. 2 BGB zu messen, das überhöhte Voraussetzungen an die Mängelangabe nicht erlaubt.
5. Auf die Abnahmefiktion in der VOB/B kann vorbehaltlich ihrer Privilegierung, welche sich im Bauträgervertrag nicht auswirkt, beim Erwerb neuen Wohnraums kein Bezug genommen werden, weil § 12 Abs. 5 Nr. 1 und 2 VOB/B sowohl unangemessen benachteiligend nach § 308 Nr. 5 als auch gemäß § 307 Abs. 2 Nr. 2 BGB sind.
6. Bei unwesentlichen Mängeln kann der Erwerber zwar die Fiktion verhindern, nicht aber seine allgemeine Hauptpflicht zur Abnahme verweigern.

715 Insofern zweifelnd *Karczewski*, NZBau 2018, 328 (334); kritisch auch *Leinemann*, NJW 2017, 3113 f.; *Pause/Vogel*, in: Kniffka/Jurgeleit, ibr-online-Kommentar Bauvertragsrecht, § 640 Rn. 66; *Tschäpe/Werner*, ZfBR 2017, 419 (421).

7. Die Neuausrichtung der Abnahmefiktion losgelöst von der allgemeinen Verweigerungsberechtigung kann für die Beteiligten ein Anreiz sein, sich von Konflikten über die Wesentlichkeit eines Mangels zu verabschieden und Lösungswege untereinander zu erarbeiten.

Kapitel 5: Folgen der verweigerten Abnahme

Die Überlegungen zur Abnahmefiktion leiten zu der Frage über, wie mit der Weigerung des Erwerbers zur Abnahme umzugehen ist. Dazu sind zunächst die Folgen der verweigerten Abnahme, ob berechtigt oder unberechtigt, abrissartig zu skizzieren, um in einem nächsten Schritt die neu eingeführte Zustandsfeststellung über ein Wohnobjekt als Chance für eine interessengerechte Abwicklung zu untersuchen.

A. Rechtsfolgen der verweigerten Abnahme

Mithilfe der gesetzlichen Abnahmefiktion lassen sich Sachverhalte lösen, bei denen sich der Besteller auf die Aufforderung des Unternehmers passiv verhält. Verweigert der Besteller aktiv die Abnahme, hängen die eintretenden Rechtsfolgen sowohl von der Bestimmtheit der Ablehnung als auch davon ab, ob der Erwerber die Abnahme zu Recht oder zu Unrecht verweigert.

I. Berechtigte Abnahmeverweigerung

Der Besteller ist berechtigt, die Abnahme wegen wesentlicher Mängel zu verweigern, arg. e contr. § 640 Abs. 1 Satz 2 BGB. Unwesentliche Mängel berechtigen nur dann zur Abnahmeverweigerung, wenn der Unternehmer den Besteller unter Fristsetzung zur Abnahme aufgefordert hat. Die Abnahmewirkungen treten dann nicht ein. Auch die Klage auf Abnahme oder Zahlung von Werklohn wäre als derzeit unbegründet abzuweisen.

II. Zu Unrecht verweigerte Abnahme nach Fristsetzung

In der Situation der drohenden Abnahmefiktion kann der Erwerber auch Mängel benennen, die nicht vorhanden sind. Missbräuchlich ist das Verhalten erst, wenn der Besteller offensichtlich nicht bestehende oder eindeutig unwesentliche Mängel moniert.[716] Wenn ein Mangel tatsächlich nicht besteht, kann der Besteller demnach die Abnahme verweigern mit der Folge, dass die Abnahmefiktion ausgeschlossen ist.[717]

716 BT-Drs. 18/8486, S. 48.

717 Ebenso *Bachem/Bürger*, NJW 2018, 118 (121); *Breitling*, NZBau 2017, 393.

Allerdings treten für den Fall einer objektiv zu Unrecht verweigerten Abnahme zu Gunsten des Unternehmers die Wirkungen des Annahmeverzugs (§§ 293 ff. BGB) ein.[718] In diesem Fall geht die Vergütungsgefahr gemäß § 644 Abs. 1 Satz 2 BGB auf den Besteller über. Er muss die Vergütung damit auch dann begleichen, wenn die Bauleistung untergeht. Außerdem wird die Haftung des Unternehmers auf Vorsatz und grobe Fahrlässigkeit beschränkt, § 300 BGB. Gleichzeitig steht ihm ein Ersatzanspruch für seine Mehraufwendungen zu, die er für das erfolglose Angebot machen musste, § 304 BGB.

Denkbar ist darüber hinaus, dass sich der Besteller zugleich in Schuldnerverzug befindet. In der Abnahmeverpflichtung liegt eine Hauptpflicht des Bestellers. Kommt er dieser Pflicht trotz Mahnung schuldhaft nicht nach, kann der Unternehmer Ersatz des Verzögerungsschadens verlangen, § 280 Abs. 1, 3, § 286 Abs. 1, 4 BGB. Erforderlich ist für den Eintritt der Verzugsfolgen eine von § 640 Abs. 2 BGB unabhängige Aufforderung. Mit der Fristsetzung bei der Abnahmefiktion wird aber weder der Annahme- noch der Schuldnerverzug berührt, weil damit die Verpflichtung zur Abnahme nicht hinausgeschoben wird.[719]

Im Übrigen kann sich der Bauträger mit einer Klage auf Abnahme bzw. Vergütungszahlung begnügen, um das stattgebende Urteil dann nach § 888 ZPO[720] bzw. § 802a ff. ZPO zu vollstrecken. Wichtig ist dabei, dass die Klage nur dann erfolgversprechend ist, wenn die Voraussetzungen der Abnahmereife gegeben sind. An dieser Stelle reicht die Fertigstellung des Werks nicht aus.

Problematisch sind Fälle an der Grenze zu rechtsmissbräuchlichem Verhalten. Gegen einen Besteller, der mit Verzögerungsabsicht nach und nach einzelne Mängel rügt, kann weder mit der Abnahmefiktion noch Schuldner- und Annahmeverzug wirksam vorgegangen werden. Solchen Verzögerungstaktiken kann sich der Unternehmer dadurch entziehen, dass er nach abnahmereifer Fertigstellung auf Abnahme klagt. Alternativ oder in der Zwischenzeit kann er seinen Anspruch auf Zustandsfeststellung verfolgen, der im Anschluss an dieses Kapitel behandelt wird.

---

718 *Joussen*, BauR 2018, 328 (339); *Messerschmidt*, in: Messerschmidt/Voit, Privates Baurecht, § 640 Rn. 47.

719 *Busche*, in: MüKo, BGB, § 640 Rn. 46.

720 So unter Zugrundelegung des herrschenden zweigliedrigen Abnahmebegriffs: *Busche*, in: MüKo, BGB, § 640 Rn. 48; für die Anwendung von § 894 ZPO bei Reduzierung der Abnahmevoraussetzungen auf die Billigung: *Jakobs*, AcP 183 (1983), 145 (175); *Voit*, in: BeckOK BGB, § 640 Rn. 27; im Ergebnis auch *Joussen*, BauR 2018, 328 (332 ff.).

III. Endgültige Abnahmeverweigerung

Wenn der Besteller die Abnahme zu Unrecht verweigert hat, scheint die Verzögerung des Eintritts der Abnahmewirkungen nicht sachgerecht. Aus diesem Grund lockerte die Rechtsprechung zum alten Recht die Problemlage des Unternehmers in mancher Hinsicht über die Rechtsfigur der endgültigen Abnahmeverweigerung[721] auf. Danach können den Besteller auch über eine zu Unrecht verweigerte Abnahme vereinzelte Rechtsfolgen ereilen, wenn dieser die Erklärung endgültig versagt. Einer gesonderten Fristsetzung bedarf es dann nicht mehr.[722] Der Vertrag wandelt sich in ein Abwicklungs- und Abrechnungsverhältnis um, in dem es für die Fälligkeit und den Verjährungsbeginn der gegenseitigen Ansprüche auf die Abnahme als solche nicht mehr ankommt.[723] Manche Stimmen sprechen sich sogar dafür aus, dass auch die übrigen Abnahmefolgen eintreten.[724]

Zu Unrecht verweigert der Besteller die Abnahme, wenn die Voraussetzungen der Abnahmereife nach § 640 Abs. 1 BGB vorliegen, er aber gleichwohl erklärt, der Aufforderung nicht nachzukommen.[725] Im Kern ist die Abnahmeverweigerung ernsthaft und endgültig, wenn sie als letztes Wort des Bestellers verstanden wird, und damit ausgeschlossen ist, dass er sich zum Beispiel durch eine Fristsetzung umstimmen lässt.[726] Unerheblich ist dagegen, ob der Besteller die Abnahme zu Recht verweigert.[727] Der Umstand, dass der

721 BGH, Urt. v. 30.9.1999 – VII ZR 162/97, NJW 2000, 133 (134); BGH, Urt. v. 8.7.2010 – VII ZR 171/08, NJW 2010, 3573 (3574).

722 *Joussen*, BauR 2018, 328 (332); *Jurgeleit*, in: Kniffka/Koeble/Jurgeleit/Sacher, Kompendium des Baurechts, 3. Teil Rn. 61; *Pause/Vogel*, in: Kniffka/Jurgeleit, ibr-online-Kommentar Bauvertragsrecht, § 640 Rn. 43.

723 BGH, Urt. v. 8.11.2007 – VII ZR 183/05, BGHZ 174, 110 (124); BGH, Beschl. v. 18.5.2010 – VII ZR 158/09, NZBau 2010, 557 (558); BGH, Urt. v. 8.7.2010 – VII ZR 171/08, NJW 2010, 3573 (3574).

724 *Jurgeleit*, in: Kniffka/Koeble/Jurgeleit/Sacher, Kompendium des Baurechts, 3. Teil Rn. 61; *Kniffka*, BauR 2017, 1747 (1766); zum Ausschluss der Mängelrechte bei mangelndem Vorbehalt: OLG Schleswig, Urt. v. 12.6.2009 – 17 U 15/09, IBR 2010, 561; Nichtzulassungsbeschwerde dagegen zurückgewiesen in: BGH, Beschl. v. 24.6.2010 – VII ZR 124/09, BeckRS 2010, 15621.

725 *Busche*, in: MüKo, BGB, § 640 Rn. 46; *Jurgeleit*, in: Kniffka/Koeble/Jurgeleit/Sacher, Kompendium des Baurechts, 3. Teil Rn. 61.

726 Vgl. zu § 281 BGB: BGH, Urt. v. 18.3.2016 – V ZR 89/15, NJW 2016, 3235 (3238).

727 BGH, Urt. v. 30.9.1999 – VII ZR 162/97, NJW 2000, 133 (134); BGH, Urt. v. 8.7.2010 – VII ZR 171/08, NJW 2010, 3573 (3574).

Besteller auf ein Abnahmeverlangen nicht reagiert, reicht typischerweise nicht aus.[728]

Ob diese Rechtsprechung nach der Reform weiterhin Bestand hat, ist bislang ungeklärt. Angesichts der unterschiedlichen Voraussetzungen der Verweigerung in § 640 Abs. 1 Satz 2 und Abs. 2 BGB sprechen gewichtige Argumente dafür, dass der Unternehmer jetzt mehr denn je auf einen Alternativweg angewiesen ist. Es erscheint nicht interessengerecht, wenn der Besteller aus vertragswidrigem Verhalten Vorteile im Hinblick auf die Fälligkeit der Vergütung oder den Beginn der Mängelverjährung zieht.[729] Der Parallelweg zur Abnahmefiktion wird wohl auch nach der Reform weiterhin Bestand haben.

IV. Zwischenergebnis

Verweigert der Besteller die Abnahme, obwohl er dazu verpflichtet ist, beschränkt sich die Sanktionsmöglichkeit des Unternehmers weitgehend auf den Gefahrübergang. Zugunsten des Bauträgers treten bei unberechtigter Abnahmeverweigerung die Folgen des Annahme- und unter Umständen sogar des Schuldnerverzugs ein. Der Verzug wirkt jedoch nicht allgemein bezüglich der übrigen für den Unternehmer günstigen Folgen der Abnahme. Benennt der Besteller nach Aufforderung dagegen Mängel, die offenkundig nicht vorhanden und nicht wesentlich sind, handelt er rechtsmissbräuchlich. In Ausnahmefällen bleibt dem Werkunternehmer der Verweis auf die Rechtsprechung zur endgültigen und ausdrücklichen Abnahmeverweigerung, die wohl auch nach der Reform Anwendung findet.

B. Neue Chance in Zustandsfeststellung

Neu in das BGB aufgenommen ist außerdem die Pflicht des Erwerbers, nach verweigerter Abnahme unter Angabe von Mängeln an einer gemeinsamen Feststellung des Zustands der Bauträgerleistung mitzuwirken, § 650g Abs. 1 Satz 1 BGB.

I. Geltungsbereich und Regelungsziel

Wie schon zur Abnahmefiktion festgestellt, ist auch der Geltungsbereich der Zustandsfeststellung für den Bauträgerbereich eröffnet, soweit die Errichtung

728 *Jurgeleit*, in: Kniffka/Koeble/Jurgeleit/Sacher, Kompendium des Baurechts, 3. Teil Rn. 61.

729 *Voit*, in: Beck OK, § 640 Rn. 36.

oder der Umbau des Bauwerks betroffen sind, § 650u Abs. 1 Satz 2 BGB. Wenn die Abnahmefiktion scheitert, stehen dem Unternehmer nur eingeschränkt Druckmittel zu. Gleichzeitig ist er monetär auf eine zügige Abnahme angewiesen. Dem Besteller kommt auf der anderen Seite ein Interesse daran zu, die Abnahme zu verzögern, um den Beginn der Verjährungsfrist und den Zeitpunkt der Fälligkeit der Gesamtvergütung hinauszuschieben.

Auf diese Problemlage nimmt die Zustandsfeststellung Bezug mit dem Ziel einer Dokumentation der erbrachten Bauleistung, um in einem späteren Prozess die Sachaufklärung zu erleichtern.[730] Abgesehen von dem Dokumentationszweck, das dem grundsätzlichen Bedürfnis nach Klarheit Rechnung trägt, dient die Zustandsfeststellung auch einer ausgeglichenen Gefahrtragung. Grund für eine Abweichung von den allgemeinen Gefahrtragungsregeln gibt das Auseinanderfallen der Abnahme von der Übertragung der Herrschaftsgewalt im weiteren Sinne. Im Kaufrecht geht die Gefahr schon mit dem Übergang auf den Käufer über. Im Werkvertragsrecht kann der Besteller das Werk ohne Abnahme in Benutzung nehmen und den Gefahrübergang so verzögern. Deshalb sind Differenzen zwischen den Vertragspartnern über den Verantwortungsbereich von Mängeln zu befürchten. Versuche, den Zeitpunkt des Gefahrübergangs auf die Besitzübergabe vertraglich vorzuverlegen, benachteiligen den Erwerber, wenn das Gemeinschaftseigentum noch nicht vollständig fertiggestellt ist.[731] Um den Zustand festzuhalten, kann der Unternehmer ein selbstständiges Beweisverfahren (§§ 485 ff. ZPO) einleiten, das allerdings in aller Regel keine kurzfristige Begutachtung erlaubt und daher für eine rasche Feststellung der Mängel ungeeignet ist.[732]

Als zeitsparende, wenn auch in ihren Rechtsfolgen nicht gleichwertige, Alternative wurde daher die Zustandsfeststellung eingeführt. Dadurch ist die Haftung des Unternehmers für Mängel eingeschränkt, die entstehen, nachdem sich das Werk im Einflussbereich des Bestellers befindet. Von Bedeutung ist die Dokumentation vor allem dann, wenn der Unternehmer bei einer nachträglichen Beschädigung des Werks nachweisen will, dass er mangelfrei geleistet hatte.[733]

---

730 BT-Drs. 18/8486, S. 59.

731 *Karczewski*, in: Leupertz/Preussner/Sienz, Bauvertragsrecht, § 650u Rn. 73.

732 *Oberhauser*, in: Dammert/Lenkeit/Oberhauser/Pause/Stretz, Das neue Bauvertragsrecht, § 2 Rn. 142; vgl. auch *Volze*, DS 2018, 260.

733 *Tschäpe/Werner*, ZfBR 2017, 419 (421).

II. Voraussetzungen und Folgen

1. *Abnahmeverweigerung unter Angabe eines Mangels*

Im Unterschied zur Abnahmefiktion ist in § 650g Abs. 1 Satz 1 BGB nicht die Rede von der Angabe mindestens eines Mangels, sondern *„von Mängeln"*. Da die neue Regelung zur fiktiven Abnahme durch die Zustandsfeststellung ergänzt wird,[734] handelt es sich bei der Formulierung um ein Redaktionsversehen, das die Änderung auf Empfehlung des 6. Ausschusses unberücksichtigt lässt. Richtigerweise reicht es für die Zustandsfeststellung auch aus, wenn der Besteller die Abnahme unter Angabe eines Mangels verweigert.[735]

Verweigert der Besteller die Abnahme ohne Angabe von Mängeln, ist der Anwendungsbereich der Abnahmefiktion eröffnet (siehe oben). Nach dem neuen Regelungsmechanismus besteht in diesem Fall noch kein Anspruch auf eine Zustandsfeststellung.[736] Vielmehr ist der Unternehmer gehalten, sich vorbehaltlich einer entsprechenden Hinweiserteilung der Abnahmefiktion zu bedienen. Somit setzt die Zustandsfeststellung voraus, dass der Besteller vorher bereits aktiv geworden ist.

2. *Gemeinsame Zustandsfeststellung*

Verlangt der Bauunternehmer daraufhin eine Zustandsfeststellung, hat diese in erster Linie unter gemeinsamer Anwesenheit am Bauwerk zu erfolgen, § 650g Abs. 1 BGB. Die Idee der Mitwirkung setzt sich demnach über die Abnahmefiktion hinweg fort. Was genau in diesem Zusammenhang darunter zu verstehen ist, wurde bislang nur ansatzweise konkretisiert. Gesetzlich nicht vorgegeben ist, wie der Zustand festzustellen ist und welche fotografischen oder textlichen Anforderungen an den Detaillierungsgrad zu stellen sind. Als Mindestvoraussetzung wird man wohl vom Besteller fordern können, den Zugang zum Werk soweit möglich zu gewähren und im Termin anwesend zu sein.[737]

---

734 BT-Drs. 18/8486, S. 59.

735 *Busche*, in: MüKo, BGB, § 650g Rn. 5; *Oberhauser*, in: Dammert/Lenkeit/Oberhauser/Pause/Stretz, Das neue Bauvertragsrecht, § 2 Rn. 146; *Voit*, in: BeckOK BGB, § 650g Rn. 2.

736 Ebenso *Joussen*, in: FS Kainz, S. 371 f.; *Merl/Hummel*, in: Kleine-Möller/Merl/Glöckner, Handbuch des privaten Baurechts, § 14 Rn. 242; a.A. *Pause/Vogel*, in: Kniffka/Jurgeleit, ibr-online-Kommentar Bauvertragsrecht, § 650g Rn. 6; *Tschäpe/Werner*, ZfBR 2017, 419 (422).

737 *Merl/Hummel*, in: Kleine-Möller/Merl/Glöckner, Handbuch des privaten Baurechts, § 14 Rn. 243 ff.; *Retzlaff*, in: Palandt, BGB, § 650g Rn. 4.

Unterschiedliche Vorstellungen über die Bedeutung des festgehaltenen Materials hindern die Parteien jedoch nicht an einer gemeinsamen Zustandsfeststellung.[738] Insbesondere kann der Unternehmer den Zustand nicht einseitig feststellen, wenn der Besteller seiner Mitwirkungspflicht nachgekommen ist.[739] Den Parteien steht es frei, ihre Einschätzungen zu vermerken, auch wenn die gemeinsame Feststellung damit faktisch gescheitert ist.[740] Auf die Wirkungen des § 650g Abs. 3 BGB wird sich der Unternehmer in diesem Fall nicht berufen können. Die gemeinsame Zustandsfeststellung ist mit der Angabe des Tages der Anfertigung zu versehen und von beiden Parteien zu unterschreiben. Nicht erforderlich ist eine der Hinweispflicht in § 640 Abs. 2 Satz 2 BGB vergleichbare Belehrung über die Folgen der Verweigerung.

3. Einseitige Zustandsfeststellung durch den Unternehmer

Bleibt der Besteller einem vereinbarten oder einem vom Unternehmer innerhalb einer angemessenen Frist bestimmten Termin fern, kann der Unternehmer die Zustandsfeststellung auch einseitig vornehmen, § 650g Abs. 2 BGB. Voraussetzung für die einseitige Zustandsfeststellung ist, dass der Besteller dem Treffen ohne triftigen Grund fernbleibt oder den Unternehmer nicht unverzüglich über den Umstand seiner Abwesenheit unterrichtet. Der Termin sollte dem Besteller mindestens eine Woche, bei größeren Bauprojekten bis zu zwei Wochen,[741] im Voraus bekannt gegeben werden.[742] Die Parteien sind damit gehalten, sich über den Termin und den Grund für ein etwaiges Fernbleiben auszutauschen.[743]

Die einseitige Zustandsfeststellung dient nicht dazu, eine gescheiterte gemeinsame Feststellung zu überbrücken. Wenn sich die Parteien zum Zwecke der gemeinsamen Dokumentation treffen, sich aber nicht einigen können, kann der Unternehmer nicht unmittelbar in die einseitige Zustandsfeststellung

738 BT-Drs. 18/8486, S. 61; *Joussen*, in: FS Kainz, S. 371 (373); a.A. *Tschäpe/Werner*, ZfBR 2017, 419 (423).

739 *Jurgeleit*, in: Kniffka/Koeble/Jurgeleit/Sacher, Kompendium des Baurechts, § 650g Rn. 105.

740 *Retzlaff*, in: Palandt, BGB, § 650g Rn. 3; *Joussen*, BauR 2018, 328 (343).

741 *Joussen*, in: FS Kainz, S. 371 (374).

742 *Jurgeleit*, in: Kniffka/Koeble/Jurgeleit/Sacher, Kompendium des Baurechts, § 650g Rn. 105; *Pause/Vogel*, in: Kniffka/Jurgeleit, ibr-online-Kommentar Bauvertragsrecht, § 650g Rn. 14; *Kniffka/Retzlaff*, BauR 2017, 1747 (1826).

743 BT-Drs. 18/8486, S. 59.

übergehen.[744] Der Besteller verstößt gegen Treu und Glauben, wenn er seine Unterschrift im gemeinsamen Termin verweigert. Es steht ihm frei, fotografische Elemente oder seine eigene Beschreibung beizufügen (siehe oben). Dabei handelt es sich aber um eine gemeinsame Zustandsfeststellung, die zumindest in dem übereinstimmenden Teil die Wirkungen des Abs. 3 nach sich zieht.

4. *Modifizierte Gefahrtragung als Rechtsfolge*

Die Zustandsfeststellung bedingt eine modifizierte Gefahrtragung. Der Unternehmer muss bis zur Abnahme die Gefahr für jeden Mangel tragen (§ 644 Abs. 1 BGB), auch wenn er auftritt, nachdem sich das Werk schon im Einflussbereich des Bestellers befindet. Ausnahmsweise geht die Gefahr vorher über, wenn sich der Besteller im Annahmeverzug befindet und die Abnahme zu Unrecht verweigert, § 644 Abs. 1 Satz 2 BGB. Nunmehr wird gemäß § 650g Abs. 3 BGB vermutet, dass ein offenkundiger Mangel nach der Zustandsfeststellung entstanden und vom Besteller zu vertreten ist, wenn ihm das Werk verschafft worden und der Mangel nicht in der Zustandsfeststellung angegeben ist. Die Vermutung gilt nicht, wenn der Mangel nach seiner Art nicht vom Besteller verursacht worden sein kann (Satz 2), was insbesondere für Materialfehler, Ausführungsfehler, Planabweichungen und Verstöße gegen fachliche Regeln gilt.[745] Offenkundig sind Mängel, die im Zeitpunkt der Feststellung bei deren Durchführung ohne weiteres entdeckt werden müssen, wobei es auf die jeweilige Fachkunde des Bestellers ankommt.[746]

Auf die Frage, ob die Abnahme zu Recht oder zu Unrecht verweigert wurde, kommt es für den Gefahrübergang nicht an. Gerade wenn die Parteien einig darüber sind, dass der Unternehmer Mängel beseitigen muss, der Besteller also zu Recht die Abnahme verweigert, nutzt die Dokumentation dem Unternehmer. Schließlich trägt er die Gefahr bis zur Abnahme des Werks. Um zu verhindern, dass er für neue Mängel einstehen muss, die im Stadium der Einflussnahme durch den Besteller entstehen, kreiert die Zustandsfeststellung eine zeitliche und inhaltliche Zäsur. Auf diese Weise kann der Unternehmer leichter nachweisen, dass er nicht für die Mangelhaftigkeit verantwortlich ist.[747] Folglich verlagert die

---

744 So aber *Tschäpe/Werner*, ZfBR 2017, 419 (423); so wie hier *Busche*, in: MüKo, BGB, § 650g Rn. 7; *Joussen*, in: FS Kainz, S. 371 (374); *Kniffka/Retzlaff*, BauR 2017, 1747 (1824).

745 *Retzlaff*, in: Palandt, BGB, § 640 Rn. 6; siehe auch BT-Drs. 18/8486, S. 60; *Messerschmidt*, in: Messerschmidt/Voit, Privates Baurecht, § 650g Rn. 94.

746 BT-Drs. 18/8486, S. 60.

747 *Retzlaff*, in: Palandt, BGB, § 650g Rn. 2.

Vermutungsregelung teilweise auch die Beweislast auf den Besteller zugunsten des Unternehmers.[748]

Über die dargestellte Vermutungsregel und Dokumentation hinaus hat die Zustandsfeststellung keine Wirkungen. Insbesondere ersetzt die Zustandsfeststellung nicht die Abnahme und hat keine sonstigen Ausschlusswirkungen.[749] Vor allem kommt es auch nicht zu einer vollständigen Beweislastumkehr für die Mangelhaftigkeit.

In einem späteren Prozess über die Mangelhaftigkeit des Werks dient die Zustandsfeststellung als Anscheinsbeweis.[750] Nach der Gesetzesbegründung heißt es ausdrücklich, dass dem Besteller auch von Dritten verursachte Mängel zugerechnet werden können, wenn er die Vermutung nicht erschüttern kann.[751]

III. Zustandsfeststellung über ein Wohnobjekt

In sukzessiven voranschreitenden Bauprojekten wie dem Wohnungsbau könnte eine Zustandsfeststellung von großer Relevanz sein. Die Dokumentation ist gerade darauf ausgerichtet, einem späteren Prozess die Sachaufklärung zu erleichtern.[752] Da der Erwerber einer nach dem WEG geteilten Wohnanlage häufig schon dann einzieht, wenn das Gemeinschaftseigentum oder Teile davon nicht abgenommen sind, können Unsicherheiten über die Verantwortung für Mängel entstehen.

Darüber hinaus ist die Motivation des Erwerbers zur Abnahme des Gemeinschaftseigentums nach Einzug in die Wohnung ohnehin gering.[753] Dem Bauträger drohen hingegen häufig Forderungen wegen Verzugsschäden, wenn er die Wohnung nicht zum Bezug übergibt. Wie die Zustandsfeststellung über ein Wohnobjekt verläuft, ist Gegenstand des folgenden Beitrags.

1. *Mitwirkung des Erwerbers*

Voraussetzung der Zustandsfeststellung ist nicht nur im Bauträgervertrag, dass der Erwerber den Zugang überhaupt noch ermöglichen kann. Problematisch

---

748 *Busche*, in: MüKo, BGB, § 650g Rn. 11; *Oberhauser*, in: Dammert/Lenkeit/Pause/Oberhauer/Stretz, Das neue Bauvertragsrecht, § 2 Rn. 154.

749 BT-Drs. 18/8486, S. 59.

750 *Knacke/Schütz*, in: Münchener Prozessformularbuch, Privates Bau- und Architektenrecht, G. II. Rn. 8.

751 BT-Drs. 18/8486, S. 60.

752 BT-Drs. 18/8486, S. 59.

753 Siehe dazu Kap. 3, A., III.

kann dies in mehrgliedrigen Auftragnehmerketten sein. Wenn der Erwerber die Wohnung nicht selbst bezieht, sondern weitervermietet, könnte er nach § 275 Abs. 1 BGB daran gehindert sein, an einer Zustandsfeststellung mitzuwirken.[754] Freilich könnte der weitervermietende Erwerber vom Bauträger dazu verpflichtet werden, zu Dokumentationszwecken einen Zugang beispielsweise im Mietvertrag zu regeln.

2. *Terminierung durch Bauträger*

Wenn der Erwerber im Rahmen der gemeinsamen Ortsbegehung zum Zwecke der Abnahme, die nach dem Bauträgervertrag häufig als förmliche ausgestaltet ist, sich nicht zur Billigung der Leistung bereit erklärt, stellt sich die Frage, ob die Parteien einen weiteren Termin für die Zustandsfeststellung vereinbaren müssen. Eine Dokumentation im unmittelbaren Anschluss an die Verweigerung könnte ausreichen.[755]

Den Termin hat er in diesem Moment schon wahrgenommen. Gleichwohl liegt es in seinem Interesse, die Dokumentation des Bautenstands nicht unverzüglich an die Abnahmeverweigerung zu knüpfen. Um die Abnahme zu verweigern, muss der Besteller nur einen Mangel angeben. In die Zustandsdokumentation sollte er zu seinen eigenen Gunsten aber alle offenkundigen Mängel aufnehmen. Deshalb muss ihm auch dann eine angemessene Frist zur Prüfung der Bausubstanz, die abgenommen werden soll, gewährt werden, wenn er sich mit dem Bauträger vor Ort trifft und dabei die Abnahme unter Angabe eines Mangels, wie es zur Vermeidung der Abnahmefiktion ausreicht, verweigert.

Zur Wahrnehmung des Termins wird der Erwerber, dessen Bauexpertise als Verbraucher für die Beurteilung der Mangelhaftigkeit nicht ausreichen wird, einen Sachverständigen beauftragen. Damit ist absehbar, dass die Zustandsfeststellung ein neues Tätigkeitsfeld für den Sachverständigen darstellt.[756]

3. *(Teil-) Zustandsfeststellung*

Außerdem ist bei der Zustandsfeststellung über ein Wohnobjekt klarzustellen, dass der Zustand auch in Teilen festzustellen sein kann. Ist dies der Fall, bezieht

754 So *Joussen*, in: FS Kainz, S. 371 (379).

755 So *Karczewski*, NZBau 2018, 328 (334); *ders.*, in: Leupertz/Preussner/Sienz, Bauvertragsrecht, § 650u Rn. 91.

756 *Volze*, DS 2018, 260 (261).

sich die Vermutungswirkung nur auf den der Teilabnahme unterliegenden Werkteil.[757] Davon betroffen ist die Bausubstanz, deren Abnahme vorgesehen war.

Zur Zustandsfeststellung über das künftige Sondereigentum kommt es dann, wenn der Erwerber die Wohnung bezieht, bevor er die diesbezüglichen Leistungen abgenommen hat. In der Regel wird der Bauträger zwar darauf beharren, dass es vor Bezug zur Abnahme kommt, im Einzelfall kann aber auch die umgekehrte Reihenfolge eintreten. Verweigert der Erwerber dann die Abnahme unter Angabe von Mängeln, findet eine Feststellung des Zustands über den zum Sondereigentum gehörenden Teil statt.

Das regelmäßig im Anschluss abzunehmende Gemeinschaftseigentum wird häufig bereits zumindest teilweise in Benutzung genommen, sobald die Abnahme in Betracht kommt. Da dieser Bereich den weitaus größeren Teil des Gesamtobjekts ausmacht und der Erwerber häufig mehr Zeit hatte, sich mit der Beschaffenheit auseinanderzusetzen als vor dem Einzug, wird eine diesbezügliche Zustandsfeststellung perspektivisch öfter von Relevanz sein als die Dokumentation über das Sondereigentum.

4. *Bedeutung der Verschaffung*

Daneben erlangt die Neuregelung insofern an Bedeutung, als der dogmatische Gehalt des Verschaffensbegriffs unklar ist. Die Vermutungswirkung tritt nur ein, wenn das Werk dem Besteller verschafft worden ist. Davon ist auszugehen, wenn es im Zeitpunkt der Feststellung endgültig in dessen Einflussbereich übergegangen ist.[758] Stellt man sich auf den Standpunkt, dass ein Verschaffen des Werks den alleinigen Einfluss des Bestellers darauf erfordert, liefe die Regelung in Bezug auf das Gemeinschaftseigentum leer. Am gemeinschaftlichen Eigentum besteht bereits nach der Begriffsbestimmung in § 1 Abs. 2 WEG ein Anteil des jeweiligen Wohnungseigentümers, was keine alleinige Zugriffsmöglichkeit erlaubt. Problematisch könnte dies deshalb sein, weil der Besteller dadurch nicht in gleicher Weise dafür Sorge tragen kann, dass das Werk frei von offenkundigen Mängeln bleibt.

a) *Verschaffung des Sondereigentums*

Was die Bausubstanz des Sondereigentums anbelangt, ist der Gefahrübergang nicht bedenklich. Das Sondereigentum ist als Alleineigentum ausgerichtet,[759]

757 *Busche*, in: MüKo, BGB, § 650g Rn. 11; *Karczewski*, NZBau 2018, 328 (335).
758 *Busche*, in: MüKo, BGB, § 650g Rn. 10; *Retzlaff*, in: Palandt, BGB, § 650g Rn. 6.
759 BGH, Beschl. v. 17.1.1968 – V ZB 9/67, BGHZ 49, 250 (251).

das im alleinigen Einflussbereich des jeweiligen Erwerbers steht und andere von Einwirkungen ausschließt (§ 13 Abs. 1 WEG). Der Sondereigentümer ist Eigenbesitzer (§ 872 BGB). Daher ist es auch interessengerecht, wenn er für offenkundige Mängel einstehen muss, nachdem ihm der Besitz daran übertragen wurde.

b) Verschaffung des gemeinschaftlichen Eigentums

Anders sieht die Besitzlage an der Bausubstanz aus, die zum gemeinschaftlichen Eigentum gehört. Hinsichtlich des Grundstücks und der im Gemeinschaftseigentum stehenden Teile ist der Erwerber Mitbesitzer (§ 866 BGB).[760] Gemeinschaftliches Eigentum zeichnet sich dadurch aus, dass es grundsätzlich gemäß §§ 14, 16 Abs. 1 Satz 3 WEG dem Mitgebrauch aller offensteht.[761] Diese umfassende Gebrauchsbefugnis scheint im Widerspruch zu der Ausgangslage bei der Zustandsfeststellung und der Rechtfertigung für die Vorverlagerung des Gefahrübergangs zu stehen. Der Gesetzesbegründung schwebt die Überlegung vor, dass der Besteller Beeinträchtigungen Dritter eher vermeiden kann, nachdem ihm das Werk verschafft worden ist.[762] Davon kann keine Rede sein, wenn zugleich andere Mitglieder der Wohnungseigentümergemeinschaft auf die Anlage zugreifen und Einfluss nehmen können.

Allerdings handelt es sich bei den anderen Mitgliedern der Wohnungseigentümergemeinschaft nicht um Dritte. Das Rechtsverhältnis von Miteigentümern ist davon geprägt, dass sie gemeinsam Eigentümer des Gemeinschaftseigentums sind und dadurch ein gesetzliches Schuldverhältnis entsteht.[763] Sie bilden eine Miteigentümergemeinschaft, für die besondere, sich aus den §§ 9a ff. WEG ergebende, Regeln in Abgrenzung zu den allgemeinen Regeln über Miteigentümergemeinschaften (§§ 741–758, 1008–1011 BGB) gelten.[764] Daraus folgt insbesondere die Pflicht zur gegenseitigen Rücksichtnahme und zum ordnungsgemäßen Gebrauch.[765] Normativ manifestiert sich das Gebot der Rücksichtnahme zum Beispiel in § 14 Abs. 1 Nr. 2, Abs. 2 WEG, wonach die Eigentümer zum schonenden Gebrauch des Sonder- und Gemeinschaftseigentums verpflichtet sind. Für Mängel jeglicher Art sind außerdem die Wohnungseigentümer gemeinschaftlich im Rahmen der ordnungsgemäßen Verwaltung zuständig

760 BayObLG, Beschl. v. 9.10.1973 – 2 Z 48/73, NJW 1974, 152 (153).
761 BayObLG, Beschl. v. 9.10.1973 – 2 Z 48/73, NJW 1974, 152 (153).
762 BT-Drs. 18/8486, S. 60.
763 *Emmerich*, in: Bärmann/Pick, WEG, § 10 Rn. 17.
764 *Emmerich*, in: Bärmann/Pick, WEG, § 10 Rn. 17.
765 BGH, Urt. v. 8.4.2016 – V ZR 191/15, NJW 2017, 64 (67).

(§ 19 Abs. 2 Nr. 2 WEG). Dadurch wird auch ein entsprechender Anreiz geschaffen, im Interesse der Gesamtheit der Wohnungseigentümer sorgsam mit der Bausubstanz umzugehen.

Aufgrund ihres Beziehungsgeflechts sind die Mitglieder der Eigentümergemeinschaft sich selbst und den anderen gegenüber zur Kooperation verpflichtet. Im Unterschied dazu treffen Außenstehende keine Pflichten gegenüber der Gemeinschaft. Solche, von Dritten außerhalb der Gemeinschaft ausgeübte, Einflüsse kann der jeweilige Erwerber jedenfalls besser abwehren als der Bauträger, der den Besitz übertragen hat. Voraussetzung des Verschaffensbegriffs wird deshalb sein, dass der Bauträger selbst keine Verfügungsgewalt mehr über das gemeinschaftliche Eigentum hat. Daher kommt eine Zustandsfeststellung über das Gemeinschaftseigentum nur dann in Betracht, wenn der Bauträger den Besitz vollständig übertragen hat und mithin jede Wohnung von einem Erwerber in Besitz genommen wurde, also die Schlüsselübergabe stattgefunden hat.

c) Widerlegung der Vermutungswirkung

Die geteilte Verfügungsgewalt fordert zwar zur gegenseitigen Rücksichtnahme auf, versagt es dem Erwerber im Einzelfall aber nicht, die Vermutungswirkung zu entkräften. Schon nach § 650g Abs. 3 Satz 2 BGB greift die Vermutung nicht, wenn der Mangel nach seiner Art ohnehin nicht vom Besteller verursacht werden kann. Dann verbleibt es trotz der zuvor durchgeführten Zustandsfeststellung bei der Haftung des Bauträgers. Das Gleiche gilt, wenn der Erwerber den Beweis dafür antreten kann, dass ein Dritter oder ein anderes Mitglied der Gemeinschaft für den Mangel verantwortlich ist und zumindest nicht er selbst. Die Beschädigungshandlungen Dritter sind dem Erwerber nicht zuzurechnen.[766] Damit sind auch Bewohner derselben Wohnanlage gemeint.

d) Zwischenergebnis zur Bedeutung der Verschaffung

Für den Eintritt der Vermutungswirkung zulasten des Unternehmers ist im Bauträgervertrag erforderlich, aber auch ausreichend, dass der jeweilige Erwerber im Besitz des abzunehmenden Teils ist. Der für das Wohneigentum charakteristische Mitbesitz ändert daran nichts. Zur Verschaffung im Sinne des § 650g Abs. 3 Satz 1 BGB ist die alleinige Verfügungsgewalt über die Sache nicht erforderlich. Es entspricht dem Sinn und Zweck der Regelung, wenn lediglich Dritte außerhalb der Wohnungseigentümergemeinschaft keinen Zugriff ausüben dürfen.

---

766 *Joussen*, in: FS Kainz, S. 371 (377).

5. *Ergebnis*

Aufgrund der Tatsache, dass die Wohnung in der Regel schon bezogen werden kann, bevor die Gesamtanlage fertiggestellt ist, und dem Erwerber damit frühzeitig Teile der Anlage verschafft werden, kommen Zustandsfeststellungen in den zugrundeliegenden Vertragsverhältnissen häufig in Betracht. Wegen der geringen Voraussetzungen an die Verweigerung der Abnahme kann sich die daraufhin erfolgende Zustandsfeststellung mit ihrer Dokumentationsfunktion als sinnvoll erweisen. Unmittelbar im Anschluss an die Abnahmeverweigerung wäre eine gemeinsame Zustandsfeststellung verfrüht. Es bedarf eines zweiten Termins, damit sich der Besteller in ausreichender Zeit mit allen offenkundigen Mängeln auseinandersetzen kann.

In der Teilabnahme kann die Zustandsfeststellung genauso auf die Abnahmeverweigerung folgen wie nach Aufforderung zu einer Gesamtabnahme. Der Spaltung des Abnahmegegenstands auf die eigentumsrechtliche Zuordnung ist es geschuldet, dass Teilzustandsfeststellungen über die dem Sondereigentum und dem Gemeinschaftseigentum gehörenden Bauteile erforderlich sein werden.

Verschafft ist das Gemeinschaftseigentum, sobald der Bauträger keine Zugriffsmöglichkeiten mehr darauf hat. Die Gefahr der Verschlechterung geht vom Unternehmer auf den Besteller über, obgleich dieser nicht alleine, sondern gemeinsam mit den Mitgliedern der Wohnungseigentümergemeinschaft über die Sache verfügt.

IV. Fazit

Wenn der Erwerber die Abnahme verweigert, steht der Bauträger nicht vollkommen hilflos da. Seine Rechte ergeben sich sowohl aus dem allgemeinen Leistungsstörungsrecht als auch aus dem Werkvertragsrecht.

Erste Einschätzungen stufen die Chancen der Zustandsfeststellung, zu einer übereinstimmenden Lösung beizutragen, als gering ein.[767] Tatsächlich kann auch eine Zustandsdokumentation das der Abnahme innewohnende Blockadepotenzial nicht beheben. Zur Rechtssicherheit und -klarheit zwischen den Parteien kann sie trotzdem beitragen. Indem auf die Abgrenzung von rechtmäßiger und rechtswidriger Verweigerung verzichtet wird, bleibt mehr Raum, um sich der eigentlichen Streitursache zuzuwenden und Beschaffenheitsabweichungen mit der Aussicht auf eine einverständliche Klärung zu eruieren.

---

767 *Messerschmidt*, in: ders./Voit, Privates Baurecht, § 650g Rn. 85; *Peters*, in: Staudinger, (2019), § 650g Rn. 1; vgl. aber *Breitling*, NZBau 2017, 393 (396).

V. Zusammenfassung Kapitel 5

1. Wenn der Erwerber die Abnahme verweigert, kann der Bauträger die Abnahmewirkungen zwar nicht ohne ein entsprechendes Urteil erreichen. Zu seinen Gunsten treten aber bei unberechtigter Abnahmeverweigerung die Folgen des Annahme- und unter Umständen sogar des Schuldnerverzugs ein. In Ausnahmefällen bleibt dem Werkunternehmer außerdem die Rechtsprechung zur endgültigen und ausdrücklichen Abnahmeverweigerung, sodass zumindest der Vergütungsanspruch fällig wird und die Verjährungsfrist für Mängelansprüche beginnt.
2. Der Gesetzgeber hat es in der Bauvertragsreform mit Einführung der Zustandsfeststellung unternommen, die Gefahrtragungslast des Unternehmers in Fällen der Abnahmeverweigerung abzumildern. Nachdem der Besteller die Abnahme unter Angabe mindestens eines Mangels verweigert hat, kann der Unternehmer die gemeinsame Dokumentation des bestehenden Bauobjekts verlangen und bei mangelnder Kooperation sogar selbst durchführen. Verschafft er dem Besteller außerdem das Werk, wird nunmehr vermutet, dass ein offenkundiger Mangel nach der Zustandsfeststellung entstanden und vom Besteller zu vertreten ist, sofern der Mangel nicht in der Zustandsfeststellung angegeben wurde. Die Vermutung gilt nicht, wenn der Mangel nach seiner Art nicht vom Besteller verursacht worden sein kann.
3. In der Teilabnahme kann die Zustandsfeststellung genauso auf die Abnahmeverweigerung folgen wie nach Aufforderung zu einer Gesamtabnahme. Begrenzt ist dann entsprechend der Aufspaltung des Abnahmegegenstands auch der Inhalt der Haftungsbeschränkung.
4. Der Eintritt der Vermutung über die Gefahrtragung für offenkundige Mängel setzt voraus, dass das Werk dem Besteller verschafft worden ist. Die Sache muss dafür endgültig in den Einflussbereich des Erwerbers übergegangen sein, ohne dass es auf seine alleinige Verfügungsgewalt frei von den Einflüssen anderer Mitglieder der Wohnungseigentümergemeinschaft ankommt. Dem Bauträger darf jedenfalls keine Herrschaft mehr zugesprochen werden, sodass es zu einer Modifizierung der Gefahrtragungsregel erst kommen kann, wenn er alle Wohnungen veräußert hat.

Schlussbetrachtung und Zusammenfassung der wesentlichen Ergebnisse

A. Kernaussagen der Arbeit

Die Abnahme beim Erwerb neuen Wohnraums vom Bauträger zeichnet sich vor allem durch vier Komponenten aus, die den Abnahmegegenstand, die Zuständigkeit, die fingierte Abnahme sowie die Kehrseite des Abnahmeprozesses namentlich in der verweigerten Abnahme umschließen. Das mit der Reform eingeführte gesetzgeberische Konzept enthält vor allem für die Fälle Fortentwicklungen, in denen sich der Erwerber nicht zur Abnahme erklärt oder sie gar verweigert. Über die Umsetzung im Bauträgervertrag leistet diese Arbeit einen Beitrag, der künftige Diskussionen anstoßen soll.

Den Gegenstand und die Zuständigkeit betreffend ist die Rechtslage nach der Novellierung gleich geblieben. Die diesbezügliche Untätigkeit des Gesetzgebers darf nicht darüber hinwegtäuschen, dass Reformbedarf zum Teil weiterhin besteht. Von der Rechtspraxis und mittlerweile auch dem BMJV als besonders kritikwürdig enttarnt ist und bleibt auch nach der Gesetzesänderung die Abnahme des Gemeinschaftseigentums. Das hier verfolgte Lösungskonzept verbürgt gegenüber den Vorschlägen der Gestaltungspraxis und den Bemühungen auf Gemeinschaftsebene einen Zuwachs an Rechtssicherheit und wahrt die Interessen der Vertragsparteien gleichermaßen.

Zusammenfassend sind die Kernaussagen der Arbeit ausgehend von den vier Komponenten wie folgt:

1. Der Abnahmegegenstand beim Erwerb neuen Wohnraums vom Bauträger ist angelehnt an praktische Bedürfnisse ein Teil der Gesamtleistung, der sich entlang der Einordnung in Gemeinschafts- und Sondereigentum aufgliedert. Die Frage nach der Teilabnahmefähigkeit richtet sich allein nach der Vereinbarung der Vertragsparteien und nicht nach objektiven Kriterien. Unter Rückgriff auf die Gliederungsstruktur des WEG überwinden die Parteien dabei auftretende Abgrenzungsschwierigkeiten. Dabei kann dem Erwerber nicht abverlangt werden, dass er die Abgrenzungsstruktur bis ins Detail verinnerlicht. Sowohl objektbezogene Formulierungen in der Baubeschreibung als auch zahlreiche Entscheidungen der Rechtsprechung verleihen der Eigentumszuordnung die notwendigen Konturen. Außerhalb der eigenen

Wohneinheit sind Zugangshindernisse zum Gemeinschaftseigentum innerhalb der Wohneinheit eines anderen Erwerbers über vertragliche Gestaltungen zu lösen.

2. Von den typischen Risiken des Bauträgers ausgehend erfordert eine interessengerechte Vertragsabwicklung die Vereinheitlichung der Abnahme des gemeinschaftlichen Eigentums. Mit den Mitteln de lege lata können die Parteien keine tragfähige und angemessene Lösung finden. Klauseln im Bauträgervertrag sind durch AGB-Kontrollen enge Grenzen gesetzt. Im Anschluss an eine unwirksame Vertragsgestaltung führen Erwägungen zu konkludentem Verhalten ebenso wenig weiter. Der Wohnungseigentümergemeinschaft fehlt es an der notwendigen Kompetenz, um die Abnahme für die Erwerber zu erklären. Dogmatisch korrekt wäre es zwar, den Nachzüglervertrag als Kaufvertrag zu qualifizieren, damit kann das Ziel einer Risikoverringerung für den Bauträger aber nicht verwirklicht werden. Eine sachgerechte Lösung, die sich vor allem mit der Haftungsverlängerung beschäftigt, kann dem geltenden Recht nicht entnommen werden. Die Abnahme als Dreh- und Angelpunkt des Werkvertragsrechts verträgt sich mit solchen Unwägbarkeiten nicht. Aus diesen Gründen drängt eine rechtssichere und -klare Regelung der Thematik durch den Gesetzgeber.
   Als ausgewogener und zielorientierter, dabei gleichzeitig die Interessen der Erwerber am geringsten beschränkender Weg bedarf es einer gesetzlichen Ermöglichung zur Verkürzung der Verjährungsfrist für Nachzügler in Anknüpfung an die Abnahmen der Miterwerber. Der Grundsatz der Einzelabnahme durch jeden Erwerber ist aufrechtzuerhalten. Andere Vorschläge zur obligatorischen oder fakultativen Vergemeinschaftung sowie zur Ersetzung der Abnahme durch eine Zustandsfeststellung überzeugen nicht. Die Eingriffsintensität in die Privatautonomie und das Recht des Erwerbers, selbst über die Vertragsgemäßheit zu entscheiden, ist nicht gerechtfertigt. Dem Erwerber wird die Möglichkeit genommen, einen seinem Interesse entsprechenden Einfluss auf das Abnahmeprozedere zu nehmen und sich selbst von der Vertragsgemäßheit der Leistung zu überzeugen. Einer solchen Einschränkung bedarf es nicht. Die graduelle und kontrollierte Anpassung der Verjährungsfrist ist das vergleichsweise mildeste Mittel zur Vereinheitlichung der Abnahme.
3. Mit der reformierten Abnahmefiktion steht dem Werkunternehmer ein Instrument zu, das Fälle passiven Verhaltens durch den Besteller selbst bei fehlender Abnahmereife überwindet. Wenn die Parteien, wie im Bauträgervertrag üblich, eine Teilabnahme vereinbaren, steht der diesem Bereich zugrundeliegende Teil der Abnahmefiktion offen. Da der Erwerber in

Bauträgerkonstellationen regelmäßig als Verbraucher handelt, sind allerdings der Situation geschuldete erweiterte Hinweise durch den Bauträger zu erteilen. Vertraglichen Änderungen der Fiktionsvoraussetzungen sind im Wesentlichen angesichts der Leitbildfunktion der Norm enge Grenzen gesetzt, die keine nennenswerten Gestaltungsspielräume erlauben.

4. Neben die bekannten Mechanismen zum Umgang mit einer verweigerten Abnahme tritt seit der Bauvertragsreform die Zustandsfeststellung. Im Anschluss daran fällt die Gefahrtragungslast des Unternehmers unter Verzicht auf die Frage nach der Abnahmeberechtigung milder aus, als es die Ausgangsregelung des § 644 BGB vorsieht. Der Spaltung des Abnahmegegenstands anhand der eigentumsrechtlichen Zuordnung ist es geschuldet, dass Teilzustandsfeststellungen über die dem Sondereigentum und dem Gemeinschaftseigentum gehörenden Bauteile erforderlich sein werden. Verschafft ist das Werk dem Erwerber im Sinne des § 650g Abs. 3 Satz 1 BGB, wenn der Bauträger seine Verfügungsgewalt über die Wohnanlage so auf den Erwerber übertragen hat, dass er selbst nicht mehr darauf zugreifen kann. Alleinige Herrschaftsgewalt, die dem Einzelnen unabhängig von den Miteigentümern zusteht, muss der Bauträger nicht vermitteln.

B. Ausblick

Die Bedeutung des Bauträgervertrags als Möglichkeit der Wohnraumbeschaffung ist auch künftig ungebrochen. Anhaltende Niedrigzinspolitik, Nachholbedarf bei Sozial- und Studentenwohnungen sowie erhöhter Wohnraumbedarf infolge der Flüchtlingskrise sind Faktoren, die auch in den kommenden Jahren regionale Wohnraumengpässe schüren.

Hinzu kommt das in der Gesellschaft wachsende Bewusstsein für ökologisches und ressourcenschonendes Bauen. Vertikale Stadtplanung mag politisch umstritten sein, für die Umwelt sind Konzepte mit einem geringen Flächenverbrauch jedenfalls schonender. Es liegt daher nahe, dass auch vor diesem Hintergrund das Bauträgermodell in künftigen Debatten über die Wohnungsnot eine bedeutende Rolle spielen wird.

In der systematischen Fortschreibung des Bauvertragsrechts ist die Abnahme beim Erwerb neuen Wohnraums vom Bauträger ein wichtiges Puzzleteil, das dem Entwicklungspotenzial des reformierten Bauvertragsrechts offensteht. Trotz anhaltender Kritik an dem Abnahmeinstitut[768] leitet sie seit jeher und wohl auch

768 Zuletzt insbesondere durch *Muffler*, BauR 2020, 703.

künftig die Ausgestaltung des Werkvertragsrechts. Reformüberlegungen entlang realpolitischer Bedürfnisse sind mit dem hier vorgeschlagenen Ansatz nicht zu Ende, sollen aber zumindest zur künftigen Entwicklung beitragen. Nun ist der Gesetzgeber am Zug, bestehende Dissonanzen um die Abnahme von neuem Wohnraum aufzulösen.

Literatur

Arbeitskreis V – Bauträgerrecht, 5. Deutscher Baugerichtstag, BauR 2014, S. 1617–1634.

Bachem, Eberhard/Bürger, Andreas, Die Neuregelung zur Abnahmefiktion im Werkvertragsrecht, NJW 2018, S. 118–122.

Bärmann, Johannes, Die Eigenwohnung, DNotZ 1950, S. 238–268.

ders., Zur Theorie des Wohnungseigentumsrechts, NJW 1989, S. 1057–1064.

ders. (Begr.), WEG Gesetz über das Wohnungseigentum und das Dauerwohnrecht (Wohnungseigentumsgesetz) Kommentar (hrsg. v. Armbrüster, Christian/Becker, Matthias/Merle, Werner/Roth, Gerald/Schneider, Wolfgang/Suilmann, Martin), 14. Auflage, München 2018 (zit.: *Bearbeiter*, in: Bärmann, WEG).

ders./Pick, Eckhart (Begr.), WEG Wohnungseigentumsgesetz Kommentar (hrsg. v. Emmerich, Jost/Dötsch, Wolfgang/Baer, Ron), 20. Auflage, München 2020 (zit.: *Bearbeiter*, in: Bärmann/Pick, WEG).

Bärmann, Johannes/Seuß, Hanns (Begr.), Praxis des Wohnungseigentums (hrsg. v. Drasdo, Michael), 7. Auflage, München 2017 (zit.: *Bearbeiter*, in: Bärmann/Seuß, Praxis des Wohnungseigentums).

Basty, Gregor, Der Bauträgervertrag, 10. Auflage, Köln 2020.

ders., Die Nachzüglerproblematik beim Bauträgervertrag, BauR 2012, S. 316–326.

ders., Zur Abnahme des Gemeinschaftseigentums, in: Merle, Werner/Krüger, Wolfgang/Krämer, Achim/Kreuzer, Heinrich (Hrsg.), Festschrift für Joachim Wenzel zum 65. Geburtstag, Köln 2005, S. 103–121 (zit.: *Basty*, in: FS Wenzel).

BeckOGK → siehe unter *Gsell, Beate.*

BeckOK BGB → siehe unter *Hau, Wolfgang/Poseck, Roman.*

BeckOK WEG → siehe unter *Hogenschurz, Johannes.*

Blank, Manfred, Die rechtliche Einordnung des Veräußerungsvertrages über ein bereits hergestelltes Gebäude, in: Kniffka, Rolf/Quack, Friedrich/Vogel, Thomas/Wagner, Klaus-R. (Hrsg.), Festschrift für Prof. Dr. Reinhold Thode zum 65. Geburtstag, München 2005, S. 233–242 (zit.: *Blank*, in: FS Thode).

ders., Bauträgervertrag, 5. Auflage, Köln 2015.

BGB-RGRK → siehe unter Mitglieder des Bundesgerichtshofs.

Böggering, Peter, Die Abnahme beim Werkvertrag, JuS 1978, S. 512–519.

Brambring, Günter, Sachmängelhaftung beim Bauträgervertrag und bei ähnlichen Verträgen, NJW 1987, S. 97–105.

ders., Schuldrechtsreform und Grundstückskaufvertrag, DNotZ 2001, S. 904–910.

Breitling, Tobias, Abnahme und Zustandsfeststellung nach neuem Recht, NZBau 2017, S. 393–396.

Bühl, Helmut, Die Abnahme der Bauleistungen bei der Errichtung einer Eigentumswohnungsanlage, BauR 1984, S. 237–245.

Bundesnotarkammer, Die Bundesnotarkammer im Jahre 2015, DNotZ 2016, S. 561–573.

Caemmerer, Ernst von, Das Problem der überholenden Kausalität im Schadensersatzrecht, Karlsruhe 1962.

Cziupka, Johannes, Individuelle vs. kollektive Abnahme des Gemeinschaftseigentums in Nachzüglerfällen, NotBZ 2016, S. 361–369.

Damman, Jens/Ruzik, Andy, Vereinbarung der VOB/B ohne inhaltliche Abweichungen i. S. des § 310 I 3 BGB, NZBau 2013, S. 265–269.

Dammert, Bernd/Lenkeit, Olaf/Oberhauser, Iris/Pause, Hans-Egon/Stretz, Anna, Das neue Bauvertragsrecht, München 2017 (zit.: *Bearbeiter*, in: Dammert/Lenkeit/Oberhauser/Pause/Stretz, Das neue Bauvertragsrecht).

Deckert, Wolf-Dieter, Geltendmachung von Baumängelgewährleistungsansprüchen am Gemeinschaftseigentum einer Eigentumswohnanlage, NJW 1975, S. 854–859.

Derleder, Peter, Der Bauträgervertrag nach der Schuldrechtsmodernisierung, NZBau 2004, S. 237–244.

Dören, Achim, Die rechtliche Einordnung des Bauträgervertrags nach der Schuldrechtsmodernisierung: Werkvertrag, ZfIR 2003, S. 497–503.

Dötsch, Wolfgang, Abnahme des Gemeinschaftseigentums, NZM 2017, S. 832–837.

Eichhorn, Klaus, Abnahme des Gemeinschaftseigentums, ZfIR 2019, S. 789–793.

Elzer, Oliver, Abnahme des gemeinschaftlichen Eigentums durch den Verwalter, ZWE 2017, S. 113–117.

ders., Abnahme des gemeinschaftlichen Eigentums: Was gilt vor dem Hintergrund der neuesten BGH-Rechtsprechung für Bestimmungen in Bauträgervertrag und/oder Gemeinschaftsordnung?, DNotZ 2017, S. 163–171.

Emmerich, Jost, Instandsetzung an der Grenze von Gemeinschafts- und Sondereigentum, ZWE 2017, S. 161–167.

Erman, Walter (Begr.), BGB Handkommentar zum Bürgerlichen Gesetzbuch (hrsg. v. Westermann, Harm Peter/Grunewald, Barbara/Maier-Reimer, Georg), 15. Auflage, Köln 2017 (zit.: *Bearbeiter*, in: Erman, BGB).

Fischer-Dieskau, Joachim, Einführung in die Wohnungs- und Siedlungspolitik, Grundlagen und Hauptprobleme, Berlin/Leipzig 1938.

Fuchs, Heiko, Regelung des Architekten- und Ingenieurvertrags, NZBau 2015, S. 675–684.

Ganten, Hans/Jansen, Günther/Voit, Wolfgang (Hrsg.), Beck'scher VOB-Kommentar, B. Allgemeine Vertragsbedingungen für die Ausführung von Bauleistungen, 3. Auflage, München 2013 (zit.: *Bearbeiter*, in: Ganten/Jansen/Voit, VOB/B).

Gerlach, Jens/Manzke, Simon, Kaufrecht und Werkvertragsrecht – ein systematischer Vergleich, JuS 2019, S. 426–431.

Glöckner, Jochen, Bauträgervertrag und Transparenz, in: Kniffka, Rolf/Locher, Ulrich (Hrsg.), Festschrift für Wolfgang Koeble zum 65. Geburtstag, München 2010, S. 271–295 (zit.: *Glöckner*, in: FS Koeble).

ders., BGB-Novelle zur Reform des Bauvertragsrechts als Grundlage effektiven Verbraucherschutzes – Teil 1, VuR 2016, S. 123–132.

Grziwotz, Herbert, Waffengleichheit im Bauträgervertrag?, in: Kniffka, Rolf/Quack, Friedrich/Vogel, Thomas/Wagner, Klaus-R. (Hrsg.), Festschrift für Prof. Dr. Reinhold Thode zum 65. Geburtstag, München 2005, S. 243–258 (zit.: *Grziwotz*, in: FS Thode).

ders., Der Bauträgervertrag – Finanzierungsinstrument für Banken mit immer weniger Verbraucherschutz?, NZBau 2019, S. 218–225.

ders./Koeble, Wolfgang, Handbuch Bauträgervertrag, München 2004.

Gsell, Beate/Krüger, Wolfgang/Lorenz, Stephan/Reymann, Christoph (Hrsg.), beck-online. GROSSKOMMENTAR BGB, Stand 15.08.2021 (zit.: *Bearbeiter*, in: BeckOGK).

Hau, Wolfgang/Poseck, Roman (Hrsg.), Beck'scher Online Kommentar BGB, 59. Edition, Stand: 1.8.2021, München 2021 (zit.: *Bearbeiter*, in: BeckOK BGB).

Häublein, Martin, Die Gestaltung der Abnahme gemeinschaftlichen Eigentums beim Erwerb neu errichteter Eigentumswohnungen, DNotZ 2002, S. 608–630.

ders., Störfall Nachzügler, in: Bauträgerhaftung, Konsequenzen der aktuellen Rechtsprechung, Partner im Gespräch 104, 16. Weimarer Baurechtstage (hrsg. v. Evangelischen Bundesverband für Immobilienwesen in Wissenschaft und Praxis), München 2017, S. 17–29 (zit.: *Häublein*, in: Bauträgerhaftung, Partner im Gespräch 104).

Heimstättenarbeit in Westphalen siehe unter *Seraphim, Hans-Jürgen.*

Herrler, Sebastian (Hrsg.), Münchener Vertragshandbuch, Band 6. Bürgerliches Recht II, 8. Auflage, München 2020 (zit.: *Bearbeiter*, in: Münchener Vertragshandbuch).

Hertel, Christian, Werkvertrag und Bauträgervertrag nach der Schuldrechtsreform, DNotZ 2002, S. 6–23.

Hildebrandt, Thomas, Die rechtliche Einordnung des Bauträgervertrages nach der Schuldrechtsmodernisierung: Kaufvertrag, ZfIR 2003, S. 489–496.

ders., Aufgedrängte Abnahme – Keine Abnahme gegen den Willen des Auftragnehmers vor Fertigstellung des Werkes, BauR 2005, S. 788–792.

Hofmann, Christian/Joneleit, Hendrike, Veräußerung bebauter Grundstücke: Rückkehr zu dogmatischen Abgrenzungskriterien, NZBau 2003, S. 641–645.

Hogenschurz, Johannes, Die Abnahme des Gemeinschaftseigentums, MDR 2012, S. 386–390.

ders., Beck'scher Online Kommentar WEG, 45. Edition, Stand: 1.7.2021, München 2021 (zit.: *Bearbeiter*, in: BeckOK WEG).

Hügel, Stefan, Die Abnahme des Gemeinschaftseigentums und die Verfolgung von Mängelrechten durch die Wohnungseigentümergemeinschaft, in: Wachter, Thomas (Hrsg.), Festschrift für Sebastian Spiegelberger zum 70. Geburtstag, S. 1218–1233, Bonn 2009 (zit.: *Hügel*, in: FS Spiegelberger).

Hügel, Stefan/Elzer, Oliver, Wohnungseigentumsgesetz, 3. Auflage, München 2021 (zit.: *Hügel/Elzer*, in: WEG).

Ingenstau, Heinz/Korbion, Hermann (Begr.), VOB Teile A und B Kommentar, hrsg. v. Leupertz, Stefan/ v. Wietersheim, Mark, 21. Auflage, Köln 2020 (zit.: *Bearbeiter*, in: Ingenstau/Korbion, VOB/B).

Jagenburg, Walter, Die Rechtsprechung zum privaten Bau- und Bauvertragsrecht im Jahre 1973, NJW 1974, S. 2264–2273.

Jakobs, H. H., Die Abnahme beim Werkvertrag, AcP 183 (1983), S. 145–188.

Jauernig, Othmar (Begr.), Bürgerliches Gesetzbuch, Kommentar (hrsg. v. Stürner, Rolf), 17. Auflage, München 2018 (zit.: *Bearbeiter*, in: Jauernig, BGB).

Joussen, Edgar, Fiktive Abnahme und Zustandsfeststellung nach neuem Recht, BauR 2018, S. 328–350.

ders., Reichweite und Folgen der Zustandsfeststellung gemäß § 650g BGB, in: Motzke, Gerd/Englert, Klaus/Neumeister, Achim (Hrsg.): Baurecht – eine anspruchsvolle Realwissenschaft, Festschrift für Dieter Kainz, Köln 2019, S. 371–383 (zit.: *Joussen*, in: FS Kainz).

Kanzleiter, Rainer, Das Gesetz zur Änderung des § 313 BGB, DNotZ 1973, S. 519–526.

ders., Vertragsfreiheit und Bauträgervertrag nach der Schuldrechtsreform, DNotZ 2006, S. 246–252.

ders., Bundesnotarkammer und Verbraucherschutz – Die Schaffung der Makler- und Bauträgerverordnung 1974/1975, DNotZ Sonderheft 2011, S. 89–102.

Kapellmann, Klaus, Die Durchsetzung der Gewährleistungsansprüche nach dem Erwerb von Wohnungseigentum, MDR 1973, S. 1–4.

ders., In sich abgeschlossene Teile der Leistung gemäß VOB/B, in: Kniffka, Rolf/Quack, Friedrich/ Vogel, Thomas/Wagner, Klaus-R. (Hrsg.), Festschrift für Prof. Reinhold Thode zum 65. Geburtstag, München 2005, S. 29–41 (zit.: *Kapellmann*, in: FS Thode).

Kapellmann, Klaus Dieter/Messerschmidt, Burkhard (Hrsg.), VOB Teile A und B, 7. Auflage, München 2020 (zit.: *Bearbeiter*, in: Kapellmann/Messerschmidt, VOB/B).

Karczewski, Thomas, Der neue alte Bauträgervertrag, NZBau 2018, S. 328–338.

ders., Reform des Bauträgerrechts – Anmerkungen zum Bericht der BMJV-Arbeitsgruppe, NZBau 2020, S. 349–354.

Kersten, Fritz/Bühling, Selmar (Begr./Hrsg.), Formularbuch und Praxis der Freiwilligen Gerichtsbarkeit, 26. Auflage, Köln 2019 (zit.: *Bearbeiter*, in: Kersten/ Bühling, Formularbuch).

Kiesel, Helmut, Das Gesetz zur Beschleunigung fälliger Zahlungen, NJW 2000, S. 1673–1682.

Kleine-Möller, Nils/Merl, Heinrich/Glöckner, Jochen, Handbuch des privaten Baurechts, 6. Auflage, München 2019 (zit.: *Bearbeiter*, in: Kleine-Möller/ Merl/Glöckner, Handbuch des privaten Baurechts).

Kniffka, Rolf, Das Gesetz zur Beschleunigung fälliger Zahlungen, ZfBR 2000, S. 227–239.

ders., Die gemeinschaftliche Durchsetzung der Rechte wegen Mängeln am Gemeinschaftseigentum, in: Jochem, Rudolf (Hrsg.), Rechtshandbuch des ganzheitlichen Bauens, Festschrift für Hans Ganten, Wiesbaden 2007, S. 125–138 (zit.: *Kniffka*, in: FS Ganten).

ders./Jurgeleit, Andreas, ibr-online-Kommentar, Bauvertragsrecht, Stand: 10.8.2021 (zit.: *Bearbeiter*, in: Kniffka/Jurgeleit, ibr-online-Kommentar Bauvertragsrecht).

ders./Koeble, Wolfgang/Jurgeleit, Andreas/Sacher, Dagmar (Hrsg.), Kompendium des Baurechts, 5. Auflage, München 2020 (zit.: *Bearbeiter*, in: Kniffka/Koeble/ Jurgeleit/Sacher, Kompendium des Baurechts).

ders./Retzlaff, Björn, Das neue Recht nach dem Gesetz zur Reform des Bauvertragsrechts, zur Änderung der kaufrechtlichen Mängelhaftung und zur Stärkung des zivilprozessualen Rechtsschutzes (BauVG), BauR 2017, S. 1747–1900.

Koeble, Wolfgang (Hrsg.), Münchener Prozessformularbuch, Band 2, Privates Bau- und Architektenrecht, 5. Auflage, München 2018 (zit.: *Bearbeiter*, in: Münchener Prozessformularbuch, Privates Bau- und Architektenrecht).

Kögl, Michael, Die Abnahme des Gemeinschaftseigentums bei Wohnungseigentum – ein unlösbares Problem? in: Motzke, Gerd/Englert, Klaus/ Neumeister, Achim (Hrsg.), Baurecht – eine anspruchsvolle Realwissenschaft, Festschrift für Dieter Kainz, Köln 2019, S. 385–398 (zit.: *Kögl*, in: FS Kainz).

Köhler, Helmut, Zur Rechtsnatur der Mängelhaftung bei der Veräußerung neuerrichteter Bauwerke, NJW 1984, S. 1321–1324.

Krick, Rainer, Die Abnahme des Gemeinschaftseigentums, MittBayNot 2014, S. 401–411.

ders./Sagmeister, Holger M., Die Baubeschreibung in Bauträgerverträgen, MittBayNot 2014, S. 205–211.

Kuhn, Christian, Das künftige Recht der Architekten und Ingenieure auf Teilabnahme nach § 650r BGB-E, ZfBR 2017, S. 211–219.

Leinemann, Ralf, Das neue Bauvertragsrecht und seine praktischen Folgen, NJW 2017, S. 3113–3119.

Leupertz, Stefan, Baustofflieferung und Baustoffhandel: Im juristischen Niemandsland, BauR 2006, S. 1648–1655.

ders., Die „Abnahme“ des Gemeinschaftseigentums, BauR 2020, S. 380–387.

ders./Preussner, Mathias/Sienz, Christian, Bauvertragsrecht, 2. Auflage, München 2021 (zit.: *Bearbeiter*, in: Leupertz/Preussner/Sienz, Bauvertragsrecht).

Lieder, Jan, Entstehung der Wohnungseigentümergemeinschaft und Ausübung von Mängelrechten, DNotZ 2018, S. 177–207.

Locher, Horst, Baubetreuungsrecht, Düsseldorf 1973.

ders./Koeble, Wolfgang, Baubetreuungs- und Bauträgerrecht, 4. Auflage, Düsseldorf 1985 (zit.: *Locher/Koeble*, Baubetreuungs- und Bauträgerrecht).

Lotz, Burkard, Die Abnahme und das WEG – Die Besonderheiten, BauR 2008, S. 740–749.

Marcks, Peter, Makler-Bauträgerverordnung mit § 34c GewO und MaBVwV, Kommentar, 10. Auflage, München 2019.

Mitglieder des Bundesgerichtshofs (Hrsg.), Das Bürgerliche Gesetzbuch mit besonderer Berücksichtigung der Rechtsprechung des Reichsgerichts und des Bundesgerichtshofs Kommentar, 12. Auflage, Berlin 1978 (zit.: *Bearbeiter*, in: BGB-RGRK).

Messerschmidt, Burkhard/Voit, Wolfgang, Privates Baurecht, 3. Auflage, München 2018 (zit.: *Bearbeiter*, in: Messerschmidt/Voit, Privates Baurecht).

Messerschmidt, Burkhard/Leidig, Alexander, Rechtsfolgen unwirksamer Abnahmeklauseln zum Gemeinschaftseigentum in notariellen Bauträgerverträgen, BauR 2014, S. 1–10.

Motive zu dem Entwurfe eines Bürgerlichen Gesetzbuches für das Deutsche Reich, Band II. Recht der Schuldverhältnisse, Berlin/Leipzig 1888 (zit.: Mot. II).

Motzke, Gerd, Abschlagszahlung, Abnahme, Gutachterverfahren nach dem Beschleunigungsgesetz, NZBau 2000, S. 489–501.

ders., Der Geltungsverlust der VOB/B – Überlegungen zur Einschränkung einer isolierten Klauselkontrolle bei Abweichungen von der VOB/B, NZBau 2009, S. 579–583.

ders., Hintergründe und Rechtsfolgen zweier unterschiedlicher Bauvertrag-Legaldefinitionen, NZBau 2017, S. 515–520.

Muffler, Joachim, Ein Plädoyer zur Abschaffung der Abnahme im Werkvertragsrecht, BauR 2020, S. 730–711.

MüKo BGB siehe unter *Säcker, Franz Jürgen.*

Münchener Vertragshandbuch, Band 6 siehe unter *Herrler, Sebastian.*

Münchener Prozessformularbuch, Band 2 siehe unter *Koeble, Wolfgang.*

Oefele, Helmut von, Abnahmeregelung für das Gemeinschaftseigentum im Bauträgervertrag nach der WEG-Novelle, DNotZ 2011, S. 249–263.

Omlor, Sebastian, Der neue Verbraucherbauvertrag, NJW 2018, S. 817–822.

Ott, Andreas, Die Auswirkungen der Schuldrechtsreform auf Bauträgerverträge und andere aktuelle Fragen des Bauträgerrechts, NZBau 2003, S. 233–242.

ders., Die Abnahme des Gemeinschaftseigentums vom Bauträger, ZWE 2013, S. 253–257.

ders., Ausübung von Mängelrechten aus Bauträgerverträgen durch die Gemeinschaft, ZWE 2017, S. 106–112.

Rapp, Manfred, Abnahme und Gewährleistung bezüglich des Gemeinschaftseigentums, MittBayNot 2012, S. 169–179.

Palandt, Otto (Begr.), Bürgerliches Gesetzbuch, 80. Auflage, München 2021 (zit.: *Bearbeiter*, in: Palandt, BGB/WEG).

Paulick, Heinz, Zur Dogmatik des Wohnungseigentums nach dem Wohnungseigentumsgesetz vom 15. März 1951, AcP 152 (1952/53), S. 420–432.

Pauly, Holger, Zur Notwendigkeit rechtsgeschäftlichen Erklärungsbewusstseins bei der Abnahme von Gemeinschaftseigentum, ZWE 2011, S. 349–352.

ders., Zur „Vergemeinschaftung der Abnahme" von Wohnungseigentum – Neue Rechtsentwicklung in der Schnittmenge zwischen Bau- und Wohnungseigentumsrecht?, ZfBR 2013, S. 3–6.

ders., Die Abnahme gemeinschaftlichen Eigentums und die anschließende Rechtsverfolgung von Mängelansprüchen im Spiegel der Rechtsprechung, ZfBR 2014, S. 523–528.

ders., Die Abnahme beim BGB-Bauvertrag – Grundlegendes und Aktuelles, ZfIR 2019, S. 553–559.

Pause, Hans-Egon, Auswirkungen der Schuldrechtsmodernisierung auf den Bauträgervertrag, NZBau 2002, S. 648–655.

ders., Unbegrenzte Vergemeinschaftung der Erwerberrechte aus dem Bauträgervertrag?, BauR 2012, S. 305–315.

ders., Bauträgerverträge – Strukturelle Probleme und unzulässige Klauseln, ZfIR 2014, S. 127–134.

ders., Verbraucherbaurecht und Bauträgerrecht – zugleich ein Ausblick auf weitere Entwicklungen im Gesetzgebungsverfahren, BauR 2017, S. 430–442.

ders., Bauträgerkauf und Baumodelle, 6. Auflage, München 2018 (zit.: *Pause*, Bauträgerkauf).

ders./Vogel, Olrik, Die Folgen einer unwirksamen Abnahmeklausel im Bauträgervertrag, BauR 2014, S. 764–772.

dies., Vorschläge zum Verbraucherbau- und zum Bauträgervertrag, NZBau 2015, S. 667–675.

Peters, Frank, Zur werkvertraglichen Abnahme, BauR 2013, S. 381–389.

Popescu, Paul, Zur Vergemeinschaftung der gemeinschaftsbezogenen Abnahme, ZWE 2014, S. 109–114.

Reithmann, Christoph, Zur Entwicklung des Bauträgerrechts, WM 1986, S. 377–382.

ders. (Begr.)/*Terbrack, Christoph* (Hrsg.), Kauf vom Bauträger, 8. Auflage, Köln 2018 (zit.: *Bearbeiter*, in: Reithmann/Terbrack, Kauf vom Bauträger).

Riecke, Olaf/Schmid, Michael J., WEG Kommentar, 5. Auflage, Köln 2019 (zit.: *Bearbeiter*, in: Riecke/Schmid, WEG).

Riezler, Erwin, Der Werkvertrag nach dem Bürgerlichen Gesetzbuche für das Deutsche Reich, Jena 1900.

Säcker, Franz Jürgen/Rixecker, Roland/Oetker, Hartmut/Limpberg, Bettina (Hrsg.), Münchener Kommentar zum Bürgerlichen Gesetzbuch:

Band 1: Allgemeiner Teil, §§ 1–240, 8. Auflage, München 2018,

Band 2: Schuldrecht – Allgemeiner Teil I, §§ 241–310, 8. Auflage München 2019,

Band 6: Schuldrecht – Besonderer Teil III, §§ 631–704, 8. Auflage, München 2020

(zit.: *Bearbeiter*, in: MüKo, BGB).

Scheffelt, Michael, Wirksame Abnahmevollmachten in Bauträgerverträgen, BauR 2014, S. 163–181.

Scheuch, Alexander, Die Fristsetzung zur Abnahme im neuen Werkvertragsrecht, NJW 2018, S. 2513–2517.

Schmid, Matthias, Warum es keine Zuständigkeit des WEG für die sog. „Mängel am Gemeinschaftseigentum" gibt, BauR 2009, S. 727–737.

Schmidt-Räntsch, Johanna, Die Vergemeinschaftung von Wohnungseigentümeransprüchen, ZfIR 2016, S. 45–57.

Schlier, Thorsten, Mängelrechte vor der Abnahme im BGB-Bauvertrag, Baden-Baden 2017.

Schmidt, Friedrich, Bauträgervertrag und Abnahme, in: Drasdo, Michael/Müller, Horst/Riesenberger, Konstantin (Hrsg.): Festschrift für Wolf-Dietrich Deckert zum 60. Geburtstag, Freiburg 2002, S. 443–467 (zit.: *F. Schmidt*, in: FS Deckert).

Schulze, Reiner (Hrsg.), Bürgerliches Gesetzbuch Handkommentar, 10. Auflage, Baden-Baden 2019 (zit.: *Bearbeiter*, in: Schulze BGB).

Seraphim, Hans-Jürgen (Hrsg.), Heimstättenarbeit in Westphalen im Lichte 50-jähriger staatlicher Wohnungspolitik (Forschungsstelle für Siedlungs- und Wohnungswesen an der Westphälischen Wilhelmsuniversität zu Münster), Münster 1952 (zit.: Heimstättenarbeit in Westphalen).

Seuß, Hanns, Wie kam es zu den Bauträger-Verträgen – Aspekte zur Geschichte der Bauträger und ihrer Verträge bis zum Jahre 1939, in: Die Bauträger und ihre Verträge, Partner im Gespräch 5 (hrsg. v. Evangelischen Siedlungswerke in Deutschland e. V.), Hamburg 1979, S. 7–30 (zit.: *Seuß*, in: Die Bauträger und ihre Verträge, Partner im Gespräch 5).

Staudinger, Julius von (Begr.), Kommentar zum Bürgerlichen Gesetzbuch mit Einführungsgesetz und Nebengesetzen:

Buch 1, Allgemeiner Teil, §§ 90–124, §§ 130–133 (hrsg. v. Herrler, Sebastian), Berlin 2017,

Buch 1, Allgemeiner Teil, §§ 164–240 (hrsg. v. Herrler, Sebastian), Berlin 2019,

Buch 2, Recht der Schuldverhältnisse, §§ 305–310 (hrsg. v. Stoffels, Markus), Berlin 2019,

Buch 2, Recht der Schuldverhältnisse, §§ 631–650v (hrsg. v. Kaiser, Dagmar), Berlin 2019,

Einleitung zum WEG; §§ 1–19 WEG (hrsg. v. Rapp, Manfred), Berlin 2018

(zit.: *Bearbeiter*, in: Staudinger BGB/WEG).

Sterner, Petra, Teilabnahmen von Sonder- und Gemeinschaftseigentum im Bauträgervertrag, BauR 2012, S. 1160–1164.

Stoffels, Markus, AGB-Recht, 3. Auflage, München 2015.

Teichmann, Arndt, Kauf- und Werkvertrag in der Schuldrechtsreform, ZfBR 2002, S. 13–21.

Temming, Felipe, Die Abnahme im Werkvertrag, AcP 215 (2015), S. 17–69.

Thode, Reinhold, Werkleistung im Bau- und Architektenvertrag, ZfBR 1999, S. 116–124.

ders., Die wichtigsten Änderungen im BGB-Werkvertragsrecht: Schuldrechtsmodernisierungsgesetz und erste Probleme – Teil 1, NZBau 2002, S. 297–305.

ders., Transparenzgebot und Bauträgervertrag – Baubeschreibung und Vergütung, in: Bauträgervertrag, Teilungserklärung und Gemeinschaftsordnung, Partner im Gespräch 69 (hrsg. v. Evangelischen Siedlungswerk in Deutschland e.V.), Köln 2004, S. 18–39 (zit.: *Thode*, in: Bauträgervertrag, Partner im Gespräch 69).

ders., Das gesetzliche Leitbild des Bauträgervertrages, ZNotP 2006, S. 208–216.

Tschäpe, Philipp, AGB-rechtliche Gestaltungsmöglichkeiten bei Abnahmefiktion und Zustandsfeststellung nach Abnahmeverweigerung, ZfBR 2018, S. 736–742.

ders./Werner, Alexander, Die Zustandsfeststellung nach Abnahmeverweigerung gem. § 650 lit. g E-BGB, ZfBR 2017, S. 419–424.

Ullmann, Eike, Der Bauträgervertrag – quo vadit?, NJW 2002, S. 1073–1079.

Ulmer, Peter/Brander, Hans Erich/Hensen, Horst Diether (Hrsg.), AGB-Recht, Kommentar zu den §§ 305–310 BGB und zum UklaG, 12. Auflage, Köln 2016 (zit.: *Bearbeiter*, in: Ulmer/Brander/Hensen, AGB-Recht).

Vogel, Olrik, Verkauf von Wohneigentum nach Abnahme des Gemeinschaftseigentums – Nachzügler, BauR 2010, S. 1992–1999.

ders., Die Abnahme des Gemeinschaftseigentums – ein (immer noch) ungelöstes Problem der Praxis, in: Armbrüster, Christian/Becker, Matthias/Bub Wolf-Rüdiger/Reiß-Fechter, Dagmar/Wenzel, Joachim (Hrsg.), Recht des Wohnens – Gestalten mit Weitblick, Festschrift für Werner Merle zum 70. Geburtstag, München 2010, S. 375–388 (zit.: *Vogel*, in: FS Merle (2010).

ders., Der Bauträgervertrag als haftungsrechtliche Grundlage, in: Bauträgerhaftung, Konsequenzen der aktuellen Rechtsprechung, Partner im Gespräch 104, 16. Weimarer Baurechtstage (hrsg. v. Evangelischen Bundesverband für Immobilienwesen in Wissenschaft und Praxis), München 2017, S. 1–16 (zit.: *Vogel*, in: Bauträgerhaftung, Partner im Gespräch 104).

ders., Der neue Vertragstyp „Bauträgervertrag" als haftungsrechtliche Grundlage, NZM 2017, S. 681–688.

ders., Nochmals: Ist die Abnahme der im Gemeinschaftseigentum stehenden Bausubstanz eine gemeinschaftsbezogene Pflicht?, in: Elzer, Oliver/Jacoby, Florian/Schmidt, Jan-Hendrik (Hrsg.), Festschrift für Olaf Riecke zum 65. Geburtstag, München 2019, S. 455–365 (zit.: *Vogel*, in: FS Riecke).

ders., Auswirkungen des Wohnungseigentumsmodernisierungsgesetzes (WeMoG) auf die Verfolgung von Mängelansprüchen gegen den Bauträger, BauR 2021, S. 420–428.

Voit, Wolfgang, Gedanken zum gesetzlichen Leitbild des Bauvertrags bei der AGB-Kontrolle, in: Jochem, Rudolf (Hrsg.), Rechtshandbuch des ganzheitlichen Bauens, Festschrift für Hans Ganten, Wiesbaden 2007, S. 261–270 (zit.: *Voit*, in: FS Ganten, S. 261–270).

ders., Verjährung des Erfüllungsanspruchs beim Bauvertrag, NJW 2019, S. 3190–3192.

Volze, Harald, Die Zustandsfeststellung nach neuem Bauvertragsrecht als neues Aufgabengebiet für den Sachverständigen, DS 2018, S. 260–261.

Wagner, Klaus-R., Fragwürdiges zur neuen Rechtsprechung des Ansichziehens von Gewährleistungsansprüchen durch WEG-Gemeinschaften beim Bauträgervertrag im Geschosswohnungsbau, ZNotP 2007, S. 288–298.

Wälzholz, Eckhard/Bülow, Lorenz, Die Schuldrechtsreform in der notariellen Praxis – ein Überblick mit Checklisten und Formulierungsvorschlägen, MittBayNot 2001, S. 509–525.

Weitnauer, Hermann, Zur Entstehung des WEG, ZWE 2001, S. 126–128.

ders./Wirths, Carl (Begr.), Weitnauer Wohnungseigentumsgesetz, Gesetz über das Wohnungseigentum und das Dauerwohnrecht, Kommentar (hrsg. v. Briesemeister, Lothar/Gottschalg, Wolfgang/Lüke, Wolfgang/Mansel, Heinz-Peter), 9. Auflage, München 2005 (zit.: *Bearbeiter*, in: Weitnauer, WEG).

Wellensiek, Tobias, Der „neue" Bauvertrag als eigenständiger Vertragstyp, BauR 2018, S. 314–327.

Wenzel, Joachim, Vereinbarung in Beschlussangelegenheiten? – Zur Rechtsnatur der Verwalterbestellung in der Gemeinschaftsordnung, in: Derleder, Peter/Gauweiler, Peter/Merle, Werner/Schumann, Ekkehard (Hrsg.), Festschrift für Wolf-Rüdiger Bub zum 60. Geburtstag, Berlin 2007, S. 249–268 (zit.: *Wenzel*, in: FS Bub, S. 249).

Werner, Ulrich, Das neue Verjährungsrecht aus dem Blickwinkel des Baurechts, in: Brügmann, Klaus/Oppler, Peter Michael/Wenner, Christian (Hrsg.), Festschrift für Walter Jagenburg zum 65. Geburtstag, München 2002, S. 1027–1042 (zit.: *Werner*, in: FS Jagenburg).

ders./Pastor, Walter, Der Bauprozess, 16. Auflage, Köln 2018 (zit.: *Bearbeiter*, in: Werner/Pastor, Bauprozess).

Wittchen, Ralph, Der Baubetreuungsvertrag, Hamburg 1968.

Wolf, Manfred/Lindacher, Walter F./Pfeiffer, Thomas (Hrsg.), AGB-Recht, 6. Auflage, München 2013 (zit.: *Bearbeiter*, in: Wolf/Lindacher/Pfeiffer, AGB-Recht).

Zahn, Alexander, Teilabnahme – Wie funktioniert § 650s BGB?, NZBau 2019, S. 34–41.

Sonstige Materialien

8. Deutscher Baugerichtstag am 21./22. Mai 2021 in Hamm/Westf., Thesen der Arbeitskreise I bis XII, abrufbar unter: https://www.baugerichtstag.de/wp-content/uploads/2021/03/BauR_2021_Thesenheft.pdf, zuletzt aufgerufen am 24.09.2021.

Abschlussbericht der Arbeitsgruppe Bauvertragsrecht beim Bundesministerium der Justiz und für Verbraucherschutz vom 19. Juni 2019, abrufbar unter: https://www.bmjv.de/SharedDocs/Downloads/DE/Ministerium/ForschungUndWissenschaft/Abschlussbericht_AG_BautraegervertragsR.pdf?__blob=publicationFile&v=1, zuletzt aufgerufen am: 24.09.2021.

Baukindergeld des BMI als KfW-Programm, abrufbar unter: https://www.bmi.bund.de/DE/themen/bauen-wohnen/stadt-wohnen/wohnraumfoerderung/baukindergeld/baukindergeld-node.html, zuletzt aufgerufen am 24.09.2021.

Bayerische Eigenheimzulagen-Richtlinien vom 7.8.2018, abrufbar unter: https://bayernlabo.de/fileadmin/dwn/eigenheimzulage/bayernlabo-richtlinie-bayerische-eigenheimzulage.pdf, zuletzt aufgerufen am 24.09.2021.

Koalitionsvertrag zwischen CDU, CSU und SPD vom 12.3.2018, 19. Legislaturperiode, Ein neuer Aufbruch für Europa, Eine neue Dynamik für Deutschland, Ein neuer Zusammenhalt für unser Land, abrufbar unter: https://www.bundesregierung.de/resource/blob/974430/847984/5b8bc23590d4cb2892b31c987ad672b7/2018-03-14-koalitionsvertrag-data.pdf?download=1, zuletzt aufgerufen am: 24.09.2021.

Statistisches Bundesamt, Ausgewählte Zahlen für die Bauwirtschaft – Juni 2021, erschienen am 17.09.2021, abrufbar unter: https://www.destatis.de/DE/Themen/Branchen-Unternehmen/Bauen/_inhalt.html, zuletzt aufgerufen am 24.09.2021.

Kolibri 360 GmbH
Ferdinand-Jühlke-Straße 7
99095 Erfurt, Deutschland
produktsicherheit@kolibri360.de

Druck:
CPI Druckdienstleistungen GmbH
im Auftrag der
Kolibri 360 GmbH
Ferdinand-Jühlke-Str. 7
99095 Erfurt